本研究得到国家社科基金项目"人口流动背景下大城市的婚配特点及其影响研究"(项目号：14BRK029)的资助

国家社科基金丛书

GUOJIA SHEKE JIJIN CONGSHU

人口流动背景下
大城市婚配特征的变迁

Marriage Choices in Megacities in the Era of Migration:
Transition and Implications

高颖 著

人民出版社

目　　录

前　　言

　　婚姻是人类社会永恒的话题，是个人行为和社会生活的重要内容，也是绝大多数人的人生必要经历。作为人类社会的基本组成单元，婚姻是分析和研究社会变迁的重要切入点。从宏观的视角来看，一个社会的婚姻匹配特征在很大程度上影响着资源的集聚程度、分层体系的运转、人口的流动和分布以及人口再生产等诸多方面，并在一定意义上反映了社会的开放性。婚姻的变迁已经成为我们理解社会结构与社会变迁的一个重要窗口。

　　事实上，不论是学术界还是大众传媒，都始终对婚姻问题及其动态保持着很高的关注度。一方面，婚姻家庭一直都是社会科学领域的一个研究热点；另一方面，围绕婚姻相关话题的报道时常见诸媒体，吸引着大众的眼球。学界的研究大多基于深度访谈或抽样调查的分析，尚有一定的科学性；媒体报道则多有夸大其词、以偏概全之嫌，比如"女孩嫁大叔""80后流行闪婚闪离""北京、上海等大都市离婚率高居不下"等之类的报道，大多是就某个典型事件的借题发挥。但遗憾的是，偏偏是这样的偏离现实的误导性信息左右了公众的感受和判断，使我们对真实状况无从把握。这一问题根本上源自权威、准确数据的缺乏，而北京市"数字民政"工程的启动和建设则为解决上述问题、以正视听提供了一个契机。

　　作为全国民政系统信息化建设的主体工作之一，北京市民政局于2002年开始启动"数字民政"工程，并于2002—2004三年的时间里，陆续建设并实施了北京市民间组织网上审批管理信息系统、北京市城乡居民最低生活保障管理服务系统、北京市婚姻登记管理服务系统、北京市殡葬管理服务系统、北京市接收捐赠管理服务系统、全市优抚安置管理信息系统、北京市民政综合信息平台、北京市民政数据共享与交换中心等覆盖全市民政系统的大型政务信息化工程，基本实现了全市民政重点业务工作的信息化管理。这些信息系统的建立对于提高民政工作的效率和业务管理水平无疑意义重大，而更深一层的意义则在于，系统后台数据库中的基础信息和积累下来的数据记录为我们了解和分析北京市近年来相关业务领域的民生状况提供了极其宝贵的资料。

2007 年，北京市民政局计算机信息中心的张伟主任充分意识到这些数据资料中所蕴含的丰富信息量和巨大价值，考虑将其进行深入挖掘和分析，以期为民政和社会领域的相关政策提供决策支持；与此同时，一直致力于社会保障和政策分析等方面研究的北京师范大学社会发展与公共政策学院（当时还是"社会发展与公共政策研究所"）的张秀兰院长也在为其所倡导的"Evidence-based Study"（基于事实的研究）寻找坚实的数据基础。通过一次简短的面谈，双方一拍即合，达成了开发和分析民生数据的合作意向，使民政信息化系统在管理和决策支持方面最大限度地发挥其作用。本人有幸从立项之初即深度参与了这一研究工作。

在充分考察和比较了各个信息系统的结构及特点之后，我们决定以"北京市婚姻登记管理服务系统"的后台数据库——北京市婚姻登记业务数据库为起点，尝试大规模数据的挖掘和分析工作。这一决定主要是出于以下三点考虑：一是从技术角度出发，婚姻登记数据库的存储为"单一表单"的形式，因此不存在多表单连接的问题，操作起来相对容易；二是从数据收集和维护的角度看，相比其他各类业务的数据库，婚姻登记数据的准确度最高、缺失率最低，并且由于业务程序相对简单、规范而保持了较高的一致性；最后，就业务内容而言，婚姻登记所涉及的人群涵盖范围最广，从中能够折射出的社会现实问题也最多，比如婚龄的不断推迟、都市大龄"剩女"问题、通婚圈变化与异地通婚、两地婚姻与人口流迁问题、离婚率居高不下以及特定的政策对婚姻行为产生的影响等等。而从整个分析过程和最后的结果来看，婚姻登记数据库也确实没有让我们失望，随着数据挖掘和分析的逐步深入，真实、清晰的图景不断呈现，澄清着我们对于很多问题曾经错误、模糊或犹疑的认知和判断。

当然，整个数据处理和分析的过程并非一帆风顺，而是分阶段推进的。在研究推进的过程中，我们始终严格遵守保密规定和学术伦理，即所使用的数据不涉及居民的任何隐私信息，比如姓名、住址、电话、照片、证件等等，仅出于研究需要截取了身份证号码的前 6 位，每对夫妇仅以一个 ID 字段作为唯一的关键字标识。

2008 年，在数据格式转换技术尚不发达、大数据概念也才刚刚萌芽之际，我们首先开展了一些探索性的研究，保守地采取了"随机抽样"的处理方式，即从 2004—2008 年的登记数据中随机抽取了 5000 余对夫妇进行尝试性的分析，并根据分析结果的特点确定了未来重点分析的方向和主题。

2009 年底，我们成功将全部数据从 Oracle 数据库系统导出，转换成为可以用统计分析软件操作和处理的通用格式，并第一次尝试对大规模的业务数据进行挖掘和分析，这一阶段的数据规模是 871145 条记录（2004 年 8 月 9 日至 2009 年 9 月 16 日期间的登记数据），数据库中的字段包括结婚登记日期、夫妇双方的户口所在地、户籍性质、民族、婚次、教育文化水平、职业类别等等，每个字段下的取值也基本反映了必要的人口统计学信息，满足了对于婚姻匹配特征的研究需要。

2010 年开始，国家民政部开始自上而下地大力推进婚姻登记业务的信息化和统一化，力图实现全国各地婚姻登记信息的联网，作为首都的北京率先开始了数据库的规范化设计工作，因此数据结构和变量的取值等相比之前都有了一定的调整，此外还对 2004 年 1—8 月期间的业务数据进行了补录。

2012 年上半年，我们针对改版后的数据库重新进行了导出转换和挖掘分析，此时的数据规模是 1497160 条记录（2004 年 1 月 1 日至 2011 年 12 月 31

日期间的登记记录）。2013 年之初，我们与北京市民政局计算机信息中心继续合作，将 2012 年的新增数据（即 2012 年 1 月 1 日至 12 月 31 日期间的登记记录）211100 条提取和增补进来，针对总共 1708260 条记录又开展了若干主题的研究。2015 年底，我们对数据库做了到目前为止的最后一次增补，将 2004—2013 年这完整的 10 年婚姻登记数据加以集结并清理，最终得到 1964641 条数据记录；其中结婚登记记录 1483289 条（占 75.50%），离婚登记记录（这里仅限于协议离婚的情况，诉讼离婚的档案记录保留在法院而非民政局）309998 条（占 15.78%），补发补办证件的记录 171354 条（占 8.72%）。我们的研究与数据库的不断扩充是同步进行的，这意味着针对不同主题的研究是基于不同容量和结构的数据库展开的；而随着时序数据的延续扩充和数据挖掘的日益深入，我们透过婚姻问题的分析又看到了不少人口发展进程中的潜在问题，于是针对与婚配相关的人口结构变动及人口治理问题等做了若干前瞻性的探讨。

与传统的基于抽样调查的社会科学研究方法和程序有所不同，我们的研究并不是遵循"研究设想——研究设计——收集数据——结果分析"这样一条思路进行的，而是带有显著的"数据驱动"的特点，即以数据库为核心展开分析和研究。我们事先无法确定非常明确的研究主题，只能基于数据库所提供的变量及其取值进行探索性的分析，看我们能够证实什么或者发现什么。也就是说，数据内容是既定的，我们无法决定数据库的变量结构和自行定义变量的取值，因此某些特定研究的需要是无法满足的，这不能不说是研究中的一个遗憾。当然，这样一个大型数据库自有其不可比拟的优势：涵盖总体因而"无偏"，事关重大因而信息准确；这两点恐怕是任何一个设计缜密、操作严格的抽样调查都难以做到的。事实上，目前的婚姻登记数据中已经蕴含了足够丰富的信息，为我们了解现实、厘清真相、预见未来提供了最为权威的依据。

本书是一系列专题研究的成果汇集。在对婚姻登记数据进行深度挖掘的基础上，我们分别就结婚登记日期的选择、结婚年龄、通婚圈变动、婚姻解体与重构、婚姻的匹配特征、异地通婚引致的人口结构变化等主题进行了分析和探讨，针对某些政策引发的"假离婚"现象也做了尝试性分析，不少发现都相当有趣，也有一些结果让人初感意外，但仔细思索之后又在情理之中。

　　从研究方法和技术的角度看，本书是国内较早开展的基于政务大数据的研究成果；从研究内容和发现的角度看，本书的一系列主题研究结果展示了北京近十几年来的婚配行为和特征的变化趋势。北京作为我国的首都和国际化大都市，是一个典型的人口流入地，不仅经济和社会的发展走在前列，同时也引领着全国的文化思潮和行为风尚，在很多方面的表现都具有一定的"先导性"。因此，在人口流动的大背景之下，这一针对北京市婚姻变迁的研究成果对于了解我国大都市当前的婚配状况及未来的发展走向当是一个有益的参考，我们也期待这些发现和结论能够为相关领域更进一步的研究提供基础。

高　颖

2019 年 11 月

导　　论

第一节　人口流动背景下的婚配选择

　　人口的迁移和流动是我国改革开放以来在全国层面出现的最大、最重要的变化之一。规模巨大的人口流动对我国近几十年的发展影响深远，在促进城乡发展的同时，也极大地改变了城乡的经济、地理和社会面貌；在快速提升了的城市化水平的同时，也造就了一批特大城市甚至超大城市。这些城市的高速发展以及在发展中出现的诸多问题引起了各界的广泛关注，很多议题都成为研究领域的热点，包括人口迁移的模式、空间分布和区域特征，迁移的决定因素和迁移人口的特征、经历，以及迁移人口进入城市之后在职业、住房、社区、子女养育等方面的融入状况等等。在诸多的研究方向中，婚姻匹配和婚配选择这一主题也逐步进入了学者们的视野。

　　在社会科学的研究中，家庭（户）是非常重要和常见的分析单位，而婚姻正是一个新家庭的起点，决定了家庭的诸多特征和可能的发展动向。当前中国正处于快速的社会变迁之中，在这样的阶段，非正规经济蓬勃发展、女性纷纷进入劳动力市场，家庭相对以往也经历着各种风险和不确定性，因此家庭的决策显得尤为重要。中国有句俗语"树挪死、人挪活"，而有关人口流动的研究亦表明，迁移往往能给家庭带来物质层面的实用的价值，而且迁移的动力并非出于个人的利益而是家庭整体的收益。因此，迁移常常被当作增加家庭收入或促进家庭收入多样化的重要策略；而婚姻的匹配模式又在很大程度上影响着家庭决策的方式和特点，可以看作是家庭迁移决策的起点，值得我们关注。

婚姻家庭和婚配选择是社会学的一个经典研究方向，研究对象侧重于特定区域或群体中的微观个体，方法也多以质性研究为主。本研究从相对宏观的视角切入，尝试利用政务大数据的分析对这一问题进行考察，将微观行为选择与宏观特征分布相结合，最终基于婚配模式的特点对未来的人口流动趋势和人口结构变化进行预期和展望。

尽管本研究所使用的婚姻登记数据库中包含的变量不是很多，但通过深度挖掘还是可以得到很多有趣且有价值的发现。本研究涉及的主题包括婚姻登记日期的选择、婚姻匹配的总体特征、结婚年龄的变化、通婚圈的变迁（具体包括族际通婚、两地婚姻、涉外通婚等）、婚姻的解体与重构（具体包括离婚和再婚问题）、涉及家庭利益的公共政策对婚姻决策（"假离婚"）的影响，以及婚配模式对未来人口结构变动趋势的影响等等。从各个主题的研究发现中我们看到，近十几年来的婚姻决策、婚配模式的变迁与人口流动的大背景紧密联系在一起；特别是在大城市中，传统的性别角色观念日益淡化，使我们看到了婚姻中更多的开放和平等的因素。

在针对婚姻登记日期的分析中我们发现，公众在结婚登记日期的选择上呈现出了普遍一致的偏向性，不论是结婚年份上对"双春年"和"无春年"的趋避，还是结婚日期上对某些"好日子"的青睐，不同特征的群体的选择都颇为一致。"辖域广大、人口众多"是我国的典型特征，因此不同地区具有不同的传统礼俗，在选定婚期方面往往也有很多讲究和禁忌，而在北京这个典型的人口流入地，大家的选择偏好却表现出了高度的一致性，不得不说，这种地方各异的特色风习随着人口的流动在不断传播并日益融合和趋同，逐渐转化当代社会的一种民间俗信，成为人们日常生活的调剂与补充。另一方面，这也可以看作是人口流动对于社会行为潜移默化影响的一种体现。

　　婚姻本质上是男女双方的选择和匹配过程，同类匹配和婚姻梯度是经典的婚配理论。针对北京市夫妇双方在年龄、婚次、城乡户籍、地区户籍、学历和职业等方面的匹配特点进行分析的结果印证了这两个经典理论；另一方面，人口的高度流动使得婚配更具开放性，促进了跨地域通婚的增加。所谓"人往高处走"，人口流动的一大流向特征就是大城市人口的高度聚集，而首都北京因其独有的政治文化资源和丰富多样的就业机会尤其吸引了更多的高端人才，这一点在女性方面的表现往往更为突出。由此也对婚配格局产生了微妙的影响，即"强强联合"的夫妇增多，婚姻梯度所造成的夫妇间的差距有所减弱，从而形成了同类婚配、且丈夫的综合条件略高于妻子的总体婚配特征。然而在总体的婚配格局中，婚姻梯度依然具有强大的主导作用，因此在大城市中往往是条件优秀的女性承受着更大的婚配压力。这也在很大程度上解释了在我国男女比例失调状况较为严重的情况下，大城市中却多"剩女"的现象，本质上是人口流动导致的人口结构变动与婚姻梯度双重作用的结果。

　　在社会选择理论看来，流迁人口大部分具有同质性，他们通常文化程度较高、适应能力和事业心较强，并有着强烈的自我发展意愿，因而也更加倾向于晚婚。这一点已经在很多针对不同国家和地区的研究中得到证实。不过在我国，由于长期以来独特的户籍制度的影响，户籍约束与流动决策相互交织在一起，使得人口流动背景下的婚配格局和影响颇为复杂。

　　户籍制度的最大影响体现在，将人口流入地的外来人口进一步划分为两类——迁移人口和流动人口，二者最本质差别就在于前者拥有了流入地的户籍进而成为"新××人"而后者不是，并被冠以带有调侃意味的"××漂族"。社会选择理论中所指的流迁人口，与上述两类人口中的"迁移人口"在内涵和特征方面更加一致；而"流动人口"则不大一致甚至表现出相反的特点。介于这两类人口之间的是"本地人口"，有时也被戏称为"土著"，即出生在当地、具有本地户口并长期定居（至少从父辈开始）的居民。我们通常认为，在特定城市中，本地人口理应是占绝对比例的一类，但是在人口高度流入的特大城市中，随着外来人口的不断增多，本地人口的比例日趋下降，甚至成为"小众"。以北京为例，基于十年婚姻登记数据的统计，从 2004 年到 2013 年，初婚男性中本地人口的比例从 70.12% 降至 58.91%，初婚女性中本地人口的比例从 55.69% 降至 48.36%，初婚夫妇中双方均为本地人口的比例从 45.35% 降至 38.15%。三类人口相互结合形成了不同的婚姻匹配类型，呈现出不同的婚配特征，也对未来的人口结构变动趋势及人口治理产生了深远的影响。

近年来由于首都北京的人口急剧膨胀，落户京城成为"迁移人口"的难度日益增大，通常只有比较高端的优秀人才才能获得落户的机会，而代价则是延长受教育年限获取更高学历或者积累更多的工作经验以提升自身价值；相对而言，女性要在激烈的竞争中获得迁移机会往往要具备更高的"硬件条件"。于是我们看到，迁移人口这一群体普遍具有高学历并在相对较高层级的行业领域工作，在"先立业后成家"观念的影响下，初婚年龄往往顺势推迟；针对结婚年龄的分析结果显示，迁移人口在三类人群中是平均初婚年龄最高的。除了迁移和落户条件的影响，迁移成本亦是导致初婚年龄推迟的不可忽视的因素。一方面，经济的发展、社会的开放和人口流动性的提高拓宽了社会阶层晋升的渠道，人们未来发展的不可预见性也随之增强，较早做出结婚决定无疑会增大机会成本；另一方面，迁移活动本身需要过渡和安置的时间，人们通常先要有稳定的生活（如解决工作、住房等问题），才会比较从容地完成婚姻大事。相对于本地人口，迁移人口显然在这方面要面临更大的压力。

迁移人口拉升了北京市的平均初婚年龄，流动人口的情况则相对复杂。男性流动人口的平均初婚年龄要明显高于本地男性并在总体上起到了推高初婚年龄的作用，女性流动人口则恰好相反。不少研究认为，人口流迁对于婚姻的影响是存在性别差异的。对女性而言，流迁独立于其他生命事件直接影响婚姻；而对男性而言，流迁通过其他生命事件（主要是就业）影响其婚姻。这一结论有助于对上述现象的理解。在北京市初婚人口中，男性流动人口的平均受教育水平要高于本地人口，而女性流动人口的学历等级要低于本地人口；相对于事业起点较高从而在婚姻中更加主动的女性迁移人口，女性流动人口在婚姻决策上可能更多地依赖于男方。

在人口正常变动的情况下，特定地区的适婚男女的数量应该是大致相当的；而人口的流动打破了婚姻市场的性别平衡关系。在北京这样典型的人口流入的大城市，外来人口的涌入促进了跨户籍通婚，但受男性在婚配中的"向下婚"倾向的影响，北京本地女性在婚配中成为受挤压的一方。基于2004—2013年婚姻登记数据的统计，十年中登记结婚的初婚夫妇中，"本地男性+外来女性"的组合所占比重为23.24%，而"本地女性+外来男性"的组合比重仅为12.14%；可见跨户籍婚姻在数量上具有明显的性别差异性，它在给大城市男性带来更多婚姻选择的同时，也极可能造成女性非自愿独身人群的扩大，并使本地女性的初婚年龄被进一步推迟。

人口流动改变了特定地区的人口结构，带来了地区之间文化风习与思想观念之间的交融与互通，对婚姻最直接的影响就是社会交往开放性的提高和通婚圈的扩大。

首先从族际通婚的角度来说，北京市并非民族地区，少数民族的分布特点是大分散、小聚居，新中国成立以前的民族人口构成比较单一，除了世居的满族和回族外，较少有其他民族成分；新中国成立之后，北京作为首都吸引了来自全国各地的少数民族人民前来工作和学习，才使得少数民族人口的数量迅速增加并改变了北京市的民族结构。北京族际通婚的状况则体现出整个社会的高度开放性和包容性，基于婚姻登记数据库的总体统计表明，初婚男性分布在除汉族之外的其他52个民族（没有阿昌族、怒族和德昂族），女性则分布在除汉族之外的其他53个民族（没有塔吉克族和德昂族）。族际通婚在初婚夫妇中大致占比10%，其中又以少数民族与汉族的通婚为主，同时也表现出了多民族之间的交互。

其次，再从涉外婚姻的情况来看，就地理位置和历史文化特点而言，北京并不具备"邻国通婚"（如广西、云南的中越、中缅通婚）和"同源民族通婚"（如东北的朝鲜族地区与韩国的通婚）的条件，但对外开放的不断扩大、经济实力的持续增强和对外科技文化的频繁交流依然为涉外婚姻创造了良好的条件，人口流动则为婚恋交往提供了更多现实的可能性，这些均有利于理性、平等和持久婚姻的建立。在北京的涉外婚姻中，高学历者和高知组合均占有较大比重，这一方面体现了正常涉外婚姻的内在要求，另一方面也与北京所具备的高级人才密集、高层次科技文化交流频繁等外在条件密切相关。

最后，跨地域的"两地婚姻"是人口流动对于婚配选择发生影响的最直接体现。人口的迁移和流动改变了北京的人口结构和婚配模式；大量的外省市人口来到北京落户、工作、学习抑或"见世面"，大大提高了婚姻市场参与主体的多样性，也拓宽了适龄青年的选择空间，这使得两地婚姻在北京成为相当普遍的现象。基于婚姻登记数据的分析显示，北京两地婚姻中的外来人口遍布全国各个省区，其中来自华北、东北、华东的相近省区的人口比重较高。外来人口中既有已经落户北京的迁移人口，也有尚未落户的流动人口，其中又包括一定比例的曾落户于其他省区（主要是经济发达地区）后又来京结婚的"辗转流动人口"。在"双外来人口"组合的夫妇中，以双方来自不同省区的夫妇居多。通婚地域范围的扩大反映了社会开放度的日益提高，同时也显示了北京作为一个超级大都市对于外来人口的巨大吸引力和包容性。

在人口流迁与婚姻关系的研究中，主流的观点是男性为迁移的主体，且男性主要因经济动机迁移而女性主要因社会因素迁移，而婚姻便是女性迁移的重要驱动力之一。但是在针对北京市两地婚姻的研究中，我们发现了有异于主流模式的追随关系。在北京市的外来人口中，迁移人口和辗转流动人口普遍具有较高的教育文化水平，并且分布在较高的职业层级序列中，这一点并未表现出性别差异；从"受教育水平"这一特征来看，女性迁移人口在"研究生"这一高学历水平上的分布比重甚至比男性迁移人口还要高出近6个百分点。较高的教育文化水平和职业层级通常也意味着较高的独立自主性，从而在婚姻关系中不致成为"依附"的一方，特别是对已经落户于北京的迁移人口而言。对这一群体来讲，是否流动的决策首先取决于求学、就业等个人发展方面的因素，婚姻则更多是流动与迁移过程中的人生收获；"借助于同当地人的婚姻而落户北京"的情况在这一人群中并不多见。事实上，从夫妇匹配的特征也可看到，迁移人口和辗转流动人口同本地人的婚配比重都不高，更多是外来人口之间的相互结合，并逐渐形成了一个"强强结合"的"外来新移民"家庭群体。

在我国，户籍制度的影响广泛而深远。户口类型和户口所在地在很大程度上与个人的出身联系在一起，并具有代际传承的特性；另一方面，户口往往与所在地的资源和福利紧密捆绑在一起，在大城市没有常住户口会有诸多不便，婚后很多事务不得不依赖于有户口的一方，因此在婚配中，没有户籍的一方通常是较为弱势的。从我们的分析结果来看，初婚夫妇中男女流动人口的数量相差并不悬殊，"男性流动人口+女性迁移人口"的组合为数不少且比重还在逐年上升。特别是辗转流动的男性人口，尽管其绝对数量仍然低于女性辗转流动人口，但数量和比重均呈上升趋势，说明男性亦可以"随爱而动"，为了婚姻和家庭从其他城市再一次迁移。总体来看，在青年择偶和婚配过程中，"男主女从"依然会是主流的观念，但在北京这样的大都市中，男女双方在婚恋与迁移决策中的地位显然会更加平等，女性未必是"追随"的一方，这在很大程度上源自较高的教育水平和职业层次所带来的经济独立和地位平衡，从而使双方可以从家庭整体的角度出发做出最有利的决策。

此外，在对两地婚姻的分析中我们还发现了明显的"分层"现象。如果以北京本地夫妇作为比较基准，并以平均学历等级作为评价指标，可以发现"本地人口+流动人口"组合模式的夫妇大多是"弱弱结合"，很可能是流动在先，然后对北京本地婚姻市场中的弱势者（文化程度低，通常也意味着就业状况不佳或收入低等）的婚配构成了一定的"补缺"作用，即婚姻是流动的结果；而"迁移人口+流动人口"组合模式的夫妇基本上是"强强结合"，更可能是先确立关系、婚约在先，然后双方共同做出移居及在北京发展的决定，即流动是婚姻的结果。

在人口流动的大背景下，婚配选择及相应的匹配模式成为经济社会发展过程中一个非常关键的中间因素，一方面受到人口流动的影响，另一方面又进一步影响着未来的人口结构及变动趋势。外来人口的大规模流入是我国大城市的普遍特征，这在促进人口多元化、改变整体人口结构的同时也拓展了社会交往空间，创造了更多的婚配机遇和可能模式；而婚姻是新家庭建立的起点，直接影响到生育和代际发展等重要事件，并进一步在宏观上影响到社会结构的变迁。

基于婚姻登记数据，对几类不同初婚人口的特征分析可以看到，迁移人口展现出很强的"精英阶层"特质，其户籍集中分布于中心城区，普遍具有高学历且身处社会地位较高的职业序列中；流动人口的结构相对复杂，但在婚姻匹配过程中出现明显的分化，与迁移人口结合的流动人口普遍具有高学历和高职业层级，而与本地人口结合的流动人口则大多位于学历和职业层级的低端。这种基于婚姻匹配而体现出来的不同人群的聚集和分化值得我们高度关注。因为只有当不同类别的人口形成有序和良性互动时，人口的多元化结构才可能为城市带来活力和繁荣；相反，如果不同群体只是相互独立地简单"拼接"，甚至出现社会隔离，那就很可能产生严重的社会问题。

另一个值得我们关注的问题是，与新中国成立初期来到北京工作或读书的那一批精英移民相比，当代新移民大多为独生子女一代，其父辈将在"高龄少子化"的背景下步入老年，特别是对于双方均为独生子女的"双外来人口"夫妇来说，"异地养老"的问题将无可避免；不论是基于两代人机会成本的比较，还是家乡与大都市资源条件的比较，外地老人前来投靠子女都是一种理性选择。这样在接下来的10—20年中，人口流入为主的大城市所面临的老龄人口机械增长的压力必然随之加大。从长期看，人口结构的日益多元化和老龄化意味着对各类社会服务的需求也会相应增加和多样化；因此，如何解决人口结构优化、人口规模控制与日益增大的社会服务需求之间的矛盾，将是大城市必须面对和思考的一个重要课题。

第二节　有关研究数据的说明

一、数据来源

自从我国于 2003 年 10 月 1 日起实施新的《婚姻登记条例》开始，主管婚姻登记的单位转变为"区、县级人民政府民政部门或者乡（镇）人民政府"，且"省、自治区、直辖市人民政府可以按照便民原则确定农村居民办理婚姻登记的具体机关"，顺应此变化，北京市设立了市民政局婚姻管理处，同时在东城区、西城区、崇文区、宣武区、朝阳区、海淀区、丰台区、石景山区、门头沟区、房山区、通州区、顺义区、昌平区、大兴区、平谷区、怀柔区、密云县、延庆县等 18 个区、县建立了民政局婚姻登记处，作为承担婚姻登记工作的机关。

2004 年 5 月，北京市创建完成了民政事务网上服务和审批系统。对于婚姻登记事务而言，每个登记者的相关数据都先要经过信息系统的审查，只有在系统中登录的信息与其申请材料中填写的数据相吻合才可进一步办理登记手续，这就确保了数据库中必填项目数据的真实性和完整性，并在很大程度上推进了各登记处数据采集和维护工作的规范化和系统化。

根据新的《婚姻登记档案管理办法》，婚姻登记主要包括结婚登记、离婚登记、补发婚姻登记证（又分为补领婚姻登记证和补办婚姻登记证）等三大类内容，这些业务构成了北京市各个区县民政局婚姻登记处的主要工作内容，也是婚姻登记数据库的基本数据来源，其中共涉及北京市范围内的 19 处民政局婚姻登记处（包括北京市民政局婚姻管理处，以及东城区、西城区、崇文区、宣武区、朝阳区、海淀区、丰台区、石景山区、顺义区、昌平区、门头沟区、通州区、房山区、大兴区、怀柔区、平谷区、延庆县和密云县等 18 个区县级的民政局婚姻登记处）所采集的信息。

按照婚姻登记办法的相关规定，婚姻登记的双方中必须有一方的户籍所在地为北京，或者在涉外婚姻登记中，外国人具有在北京本地的居住权才可以在北京市内的民政局登记；因此，北京市婚姻登记管理系统的服务核心是"北京"，婚姻登记业务数据库为考察近年来北京市辖域内的婚配行为特点和北京市的婚姻文化变迁提供了一个重要而翔实的数据基础。该数据库由北京市民政局计算机信息中心主管，由紫光软件集团"数字政府"事业部对数据库的日常维护提供技术支持。

二、数据库基本结构

本研究所使用的最完整的数据库包含了自 2004 年 1 月 1 日至 2013 年 12 月 31 日的 10 年中全部婚姻登记业务的相关信息，共有数据记录 1964641 条，即每对夫妇为一条记录；其中结婚登记记录 1483289 条（占 75.50%），离婚登记记录（这里仅限于协议离婚的情况，诉讼离婚的档案记录保留在法院而非民政局）309998 条（占 15.78%），补发补办证件的记录 171354 条（占 8.72%）。结婚与离婚登记是数据库记录的主体内容，而婚配行为特点和民间婚俗的变化趋势等也均是从这两部分数据中反映出来的，因此我们研究的数据基础主要集中在结婚和离婚这两块业务数据。

数据库中的结婚和离婚数据总共 1793287 条，每一条记录即为一对夫妇，数据类别在各年的分布情况如表 0-1 所示。

表 0-1 结婚登记和离婚登记业务量在各年的分布

年份	结婚登记		离婚登记		合计
	频数	比重（%）	频数	比重（%）	
2004	120247	86.40	18924	13.60	139171
2005	96701	80.11	24003	19.89	120704
2006	171302	87.28	24954	12.72	196256

续表

年份	结婚登记		离婚登记		合计
	频数	比重（%）	频数	比重（%）	
2007	117932	81.69	26432	18.31	144364
2008	147519	84.39	27278	15.61	174797
2009	181771	85.83	29999	14.17	211770
2010	138102	80.91	32594	19.09	170696
2011	172635	83.98	32920	16.02	205555
2012	172963	81.93	38137	18.07	211100
2013	164117	74.98	54757	25.02	218874
总计	1483289	82.71	309998	17.29	1793287

上表数据库中涉及的与研究密切相关的字段（即变量）信息主要包括如下各类。

（一）登记日期

系统中的关键登记日期有两个，一个是结婚/离婚的登记日期，分布在2004年1月1日—2013年12月31日之间，据此我们可以看到公众在登记日期选择上的一些偏好特征；另一个重要的登记日期是离婚夫妇的当年登记结婚的日期，数据库中这一字段的取值分布在1950年1月19日—2013年12月27日之间，对于离婚夫妇，根据其结婚登记日期和离婚登记日期这两个字段的取值，我们可以计算出每一对离婚夫妇的婚姻维系时间。

（二）出生日期

数据库中每一条记录都登记了夫妇双方的出生日期，其中男性的出生日期区间为1911年1月20日—1991年12月29日，女性的出生日期区间为1913年10月6日—1993年12月30日。为了便于研究分析，我们还基于出

生日期新建了"出生年份"这一变量,据此可以计算出男性和女性的结婚/
离婚年龄(精确到年)。

(三)国籍

尽管国内通婚占了绝对主体,但数据库中的涉外婚姻亦不在少数,其中
非中国籍(香港、澳门和台湾的居民计入"中国"国籍)的男性分布在除
中国之外的 128 个国家;非中国籍的女性分布在除中国之外的 96 个国家。

(四)民族

北京并非一个多民族聚居的地区,数据库中以汉族居民为绝对主体,但
其他民族也均有覆盖,其中非汉族的男性分布在除汉族之外的其他 52 个少
数民族(无阿昌族、怒族和德昂族),非汉族的女性分布在除汉族之外的其
他 53 个少数民族(无塔吉克族和德昂族)。

(五)户籍类别

数据库对于户籍类别的记录经历了一次调整,在 2009 年 9 月之前的系
统中,夫妇双方均登记了城市或农村的户籍类别。此后随着北京市城市化的
大力推进,农村户籍的人口数量越来越少,而且趋势非常明显,于是在此后
的系统记录中删除了这一字段,因此新版的数据库无法对户籍进行城镇与农
村的区分。

(六)户口所在地

按照婚姻登记办法的相关规定,在北京进行婚姻登记的双方中至少有一方
的户籍所在地为北京即可,因此数据库中有相当多的夫妇是跨地域通婚的。无
论男性还是女性,京外户籍者的户口所在地覆盖了全国各个省/市/自治区。

（七）原籍所在地

从人口流动的角度讲，北京是一个非常典型的人口流入/迁入地。在人口特征方面我们注意到，很多具有北京户口的人其实并非"土著"居民，而是"新移民"，即因入职、工作调动等原因而落户在北京的，这一点从居民身份证号码的前2位（省份标识）即可确认。

结合户口所在地和原籍所在地，我们可以将居民划分为三类：（1）非迁移人口，即北京本地人口，户口所在地和原籍均为北京；（2）迁移人口，即由外省市来到北京居住，并已经将常住户口迁移到北京市的人，具有北京户口但原籍并非北京；（3）流动人口，户口所在地不在北京。此外还有一种情况是"迁出人口"，即原籍为北京但户口不在北京，但数据库中具有这一特征的记录非常少，且因其已不具有北京常住户口，分析过程中我们将其归入"流动人口"一类中。

通过计算我们发现，尽管数据库中的非迁移人口所占比例最高，但也仅为六成左右，迁移人口和流动人口占了相当高的比例，可见近十年来北京市的人口流入量是相当可观的。

（八）文化程度

在最新版的数据库系统中，为了简单起见，将文化程度按照统计年鉴的分类方法统一归并为6类：小学及以下、初中、技校/职高/中专、高中、专科/本科、研究生及以上。

新版的文化程度分类固然更加简约，但也损失了不少信息量，比如硕士和博士这两个学历等级统一归并为"研究生"，使我们在进行夫妇教育匹配的分析过程中无法开展更为细化的研究。

（九）职业类别

最新版数据库对职业类别的分类也是参照了统计年鉴的分类方法，具体定义为：国家公务人员、专业技术人员、普通办事人员、商业及服务业人员、农林牧渔水利业生产人员、生产运输等操作人员、军人、其他。事实上，不论哪一种职业分类都存在一定的定义模糊和重叠问题，因此我们的研究过程对于这一变量的使用并不多。

（十）登记时的婚姻/婚次状态

由于并非所有前来登记结婚的居民都是初婚，因此对于登记结婚的夫妇，对双方的婚姻状态都有一个记录，具体包括未婚、离婚、丧偶。这一字段对于我们考察婚姻的解体与重构问题具有重要价值。

（十一）离婚原因

这一字段专门针对离婚夫妇设定，具体的取值设置在系统改版前后略有不同，大体包括以下内容：感情不和、经济困难、第三者插足、两地生活、子女教育、家庭纠纷、性生活不和谐、一方有违法犯罪行为、一方有不良生活习惯、婚前缺乏了解、其他。从粗略统计来看，90%以上的离婚夫妇所选择的离婚原因都是"感情不和"，其他各选项的比例都非常低。事实上，这些选项之间也确实存在一定的含义模糊和意义重叠的问题，或者说，所有选项描述的问题最终都可以归结到"感情不和"这一引发离婚的最直接的原因。我们的研究对于这一变量的使用也不多，略作参考。

需要指出的是，我们的研究进程是在数据库的不断扩充中逐步推进的，这意味着针对不同主题的研究是基于不同容量和结构的数据库展开的；最早的针对婚姻匹配问题的一个初步考察就是基于初始版的数据库展开的，与最新版数据库相比，旧版数据库的结构主要有3点不同。首先是对婚登人口在户籍上进行了城镇与农村的区分；其次，"文化程度"这一变量被划分为8个等级和类别，分别为：小学及以下、初中、技校/职高、高中/中专、大专/本科、硕士、博士、博士后；最后，"职业类别"的定义角度有所不同，具体包括：工人、农民、干部、职员、教师、军人、学生、个体经营者、技术人员、医护人员、无业人员、其他。旧版数据库仅包含2004年9月至2009年8月共6年的婚姻登记业务数据，包括结婚、离婚和补办三类，共有记录871145条。除婚姻匹配的综合考察这一主题，其余主题的研究均是在10年数据库及其子集的基础上展开的。

三、数据特点

婚姻登记数据是典型的社会事务领域的业务数据，因其较大的数量规模可以归为政务大数据的类别。面向"总体"的准确数据使我们可以通过大数据挖掘的方法和思路来开展研究。

与传统的基于抽样调查的社会科学研究方法和程序有所不同，基于大数据挖掘的研究并不遵循"研究设想——研究设计——收集数据——结果分析"这样的思路，而是带有显著的"数据驱动"的特点，即以数据库为核心展开分析和研究。数据内容是既定的，我们无法决定数据库的变量结构和自行定义变量的选项，因此无法满足某些特定研究的需要。但是，这样一个大型数据库自有其不可比拟的优势：涵盖总体因而"无偏"，事关重大因而信息准确；这两点恐怕是任何一个设计缜密、操作严格的抽样调查都难以做到的。事实上，目前的婚姻登记数据中已经蕴含了足够丰富的信息，为我们了解现实、厘清真相、预见未来提供了最为权威的依据。

目前针对人口、婚姻等问题的研究大多选用人口普查数据，或者针对特定群体的抽样调查数据，与上述两类数据相比，婚姻登记数据的最大特点在于其全面性和准确性，也更加适合动态研究的需要。

普查数据或抽样调查数据通常是对调查时点的横断面状态的扫描，也就是说，某一婚姻状态的人口数量是过去多年的已婚、离婚、丧偶和再婚水平变动的累积结果，因此难以准确刻画某一特定婚姻行为的动态变化；而婚姻登记数据准确记录了各个时点的结婚、离婚或再婚者的相关信息，有助于我们客观、动态地把握现实情况。此外，该数据库中包含了连续 10 年在北京进行婚姻登记的所有夫妇的完整记录，这意味着我们的研究对象是一个总体而非抽样的样本，避免了抽样调查中最为常见的样本偏差问题，从而为我们准确了解各类婚配行为的总体状况和特点提供重要保证。

第一章　结婚登记日期的选择偏好

婚姻是人生的一件大事，婚嫁礼俗历来为人们所重视。随着时代的发展和社会的进步，很多繁复的婚嫁礼节和程序逐渐退出了历史舞台，但结婚选择吉日作为中华民族的一大重要传统习俗一直保留至今，并融合了新的时代文化元素。

如今，"新事新办""喜事简办"渐成风尚，年轻人的婚礼形式日趋简约多样，很多夫妇甚至不办婚宴，于是"领结婚证"便成为最神圣和重要的仪式，而"选个好日子登记"则体现了新婚夫妇最自然的心理和最朴素的愿望。尽管哪天结婚和未来婚姻美满与否并无相关性，但它反映了人们对于美好生活的期许，也是民众精神生活的一种表现形式；我们与其将之视作迷信加以排斥，不如正视这一客观存在，利用既有信息发现规律，一方面更好地理解结婚量的变动原因，另一方面也有助于相关部门把握婚登需求特点，努力提高服务质量。

第一节　民俗文化、数字偏好与婚期选择

中国的传统礼俗中将选定婚期称作"选择吉日"，简称择日，其实包含了择年、择月、择日和择时四项内容，并在春秋战国时期就形成了择日之

术。四项内容中，择年和择日尤为讲究，择年主要将男女双方的属相与当年的干支相对照，如果恰为"禁婚年"则不宜婚嫁，另外没有立春节气的年称为"瞎年"，也不宜婚嫁；择日即选择黄道吉日，通常由算命先生择定对男女双方及两家老小均吉利的日子，同时还要排除相当多的禁忌（刘德龙，2002；王增永等，2001）。

传统婚俗中的婚期选择与干支纪年法密切相关，且程序烦琐不易实行。随着公历的推行，人们对生辰八字越发不熟悉；且由于科学的发展和普及，越来越多的人认识到，婚期与婚姻成败之间并无必然的因果关系，于是渐渐地嫁娶不拘时日。不过为了图吉利，绝大多数人还是保留了挑选双日子结婚的习惯。另一方面，当前社会文化中对特定数字的偏爱与忌讳也开始影响年轻人对婚期的选择。

在我国，改革开放以来受来自香港、广东等流行文化的影响，"8"由于和"发（财）"谐音而受到人们普遍的偏爱，"6"因有"六六大顺"之说也深受喜爱，还有很多人喜欢与"久"谐音的9，喜欢多个同数相连或者数字顺连等等。相反，"4"则因为发音类似于"死"而成为不吉利数字，受到人们的回避。这种对数字的偏好和回避体现在生活的很多方面。比如，含"8"较多的或数字"吉利"的电话号码、牌照号码经常被人高价购买；一些活动被刻意安排在有"8"的日子进行，最典型的就是2008年的北京奥运会被安排在8月8日8时8分8秒开幕，向全世界展示了这种文化力量在中国的巨大影响。与之相对，以"4"结尾或含"4"的数字则备受冷落，不少写字楼不标注"4层""14层"而以"3B""13B"等代替；尾号为"4"的车牌经常被人们嫌弃，以至于一些城市不再发放以"4"结尾甚至含"4"的车牌。此类缺乏科学依据、穿凿附会的数字偏好一方面遭到专家和媒体的驳斥抨击，被认为是一种迷信活动；另一方面，人们在决策时对数字的关注热情却未有丝毫消退。

事实上，在西方国家同样存在着对数字的偏好与禁忌，比如"7"被认为是幸运的，一些重要的商业活动往往选择在含"7"的日期进行；而

"13"和"星期五"则被避讳，美国航空业在每星期五和每月的 13 号都会减少近一万名旅客。可见对吉利数字的偏好与对不吉利数字的回避是一种国际化的客观存在，只不过表现形式和程度有所不同；这其中确有迷信的成分，但也包括自我预言的实现。总之，数字偏好反映了社会的一种普遍信念，即数字能代表运气。目前，数字偏好心理已经引起很多学者的关注，并被应用于产品定价（陈震红等，2001）、股票市场反应（刘凤元，2008；饶品贵等，2008）等问题的研究中。

尽管结婚日期同未来婚姻美满与否并无相关性，结婚择日也常常被认为是"迷信"而备受诟病，但这种行为毕竟反映了人们趋吉避害的信念。这种信念曾经作为一种隐性话语蕴藏在民众生活实践的背后，但由于效仿心理及其传导作用，同时受助于传媒宣传的力量，渐渐发展成为一种公众的普遍认知。当越来越多的人在婚期选择偏好上具有共同倾向时，从宏观上即表现出聚集效应，比如近年来出现的所谓"结婚大年""寡妇年"以及好日子新人扎堆登记等现象。

第二节　结婚登记日期的分布及其特点

为更好地了解我国婚姻礼俗中的"择日"在当代的延续发展状况和时代特征，我们基于北京市婚姻登记业务数据库进行实证分析。这部分研究所使用的是从 2004 年 1 月 1 日至 2012 年 12 月 31 日期间的共 9 年、108 个月的婚姻登记数据，其中结婚登记 1319172 条，离婚登记 255241 条。通过系统梳理我们发现，公众在结婚登记日期的选择上表现出了明显的偏好性，其中既有我国民间古礼的印记，又融入了新的时代元素。

一、登记年份具有明显的"大小年"特点

表 1-1 显示了从 2004 年 1 月到 2012 年 12 月间，结婚登记的夫妇数量在

108 个月份的分布情况，其中各年度数据的第一行为频数，第二行为当月的登记量占这一年登记量的百分比，即各月登记量占当年登记量的比重。

表 1-1　结婚登记量的年份和月份分布

年份\月份	1	2	3	4	5	6	7	8	9	10	11	12	合计
2004	7863	9295	11601	10550	9048	8238	5945	7796	12,396	8068	10494	18953	120247
	6.54	7.73	9.65	8.77	7.52	6.85	4.94	6.48	10.31	6.71	8.73	15.76	100.00
2005	23595	6839	5936	6493	5526	6420	4641	6644	7998	6555	6780	9274	96701
	24.40	7.07	6.14	6.71	5.71	6.64	4.80	6.87	8.27	6.78	7.01	9.59	100.00
2006	7413	13118	18867	13635	11292	15666	8892	14532	16103	12904	14271	24609	171302
	4.33	7.66	11.01	7.96	6.59	9.15	5.19	8.48	9.40	7.53	8.33	14.37	100.00
2007	13514	9580	7900	8245	7654	9014	6614	12159	11337	10222	8883	12810	117932
	11.46	8.12	6.70	6.99	6.49	7.64	5.61	10.31	9.61	8.67	7.53	10.86	100.00
2008	13974	10501	13046	10439	11988	11081	9278	24364	10513	10859	8215	13261	147519
	9.47	7.12	8.84	7.08	8.13	7.51	6.29	16.52	7.13	7.36	5.57	8.99	100.00
2009	7299	13973	14536	10747	12983	15253	9361	16293	30107	13409	12080	25730	181771
	4.02	7.69	8.00	5.91	7.14	8.39	5.15	8.96	16.56	7.38	6.65	14.16	100.00
2010	17806	10475	9240	8982	10413	10562	7196	11846	11137	18789	8856	12800	138102
	12.89	7.58	6.69	6.50	7.54	7.65	5.21	8.58	8.06	13.61	6.41	9.27	100.00
2011	10687	12856	20188	11103	17845	13223	12363	15448	16105	13077	14257	15483	172635
	6.19	7.45	11.69	6.43	10.34	7.66	7.16	8.95	9.33	7.57	8.26	8.97	100.00
2012	8355	16407	14661	9959	17558	15650	10572	16148	15145	13199	11064	24245	172963
	4.83	9.49	8.48	5.76	10.15	9.05	6.11	9.34	8.76	7.63	6.40	14.02	100.00
合计	110506	103044	115975	90153	104307	105107	74862	125230	130841	107082	94900	157165	1319172
	8.38	7.81	8.79	6.83	7.91	7.97	5.67	9.49	9.92	8.12	7.19	11.91	100.00

从各年的总登记量可以看出，2005、2007 和 2010 这 3 年的登记量明显少于其他年份，而 2008 年若非赶上"奥运年"并且在 2008 年 8 月 8 日这一

天集中了数倍于平均水平的登记量，其登记数量也将少于相邻年份。其中最明显的为 2005 年，这一年的结婚登记量几乎只有 2006 年的一半。

通过查阅相关资料可知，2005 年的主体是农历的鸡年（从 2005 年 2 月 9 日开始正式进入鸡年，直到 2006 年 1 月 29 日进入农历狗年），而 2005 年立春的这一天，即 2 月 4 日是农历猴年的腊月廿四，正好赶在了猴年的岁尾，从而导致农历鸡年"无春"。按照民间的说法，没有立春的年份意味着新婚夫妇一方会丧偶，于是被称为"寡妇年"或"瞎年"，而包含了两个"立春"的狗年 2006 年（阳历 2006 年的立春在农历 2006 年的正月初七，阳历 2007 年的立春在农历 2006 年的腊月初四）则被认为是"双春双喜"的结婚好年份。

事实上，"双春"和"无春"的出现仅是一种人为的历法现象，而且每 19 年中便会出现"单春"5 次，"双春"和"无春"各 7 次，与婚姻的成败和长久并无干系（刘建利，2003）。不过这一说法还是对人们的行为造成了不小的影响；既然没有什么额外的成本，很多人选择了"宁可信其有"。于是我们从数据中看到，2005 年 1 月（农历猴年的岁末）的登记量高达 23595 对，占 2005 年全年登记量的 24.4%，该数量几乎是 2005 年 2 月登记量的 4 倍。此后直到 2006 年 1 月（此时仍处于农历的鸡年）的登记量均稳定在较低水平；2006 年 2 月开始登记量则迅速上升，并一直延续到 2007 年 1 月（按农历计算仍是狗年）。可见相当多的夫妇为了避开"无春"的鸡年或赶上"双春"的狗年，纷纷将结婚登记日期提早或推后了；与之相关的诸如婚纱影楼的爆满、酒店席位的紧俏、婚庆公司的繁忙等一系列问题也通过媒体进入了公众的视野。类似的，2007 年、2008 年和 2010 年登记量的下滑[①]和 2009 年登记量的井喷也都与"无春年""双春年"之说密切相关，而 2012 年 12 月的结婚登记量出现明显飙升，恐怕也与大家要避开 2013 年这个"无

---

①　如果不是 2008 年 8 月 8 日和 2010 年 10 月 10 日这两个高峰日的贡献，这两年登记量的减少会更明显。

春年"有关。这中间大众传媒对于"结婚大年""寡妇年"的宣传报道起到了很大的引导作用。

　　除了年份选择，各月的登记量分布也显示出一定的偏向性。8月、9月和12月是典型的结婚"旺季"，其次为1月、3月和10月；当然不排除这是由"特殊日期"或"特殊事件"导致的——2008年8月8日、2009年9月9日、2010年10月10日和2012年12月12日这几天的登记量大大拉升了8、9、10、12这四个月的总登记量；而"无春年"的说法则往往使岁末和岁头的两个月（12月和1月）的登记量激增。事实上，即使剔除此类特殊情况的影响，这几个月成为登记结婚的高峰月也依然易于理解。12月、1月和3月分别处于春节前后，与人们期待"双喜临门""喜庆成双"的心理相符；8月则因与近年来火爆的数字"8"（发）相应、9月与"久"谐音而颇受青睐（特别是对期待婚姻长久的新婚夫妇而言）。与之相对，4月、5月、7月和11月则是结婚登记的"淡季"，5、7和11都是典型的单数，特别是11月11日还是民间的"光棍节"，难免让人避讳；4月与"死"谐音也通常不受青睐。此外，2月虽然是个吉利月（寓意"成双成对"），但通常包含了春节的长假，可供登记的工作日数量较少，从而使登记量自然随之减少。

二、登记日期显示出明显的"6、8"偏好

　　在不存在日期偏好的情况下，结婚登记量在1—31日之间的分布应当是大体均匀的。为了便于对比，我们基于数据库中1319172条结婚登记和255241条离婚登记记录，在图1-1中分别描绘了结婚日和离婚日的分布曲线，纵轴是各个日期（1—31日）的登记量占总登记量的比重。

　　从图中可以看出，离婚登记量在不同日期上的分布是相当均匀的，没有明显的高峰和低谷；31日的登记量少是因为这个日期本身就少，而月初的1—7日的登记量较少则是因为劳动节和国庆节的长假通常都设在这几天。可见人们对于离婚登记日期的选择基本是没有讲究的，主要考虑方便性，因此

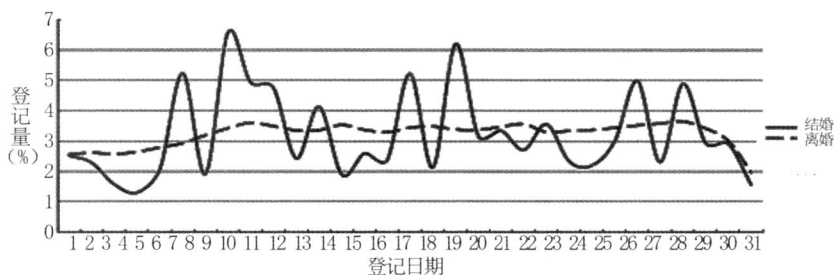

图 1-1　结婚和离婚登记量在日期上的分布

各个正常工作日的登记量相差不多。与之相对，结婚登记量在日期上的分布则表现出明显的规律性，在 6 日、8 日、16 日、18 日、26 日和 28 日，登记量均显著高于其他日期，一方面因为是双数日期，另一方面因有"六六大顺"和"八即是发"的寓意；9 日和 12 日算是两个小高峰。而在尾数为 1、3、7 的单数日子以及 4 日，登记量则显著减少，特别是在 4 日，登记量甚至低于天数本身就少的 31 日，反映了人们强烈的驱吉避晦的心理。

　　表 1-2 详细统计了结婚登记量在 1—31 日之间的频数和比重的分布情况并进行了排序。结果显示，阳历的双数日子的登记量占全部结婚登记量的 60.18%，阴历的双数日子的登记量占全部结婚登记量的 54.89%。而在阳历的双日中，尾数为 8 和 6 的 6 个日子占据了排在登记量最大的阳历日期的第 5 位和第 7 位，占全部登记量的 33.08%；在阴历的双日中，尾数为"八"和"六"的 6 个日子也恰好排在登记量最大的阴历日期的第 5 位和第 7 位，占全部登记量的 28.51%。排在阳历和阴历登记量第 6 位的均是与"久"谐音的"9"（初九）。由表中的分布比重可见，人们对结婚登记日期的选择具有非常明显的"6、8"数字偏好，这一特点表现出很强的时代特色。

表1-2　不同日期结婚登记量的频数排序

排序	阳历日期	频　数	比重（%）	阴历日期	频数	比重(%)
1	8	86515	6.56	十六	75045	5.69
2	18	81697	6.19	初八	69944	5.30
3	6	68929	5.23	廿六	64792	4.91
4	16	68865	5.22	廿八	56429	4.28
5	26	65872	4.99	初六	55380	4.20
6	9	65076	4.93	初九	54600	4.14
7	28	64452	4.89	十八	54545	4.13
8	10	62760	4.76	廿一	52282	3.96
9	12	54507	4.13	廿二	51783	3.93
10	22	46943	3.56	十二	50805	3.85
11	20	44164	3.35	十九	49098	3.72
12	19	41722	3.16	初十	46912	3.56
13	25	39701	3.01	初三	45769	3.47
14	29	38802	2.94	廿九	45422	3.44
15	30	38387	2.91	初七	44843	3.40
16	21	35811	2.71	初二	43536	3.30
17	14	34353	2.6	二十	39837	3.02
18	1	33259	2.52	十一	38898	2.95
19	11	31998	2.43	廿三	36237	2.75
20	15	31236	2.37	十五	34974	2.65
21	23	30700	2.33	十七	34588	2.62
22	27	30487	2.31	廿五	34324	2.60
23	2	30154	2.29	廿四	34011	2.58
24	24	28988	2.20	十三	32509	2.46
25	17	28041	2.13	初一	32395	2.46
26	5	27265	2.07	廿七	32188	2.44

排序	阳历日期	频数	比重（%）	阴历日期	频数	比重(%)
27	7	25132	1.91	初四	31735	2.41
28	13	24961	1.89	十四	29450	2.23
29	3	20686	1.57	初五	27062	2.05
30	31	20522	1.56	三十	19779	1.50
31	4	17187	1.30			
总计		1319172	100.00		1319172	100.00

从日期分布中我们也看到了一些规避倾向。排在前 10 位的阳历日中仅有 1 个单日，阴历日中除"廿一"之外也仅有 1 个单日[①]，且均为近年来颇受欢迎的与"久"谐音的"9"。而排在后 10 位的日子中，阳历方面由单日和尾数为 4 的日期构成，特别是 4 日，9 年的结婚登记总量仅有 17000 余对；阴历方面除"三十"外（这个日子在阴历中本来就少），也均由单日和尾数为"四"的日期构成。可见公众对于登记日期的选择具有非常明显的优先次序。

三、"好日子" 成为新人扎堆登记的高峰日

有关新婚夫妇扎堆登记的报道时常见诸媒体，为此我们统计了 2004—2012 年的 9 年中，日结婚登记量超过 2500 对的"好日子"，共有 26 天，具体日期及其排序如表 1-3 所示。

在结婚登记数据库所涉及的总共 3287 天中，日均结婚登记量为 401.3 对；而这 26 个"高峰日"的结婚登记数量合计为 125551 对，占全部结婚登记量的 9.52%，日均结婚登记量达到 4828.9 对。

这 26 个高频登记日期中，占据前 5 位的恰好是千载难逢的年月日相重

---

① 阴历廿一排在相对靠前的第 8 位是因为登记量巨大的 2009 年 9 月 9 日这一天的阴历恰好是"廿一"。

合的日子。2008 年 8 月 8 日寓意"发发发"且与北京奥运会同日，2009 年 9 月 9 日谐音"久久久"，2010 年 10 月 10 日意味"十全十美"，11 月 11 日原本是民间的"光棍节"，但因与 2011 年相配而有了诸如"出双入对""爱你一分一秒一心一意一生一世"等时代寓意，也颇受浪漫青年的青睐；2012 年 12 月 12 日这一天有三个"十二"叠加，被网友称为"非常完美"；其中 2009 年 9 月 9 日则因为恰好处在"双春年"而在众多"好日子"中独占鳌头。

表 1-3 日结婚登记量超过 2500 对的"吉日"

排序	登记日期	星期	阴历日期	登记数量	占婚登总量比重（%）
1	2009-9-9	星期三	己丑牛年七月廿一	18993	1.44
2	2008-8-8	星期五	戊子鼠年七月初八	15538	1.18
3	2010-10-10	星期日	庚寅虎年九月初三	11143	0.84
4	2012-12-12	星期三	壬辰龙年十月廿九	7782	0.59
5	2011-11-11	星期五	辛卯兔年十月十六	4856	0.37
6	2006-12-18	星期一	丙戌狗年十月廿八	4329	0.33
7	2011-8-6	星期六	辛卯兔年七月初七	4168	0.32
8	2012-12-18	星期二	壬辰龙年十一月初六	4101	0.31
9	2012-2-14	星期二	壬辰龙年正月廿三	3897	0.30
10	2011-2-14	星期一	辛卯兔年正月十二	3882	0.29
11	2007-8-8	星期三	丁亥猪年六月廿六	3446	0.26
12	2009-8-8	星期六	己丑牛年六月十八	3287	0.25
13	2006-6-6	星期二	丙戌狗年五月十一	3247	0.25
14	2011-5-18	星期三	辛卯兔年四月十六	3199	0.24
15	2012-5-18	星期五	壬辰龙年四月廿八	2950	0.22
16	2009-10-16	星期五	己丑牛年八月廿八	2944	0.22

排序	登记日期	星期	阴历日期	登记数量	占婚登总量比重（%）
17	2011-9-9	星期五	辛卯兔年八月十二	2908	0.22
18	2009-12-12	星期六	己丑牛年十月廿六	2843	0.22
19	2005-1-6	星期四	甲申猴年十一月廿六	2822	0.21
20	2012-8-23	星期四	壬辰龙年七月初七	2811	0.21
21	2008-6-6	星期五	戊子鼠年五月初三	2809	0.21
22	2009-6-8	星期一	己丑牛年五月十六	2785	0.21
23	2009-8-18	星期二	己丑牛年六月廿八	2780	0.21
24	2009-2-14	星期六	己丑牛年正月二十	2691	0.20
25	2007-1-16	星期二	丙戌狗年十一月廿八	2690	0.20
26	2005-1-18	星期二	甲申猴年腊月初九	2650	0.20

这些登记高峰日还具有一些明显的共性特征，比如双日绝对占优，除 2011 年 11 月 11 日、2012 年 8 月 23 日（龙年的七夕节）和两个 9 月 9 日之外，其余日子均为双日，且基本上是尾数为"6"和"8"的日子；从阴历的角度看，也有七成以上的高峰日为双日，而且尾数为"六"和"八"的日子也占了相当大的比重。高峰日中还有三个 2 月 14 日（西方的情人节）和两个农历七月初七（中国的情人节），这一点充分体现了东西方文化对青年人行为的双重影响，年轻人在日期选择中不仅注重中国传统的"图吉利"，也追求西方的浪漫。此外值得注意的是，这 26 个日子无一是在"无春"的鸡年，而相当一部分都分布在"双春"的牛年和狗年。

四、周六登记颇受青睐，周四遇冷

表1-4统计了北京市 2004—2012 年间的结婚登记量在每周的各个工作日的分布情况，其中各年的第一行数字为频数，第二行数字为当日登记量占这一年登记量的百分比。统计之前我们剔除了日登记量在 2500 对以上的 26

人口流动背景下大城市婚配特征的变迁

个日期，因为相对于总体而言，这 26 个高峰日属于带有干扰作用的"异常值"。另外需要指出的是，北京民政局于 2009 年 1 月 1 日开始在每周的周六也提供婚姻登记服务（各周日的登记记录和 2009 年以前的周六登记均属于节假日倒休的情况或特殊情况下的预约登记）。

表 1-4　结婚登记量在每周各个工作日的分布情况

年份＼星期	星期一	星期二	星期三	星期四	星期五	星期六	星期日	总计
2004	26357	23964	22077	20941	23630	2097	1181	120247
	21.92	19.93	18.36	17.41	19.65	1.74	0.98	100
2005	21063	18445	16725	14304	17821	1383	1488	91229
	23.09	20.22	18.33	15.68	19.53	1.52	1.63	100
2006	31973	35706	32112	28304	31287	2148	2196	163726
	19.53	21.81	19.61	17.29	19.11	1.31	1.34	100
2007	23358	23400	21538	17468	23978	1387	667	111796
	20.89	20.93	19.27	15.62	21.45	1.24	0.60	100
2008	25265	27067	25820	24820	23236	1820	1144	129172
	19.56	20.95	19.99	19.21	17.99	1.41	0.89	100
2009	27239	21986	24390	24462	21531	24917	923	145448
	18.73	15.12	16.77	16.82	14.80	17.13	0.63	100
2010	22923	21868	23177	18142	19496	20269	1084	126959
	18.06	17.22	18.26	14.29	14.93	16.39	0.85	100
2011	27508	26677	25274	20154	26005	27444	560	153622
	17.91	17.37	16.45	13.12	16.93	17.86	0.36	100
2012	26895	21578	24956	24536	25410	27702	345	151422
	17.76	14.25	16.48	16.20	16.78	18.29	0.23	100
总计	232581	220691	216069	193131	214394	107167	9588	1193621
	19.49	18.49	18.10	16.18	17.96	8.98	0.80	100

从表中显示的 1193621 对非高峰日的登记量的分布结果来看，周一是新人们选择登记结婚的高峰日，其次为周二；周四则备受"冷落"，人们对于"四"（与"死"谐音）的忌讳再次得到体现。自 2009 年开始实施周六登记以来，周六的结婚登记量一直稳定在比较高的水平，特别是 2012 年，周六的结婚登记量居各工作日之首。一方面新人登记不必再专门向单位请假，另一方面"六"又是个非常吉祥的数字，可以预期周六必将成为结婚登记的热门日子。

五、结婚登记日期的选择偏好具有普遍性

对于近年来出现的择期登记结婚、"好日子"扎堆登记的现象，不少人将其归因于迷信或盲目跟风，进而将这种选择上的偏向性与登记者的某些个人特征联系起来，并出现了一些基于刻板印象的臆测，比如农村人比城市人、年长者比年轻者、低学历者比高学历者更倾向于"挑日子"等等。为此，我们将日登记量超过 2500 对的 26 天的结婚登记记录（共125551 对夫妇）提取出来，将这一人群的人口学特征分布与总体的情况进行比较，从而判定对于结婚登记日期的偏向性选择是特定人群的行为还是普遍性行为。

我们具体考察了户籍、年龄和学历三个主要的人口学特征，其中户籍区分为城市和农村两种情况①，年龄区分为低（25 岁及以下）、中（26—34岁）、高（35 岁及以上）三级，学历区分为五级：（1）小学及以下，（2）初中，（3）技校/职高/中专/高中，（4）专科/本科，（5）研究生。

---

① 由于改版后的系统不再对户籍进行城乡的区分，因此针对这一特征变量的分析是基于2009 年 9 月之前的数据进行的。

表 1-5　不同群体的人口统计学特征的分布情况

人口特征 群体/性别		所有夫妇		高峰日登记夫妇	
		男性	女性	男性	女性
户籍	农村	16.55	22.16	15.58	20.52
	城市	83.45	77.84	84.42	79.48
年龄	25 岁及以下	22.28	37.98	21.42	39.45
	26—34 岁	58.62	50.18	62.84	51.96
	35 岁及以上	19.10	11.84	15.74	8.59
学历	小学及以下	1.86	2.32	1.47	1.63
	初中	13.77	14.17	10.72	10.46
	技校/职高/中专/高中	22.82	21.77	23.11	20.85
	专科/本科	48.26	50.53	51.26	55.18
	研究生	13.30	11.22	13.44	11.88

从表 1-5 所示的统计分布结果来看，在高峰日"扎堆登记"的夫妇在户籍性质、年龄和学历这三个特征上的分布并未表现出与总体太大的偏离。基于双样本 Kolmogorov-Smirnov 检验的结果表明，不论男性还是女性，选择高峰日登记的群体与总体相比在上述三个特征上的分布均没有显著差异。这表明对于结婚登记日期的选择偏好具有普遍性，而不是具有某些特征的某一特定群体的行为造成的。比较有意思的是，与总体相比，在高峰日登记的夫妇中，城市人、年轻人和高学历者反倒比农村人、年长者和低学历者占有更高的比重。

第三节　启示和建议

针对结婚登记日期分布的实证分析表明，尽管简约的婚姻风尚日益深入人心，但中华传统信念和社会流行文化的影响力依然强大，它寄托了民众趋吉避凶的美好愿望。不论是对"双春年"和"无春年"的趋避，还是出于数字偏好对某些"好日子"的青睐，我们都不妨将其视作一种存在于当代社会的民间俗信，即在有关群体范围内几乎人人皆知的心理信条，它往往与风俗习惯相融合并成为人们日常生活的调剂与补充。与迷信相比，俗信没有虔诚的仪式和严厉的制约后果，对社会或个人也极少造成有害影响，因此是正常的或良性的民间信仰。另一方面，数字偏好也反映了社会的一种普遍信念，即数字能代表运气。

发掘并正视公众行为中的规律性特征，对于科学研究和实践管理均有重要意义。从研究的角度讲，如果我们意识到公众在确定登记日期时具有年份的偏好和选择性，那么就能更深刻地理解不同年份结婚数量的波动原因，而不会片面地在结婚登记数量的降低与进入法定结婚年龄的人口数减少之间建立必然的联系（张翼，2008）。

从现实的管理和公共服务的角度讲，正视这种客观存在并把握其规律性，也有助于相关部门更好地开展工作。虽然大家都知道，4与死亡无关，8与发财无关，9与长久亦无必然联系；但世俗一旦形成，我们可以不信，却不能拒绝，就像谁都不会拒绝逢年过节亲朋们奉上的吉利话。当社会心理和公众选择已经发展到无法漠视的程度时，相关部门理应选择顺应而为，这既对提高公共服务质量有益，也是向世俗风习的回归。公共服务部门在这方面已经做出了不少积极回应，比如2010年10月10日恰好是星期日，即婚姻登记处的法定休息日，但是为了满足广大新人在这个千载难逢的"三连十"的好日子登记的愿望，各地民政部门纷纷加班开展婚姻登记办理工作，又如一些地区开始在每周的周六也提供婚姻登记服务，这些举措均得到了公众的认同和赞誉。

此外，基于我们对结婚登记日期分布特点的分析，以下举措亦有助于民政部门合理安排人员、提高工作效率和服务质量。

首先，在尾数为6或8又恰逢七夕节、情人节的日子，往往会出现登记量的井喷，应提早做好预案，确保软硬件系统正常运行，同时安排预约登记并增加工作人员，以加快登记当天的业务进程。在月、日重叠的吉祥日子，如2月2日、6月6日、8月8日、9月9日、10月10日、12月12日等，宜安排多于正常登记日的工作人员，如果这些日子的阴历恰好又是以"六""八"为尾数，那么应考虑再适当增加工作人员的数量。

其次，从年度工作量的安排来看，在没有"立春"节气的年份，在其上一年末和下一年初（均以阴历计）的两到三个月中，结婚登记的压力往往较大，可以考虑增加工作人员数量。为合理配置资源、提高工作效率，可以考虑在8月、12月等结婚登记的"旺季"多安排加班，而把人员休假、设备保养和维护等安排在7月、11月等结婚登记的"淡季"。

最后，从日常业务窗口的设置来讲，在正常登记日的周一和周二，可考虑适当增加工作人员数量，在周四可考虑适当减少工作人员的数量；周六登记为广大市民带来了方便，从趋势上看很可能成为结婚登记的高峰日，因此应将周六作为婚姻登记部门的正常工作日处理，甚至通过倒休等方式开设更多的业务窗口以保证服务效率和质量。

第二章　针对婚姻匹配特征的初步考察

第一节　同类婚与婚姻梯度理论简述

在适婚人群中，最终的婚配结果取决于适婚男女的数量和匹配方式两方面的情况。从总量的角度看，我国的男女比例失调问题比较严重，男女人口数量的初始不平衡将不可避免地导致"婚姻挤压"。不过，在某一特定的地区，特别是人口众多、开放度较高的大城市，男性婚姻挤压的现实表现并不明显，往往是匹配特征对最终的婚配结果起主导作用。

在有关婚姻匹配的研究中，"同类匹配"和"婚姻梯度"是被引用较多的两个理论。

在半个多世纪前对同类婚的研究当中，已有学者从种族、年龄、宗教、教育、职业、父亲职业等方面进行了相关研究；研究结果显示，夫妻间在社会地位上存在相当大的相似性，婚姻匹配的主流形态是双方拥有相似的社会身份、或类属相同的社会群体。这种"门当户对式"般配的婚姻，学者们称之为同类婚或内婚（Hunt，1940；Burgess，1943）。大量社会科学研究表明，无论是采用种族、宗教、社会阶层、职业声望、教育程度还是其他指标来测度，绝大多数社会中婚配对象之间具有很强的相似性。对于这种婚配特征的相似性通常有三种解释：（1）结构理论认为婚姻市场通常由社会地位和地域位置来界定，在婚姻市场上具有相似社会地位或其他相似特征的男女相遇的机会更大，因而婚姻匹配关系主要表现为同类婚（Mare，1991）；（2）文化理论认为在择偶过程中个人倾向于寻找与自己价值、品味、兴趣以及生活方式相同的对象，选择的结果便是婚配主体的特征高度相似（Kalmijn，1994）；（3）基于经济学的优化理论分析认为，潜在经济实力是婚配对象关注的重要因素，在婚姻市场上男女双方追求最大化婚配对象的经济潜力，其结果是经济潜力相对位置相似的男女更可能结婚（Becker，1973）。另外，社会学家也经常从"阶层内婚制"的角度来讨论婚姻匹配模式，即人们在择偶时遵循从相同或相似的阶层群体内挑选配偶这一婚配模式（张翼，2003）。

在同类匹配的原则下，男女双方对于配偶的期望和要求并不完全一致和对等，男性倾向于选择各方面条件相当或较低的女性，而女性往往更多地要求配偶的年龄、受教育程度、职业阶层和薪金收入等与自己相当或高于自己，这种"男高女低"的婚配模式通常被称为婚姻梯度（莱斯利，1982；Bernard，1982）。当男性在自身阶层以外择偶时，常常是向下婚；而女性在自身阶层以外择偶时，常常是向上婚。尽管从社会经济地位看，男性一般在婚姻中处于优势地位，然而，女性的资源还包括肤色、长相、体型、相对年龄以及持家能力等，这使一些女性可以她们的美貌换取男性的家世、成就或向上流动的潜力（徐安琪等，2002）。婚姻梯度往往使条件优秀的女性和条件欠佳的男性在婚配过程中处于不利地位，中国民间对此有一种形象的说法，即"丁男甲女"现象：把婚配的男女按自身条件分为"甲乙丙丁"四档，各方面条件都不错的称为"甲男"和"甲女"，以此类推，那么按照普遍的择偶观念，通常是"乙女"配"甲男"，或者"甲男"找"乙女"，类推下去就是"乙男"配"丙女"，"丙男"配"丁女"，这样最后城市里剩下的就是"丁男"和"甲女"，但是城市中的"丁男"还可以娶郊区的女性，郊区的"丁男"也还能娶更远郊区的女性，这种"向心递补式"的婚姻使得最终剩下来的以"丁男"和"甲女"居多，有如中国民间流传的一句俗语"才女居闹市，牛郎守穷乡"。

社会交换论的观点也认为，择偶双方都是理性的，希望通过"交换"有形或无形的资源而实现"互惠"（Blau，1964；Homans，1974）；双方用以交换的资源在性质和种类上或许不同，但资源的价值至少在双方看来大致相当，不然，爱情关系很难维持和继续（徐安琪，2000）。因此，人们倾向于选择与自己同类的或条件相当的异性为伴侣，即同质结合是婚配的主要方式（Goode，1982）。国内外学者对于婚配现象的实证研究也验证了同类匹配的婚配模式的存在。有研究发现，配偶之间的智力、教育、年龄、民族等许多特征之间具有正相关关系（Winch，1954），一些研究以受教育水平为变量，发现夫妻双方的教育水平之间存在高度的关联（李实等，1999；孙志军，2004；易翠枝，2007）；陆益龙的研究则进一步论证了教育、信仰等属性的匹配对婚姻稳定具有显著影响（陆益龙，2009）。

　　需要指出的是，择偶条件是动态变化的。从微观角度讲，个体的择偶标准在其生命周期的不同阶段通常会不一样，青年时代大多比较理想化，但如果因条件限制未能遇到理想伴侣，通常就会调整期望。现实择偶过程中，个体对于配偶的期望与缔结婚约时的实际结果往往是不一致的，而后者对于我们了解婚配的真实状况和特点显然更具意义。因此，以已婚者为研究对象是合理且必要的。

　　本研究所使用的数据来自初始版本的婚姻登记数据库，涉及北京市范围内的 19 处民政局婚姻登记处（包括北京市民政局婚姻管理处以及 18 个区县级的民政局婚姻登记处）所采集的信息。数据库包含自 2004 年 8 月至 2009 年 9 月的结婚、离婚、补登等全部婚姻登记业务数据，共有记录 871145 条，每一条数据记录均包含夫妻双方的出生日期、民族、国籍、婚次状态、户籍性质、户籍所在地区、文化程度、职业类别等信息，本研究选取其中的结婚登记记录 673581 条（占总数据量的 77.3%）进行分析。由于进入婚姻登记数据库的均为已婚者，因此我们据此得到的研究发现均为事实性的匹配结果而非意向性的择偶标准。

第二节　婚配特点和分析

结合数据库中的变量情况，本研究一方面从婚配双方的年龄、户籍、学历、婚次、民族和职业等角度进行单因素考察，另一方面也从多种属性相结合的角度来分析匹配特点，进而对社会交换论、同类匹配和婚姻梯度等理论进行实证检验。

一、年龄匹配

对于夫妇双方的年龄匹配，本研究主要采用"夫妇年龄差"作为考察指标，并将其定义为"丈夫年龄—妻子年龄"，在数据库中用"妻子出生年份—丈夫出生年份"来计算①。

表2-1显示了近6年来北京市夫妇的年龄匹配状况。总的来看，不论是在国内通婚的所有夫妇中，还是双方均为初婚的夫妇中，男小女大、男女同龄和男大女小这三类婚配形式的比例都大致为1∶1∶3.6，即"男大女小"的年龄匹配模式仍是主流。但从时序变化上可以看出，在两种情形下，"男小女大"的类型所占的比重在逐年上升，而"男大女小"的比重则在逐年缩减，这很可能成为一种趋势。

---

① 对夫妇年龄差的计算我们并没有细化到月，即生于1980年1月的丈夫和生于1980年12月的妻子被认为夫妇年龄差为0，而生于1979年12月的丈夫和生于1980年1月的妻子被认为夫妻年龄差为1；这种计算方式大体符合民间习惯，同时考虑到出生日期的随机性以及对称情形的相互抵消，总体来看这种基于年份的年龄测算不会带来太大误差。

表 2-1　近年来夫妇年龄差的总体情况　　　　　（单位:%）

年份	所有夫妇			双方均为初婚的夫妇		
	男小女大	男女同龄	男大女小	男小女大	男女同龄	男大女小
2004	16.00	15.23	68.77	15.73	16.98	67.29
2005	16.90	14.08	69.02	16.74	16.16	67.10
2006	16.98	16.07	66.96	16.79	17.96	65.25
2007	17.44	15.54	67.02	17.36	17.84	64.79
2008	18.03	16.6	65.37	17.97	18.94	63.08
2009	18.59	17.01	64.39	18.54	19.45	62.01
总体	17.48	15.92	66.60	17.36	18.09	64.56

说明：2004 年的数据为 8—12 月的情况，2009 年的数据为 1—9 月的情况。下同。

　　近年来，随着离婚率的提升，男女双方均为初婚的夫妇比重逐渐降低（从 2004 年的 82.8% 降至 2009 年的 78.3%）；不同婚次状态的夫妇组合，其年龄匹配模式是不同的，其中"男非初婚女初婚"的夫妇平均年龄差最大，"男初婚女非初婚"的夫妇平均年龄差最小。在各种婚次匹配类型中，双方均为初婚的情形占总体的近 80%，也是最通常的婚配模式，图 2-1 是基于数据库中 533082 对初婚夫妇近年来的平均年龄差的分布情况绘制的趋势曲线图。

　　考察近年来的变动情况可见，夫妇年龄差的分布在逐渐从分散趋于集中，即年龄相近的夫妇数量越来越多了。夫妇年龄差为-2、-1、0 和 1 的这几种情形所占的比重都在逐年上升；另一方面，在妻子比丈夫大 3 岁及以上类型的比重基本保持稳定的情况下，丈夫比妻子大 3 岁及以上的匹配类型的比重却有逐渐减少的趋势。

　　从年龄匹配的结果来看，北京市初婚夫妇的婚配印证了同类婚和婚姻梯度的存在，即夫妇双方的年龄相近（平均夫妇年龄差为 1.87 岁）且以丈夫略大于妻子的情形为主体（丈夫大于妻子 0—2 岁的情况占比很高）。但同时

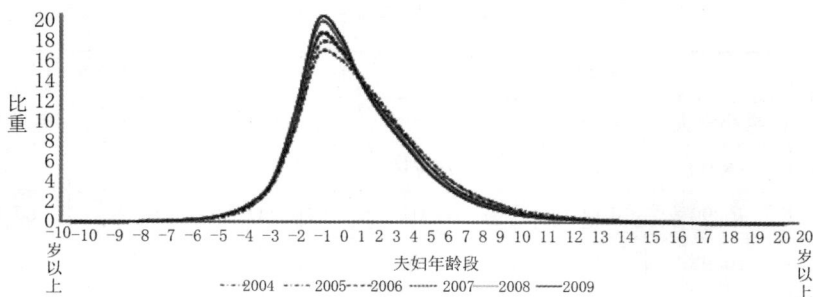

图 2-1　近年来北京市初婚夫妇年龄差的分布

我们也看到了夫妇年龄差在不断缩小的趋势，这一方面是由于"妻大于夫"的匹配类型不断增多，另一方面则是因为大年龄差距的"夫大于妻"的情况在逐渐减少；可见这与传媒所渲染的市场经济下女性热衷于年龄较大的有事业基础的男性的断言并不相符①。

　　基于数据库的计算发现，从 2004—2009 年，北京市男性的平均初婚年龄基本稳定在 27.6 岁左右，而女性的平均初婚年龄则从 2004 年的 24.75 岁提高到 2009 年的 26.24 岁；可见，女性初婚年龄的推迟是导致近年来夫妇年龄差缩小的一个重要的内在原因。在北京这样的大城市，高学历、重事业的女性相对集中，而且独生子女政策相对严格的执行使得女性只要在身体条件许可的时间内保证一个孩子的优生即可，这些都在一定程度上促成了女性的晚婚决策。因此，夫妇年龄差的趋近很可能成为大城市婚配的一个特征。

二、户籍匹配

　　户籍制度是最具中国特色的人口管理制度，1958 年颁布的《中华人民共和国户口登记条例》对中国社会产生了深远的影响，城乡户籍的差异已经影响到身份、地位、收入、福利、生活条件、就业、教育等方方面面；这种

---

　　①　准确地说，女性在择偶阶段的意向或许表现出了媒体所宣称的特点，但最终的婚配结果并非如此。

差别不仅关系到自身，而且往往影响到子女未来的社会地位和待遇，从而使人们在潜意识里形成了"市民"与"农民"的尊卑等级观念。近年来，由于地区发展的不平衡及公共服务分布的不均等，不同地区的户口也存在很大的价值差异，比如同为城市户籍，北京、上海等大城市的户籍价值就要远远高于其他中小城市。可以说，户籍特征集合了地域空间、身份地位、社会资源获取等多种婚配要素，在很大程度上影响着人们的婚姻决策。

表 2-2 显示了北京市近年来国内通婚夫妇的户籍匹配情况。从城乡通婚的角度看，城市和农村内部的婚配数量分别为 486700 对和 76295 对（比例分别为 72.68% 和 11.39%），显示出了同类婚的特点，即城市青年倾向于在城市找配偶，而农村青年亦倾向于在农村内部通婚，以保持双方"地位"的平等性；另一方面，城乡间婚配的结果也印证了婚姻梯度理论，即城市男青年与农村女青年婚配的比例（10.77%）要远高于城市女青年与农村男青年婚配的比例（5.16%），这与女青年择偶时的"递层选择"心理是相符的。

表 2-2　近年来北京市夫妻双方的户籍匹配情况　　（单位:%）

年份	城乡户籍匹配				地区户籍匹配		
	男女均为农村户籍	男方农村女方城市	男方城市女方农村	男女均为城市户籍	男女均为北京户口	北京男京外女	京外男北京女
2004	18.48	5.44	13.38	62.70	58.61	30.23	11.17
2005	15.87	5.17	12.44	66.52	59.77	29.07	11.16
2006	10.19	4.53	10.38	74.90	53.81	34.06	12.14
2007	11.43	5.42	10.75	72.40	52.38	34.41	13.21
2008	9.86	5.48	10.53	74.13	51.76	34.51	13.73
2009	9.08	5.35	9.40	76.17	51.68	34.63	13.79
总体	11.39	5.16	10.77	72.68	54.51	32.83	12.65

再从地区通婚的角度看，随着人口流动性的日益增强，外来人口在北京市总人口中所占的比重已经越来越高，这在很大程度上促进了地理通婚圈的

扩大。按照婚姻登记办法的规定，在北京进行婚姻登记的双方中至少有一方的户籍所在地为北京，这样在我们考察的夫妇中就存在 3 种户籍地区的组合情况：男女双方均为北京户口、北京男京外女、京外男北京女。

总体来看，夫妻双方均为北京户籍的有 360013 对，占比仅 54.5%，尚不足六成，表明北京市跨地域通婚的情况还是相当普遍的。从具体的地域分布情况来看，男女双方的京外配偶均广泛分布于包括港、澳、台在内的国内各地，而男性和女性在跨地域通婚的地区选择上亦具有高度的一致性：不论男性还是女性，均与华北和东北的几个省份通婚频次最高，特别是离北京最近的河北省，占跨地域通婚总量的 1/4；而与西部和南部地区的通婚频次均较低。这表明文化习俗、语言、生活习惯等方面的接近是促成婚姻的重要条件，显示了同类婚的特征。另一方面，北京男性与外地女性婚配的比例（32.8%）要远高于北京女性与外地男性婚配的比例（12.7%），这一结果再次反映了女性"向上婚"的择偶特点（随着在大城市落户日益艰难，"北京户口"在婚配中日益成为一个优势条件）。

表 2-3　北京市近年婚配的男女户籍特征分布　　（单位:%）

年份	男性户籍特征				女性户籍特征			
	北京城市	北京农村	京外城市	京外农村	北京城市	北京农村	京外城市	京外农村
2004	69.03	19.65	7.05	4.28	51.92	17.73	16.22	14.13
2005	70.53	16.66	8.43	4.38	51.43	14.28	20.26	14.03
2006	73.15	12.97	10.00	3.88	56.01	10.25	21.42	12.32
2007	73.41	12.51	10.87	3.22	56.81	8.86	22.59	11.74
2008	74.16	11.16	10.93	3.75	57.52	8.71	22.98	10.79
2009	75.21	10.98	10.96	2.85	57.83	7.86	23.69	10.62
总体	72.58	13.98	9.71	3.73	55.25	11.28	21.19	12.27

表 2-3 显示了北京市近年来婚配的男女在户籍特征上的时序分布状况，

有助于我们理解表 2-2 数据所反映出的趋势性特征。北京城市化进程的快速推进使得农村夫妇的比例逐年降低，而城市夫妇的比例显著升高①；京外的"女婿"和"媳妇"中，均是城市人多于农村人，且城市人渐多农村人渐少，这就进一步增强了上述趋势。男女两相比较，进入婚姻的农村女性数量的减少趋势更为明显，因此"城市男+农村女"的匹配类型也趋于减少。

在人口正常变动的情况下，北京市城市和农村适婚男女的数量应该是大致相当的，但是表 2-3 的数据显示，近年来真正步入婚姻的北京男性的数量要显著多于女性，特别是城市的男性；而在婚配的女性中，京外的城市女性占有相当高的比重且有上升的趋势。由此可见，经济转型以及城市化进程提高了跨地区婚姻的概率，也改变了婚姻市场的供求状况；受婚姻梯度的影响，北京城市女性和京外农村男性往往在婚配中受到更大的挤压。

跨户籍的通婚状况往往被看作是社会开放度的一个标志。从北京市所展现出的特点来看，人口流动性的增强促进了地域间的通婚，京外女性的"向上婚"尤为突出，这与当前日益开放的社会背景相吻合，但城乡间通婚率的降低又显示出了一定的封闭性趋向。

三、学历匹配

20 世纪 80 年代初期，"文凭"曾经是择偶过程中一项颇为值得炫耀的资本，而今随着高等教育的普及，学历不再如往日那般"金贵"，但在双方婚配的过程中，学历仍然是一个重要的衡量标准，一方面学历对于一个人的学识修养、智力和能力等具有一定的"信号"作用；另一方面，学历的匹配也在一定程度上决定了双方婚后是否有"共同语言"和沟通空间。在现代社会，学历还是社会分层最重要的指标之一，它代表着社会成员在劳动力市场乃至社会结构中的地位和资源，影响着家庭现在和未来的生活（Kalmijn，

---

① 北京城市夫妇的增多一方面源自城市化的推进，另一方面京外人才落户京城也是重要原因。

1991）。

婚姻登记数据库中对夫妇双方的学历均做了具体记录，我们将其从低到高归并为7个等级：1——小学及以下（含文盲、学龄前和小学），2——初中，3——技校/职高/高中/中专，4——大专，5——本科，6——硕士，7——博士和博士后。表2-4显示出夫妇学历匹配的两个主要特征。一方面学历水平相同的夫妇占总数的49.7%，说明同类婚是学历匹配的主要类型；另一方面妻子学历水平低于丈夫的"向上婚"占28.5%，高于"向下婚"（女高于男）的22%，反映了"男高于女"的婚姻梯度特征。

表 2-4　夫妇双方的学历匹配情况　（单位:%）

男性＼女性	小学及以下	初中	高中等	大专	本科	硕士	博士（后）	总计
小学及以下	0.67	0.8	0.31	0.04	0.02	0	0	1.84
初中	1.13	7.92	4.36	1	0.34	0.02	0	14.76
高中等	0.48	5.28	12.07	4.81	1.75	0.08	0.01	24.48
大专	0.07	1.04	4.31	8.71	4.13	0.35	0.03	18.63
本科	0.04	0.49	2.23	6.18	15.32	3.21	0.25	27.73
硕士	0	0.03	0.19	0.95	4.04	4.57	0.45	10.24
博士（后）	0	0	0.03	0.14	0.71	1.01	0.42	2.31
总计	2.39	15.57	23.5	21.84	26.31	9.24	1.15	100

我们进一步将夫妇的"学历差距"定义为"男方学历等级赋值－女方学历等级赋值"，计算结果显示，北京市夫妇总体的平均学历差距值为0.09，时序上从2004年的0.12减小至2009年的0.05。可见近年来北京市夫妇双方的学历水平非常接近，男方略高于女方且差距在日渐缩小，这意味着从学历角度看，男女双方的"般配"程度在提高。

西方有研究表明，夫妇双方的教育同质性将随着现代化进程出现倒"U"型，即当经济发展到一定程度后，随着社会财富的累积和社会保障制度不断健全，社会成员通过择偶提高或确保社会经济地位的动机不如工业化前期那么强烈，跨阶层地位的婚姻将增加，也体现为婚姻学历匹配程度的下降（Smits，1998）。但我们的计算结果并未印证这一变化特征。从经济的角度看，北京市的发展水平已经达到后工业化发达国家的标准，但时处社会结构激烈变动和分化的转型期，社会的开放性却并未按照市场化理论预期的那样上升，反而在不确定性的压力下呈现出下降的态势。

四、婚次、 民族及职业匹配

婚姻经历通常会影响到人们的婚配决策，一方面具有相同情感经历的男女更容易走到一起，另一方面"非初婚"作为婚配中的不利因素，往往对女性的影响更大。基于数据库的计算显示，双方均为初婚的夫妻有 531042 对，占 79.31%；双方均为非初婚（包括离婚和丧偶）的夫妻有 74262 对，占 11.09%；25880 对夫妻为男方初婚女方非初婚，占 3.86%；38478 对夫妻为男方非初婚女方初婚，占 5.75%。这一结果较好地印证了同类婚的存在，即具有相同婚次状态（同为初婚或同为非初婚）的男女进行婚配的概率更高。此外，非初婚女性与初婚男性的婚配数量明显少于相反的情况，表明非初婚女性相对于非初婚男性处于一定的劣势地位，即男性的婚姻经历对其再婚的影响要小于女性。

在多民族地区，各民族的文化信仰、生活方式和风俗习惯等因素都在婚配决策中具有不可忽视的作用，但在非少数民族聚居区，这种影响已经明显减弱。北京的少数民族人口所占比例很低，数据库中的男性和女性分别分布在 48 个和 51 个民族中，除汉族外仅有满族、回族、朝鲜族和蒙古族的人数比例较高。就跨民族通婚的情况来看，有 73670 对夫妻至少一方为少数民族，占 11.02%；其中男方为汉族、女方为少数民族的夫妇有 37184 对，占 5.56%；女方为汉族、男方为少数民族的夫妇有 29703 对，占 4.42%；其中满族、回族与汉族的通婚比重相对较高。男女双方均为少数民族的夫妇有

6783 对，占 1.01%；而在这些少数民族夫妇中，有 5106 对夫妇都属于同民族通婚，占 75.32%，少数民族之间的跨族通婚情况并不多。可见，北京市夫妇的民族匹配也显示出了同类婚的特点。

职业也是人们在择偶时经常考虑的一个重要因素，不同职业的经济地位和社会声望有一定差异，而同行之间往往有更多的共同语言。在婚姻数据库的职业类别登记中，共包括工人、农民、干部、职员、教师、军人、学生、技术人员、医护人员、个体、无业者和其他共 12 大类职业。国内通婚夫妇的职业匹配情况表明，同类职业者具有更高的婚配率。在数据库中，双方具有相同职业类别的夫妇有 362218 对，占总登记量的比重达到 54.12%；而且从时序看相同职业的婚配比率是逐年升高的，从 2004 年的 49% 升至 2009 年的近 60%。此外我们还发现，某些职业间的匹配率是非常低的，比如男性教师与女性工人、男性农民与女性技术人员等等。这一结果印证了同类婚的存在①。

职业无高低贵贱之分，很难说哪个职业的从业者具有绝对的优势，但"无业"必然是婚配过程中的不利因素。从职业匹配的结果看，女性无业者与其他职业男性的婚配率为 5.8%，而男性无业者与其他职业女性的婚配率仅为 3.1%；无业往往意味着没有稳定的收入来源，可见这一点在婚配中对男性的不利影响更大，也反映了女性在婚配中的"向上婚"心理。

五、综合匹配

在现实的婚配过程中，男女双方往往要综合考虑对方的条件，即最后能步入婚姻的应当是综合条件相当的两个人；此外在数据分析的过程中，我们还发现了男女双方不同身份特征之间的互补关系。表 2-5 综合考察了夫妇双

---

① 数据库的 12 类职业分类中，职员（即通常所说的"白领"）占了很高比重，男性和女性中分别有 33.7% 和 39.5% 的人为职员；而工人、农民、干部和职员四大类职业占到总人数的 65% 以上。可见该职业分类比较粗略，其中难免有缺漏和相互重叠之处。

方的城乡/地区户籍和婚次状态的匹配情况，从分布特点中不难发现，在"男方初婚女方非初婚"的情况下，"男方农村女方城市"的城乡户籍匹配模式和"男方非京户女方京户"的地区户籍匹配模式是占比最高的（分别为 6.17% 和 8.13%）；而在"男方非初婚女方初婚"的情况下，"男方城市女方农村"的城乡户籍匹配模式和"男方京户女方非京户"的地区户籍匹配模式是占比最高的（分别为 8.68% 和 9.67%）。

表 2-5　夫妇双方的户籍与婚次状态的匹配情况　　　（单位:%）

户籍 ＼ 婚次状态	男女均初婚	男女均非初婚	男方初婚女方非初婚	男方非初婚女方初婚	合计
城乡户籍					
男女均为农村户籍	70.60	16.80	4.73	7.87	100
男方农村女方城市	77.92	11.00	6.17	4.91	100
男方城市女方农村	76.39	11.46	3.47	8.68	100
男女均为城市户籍	81.19	10.15	3.13	5.53	100
地区户籍					
男女均为北京户籍	79.62	13.21	3.38	3.80	100
男方京户女方非京户	77.79	9.48	3.06	9.67	100
男方非京户女方京户	81.61	6.56	8.13	3.70	100
总体	79.27	11.14	3.88	5.71	100

按照惯常的观念，农村户籍、京外户籍和非初婚相对于城市户籍、北京户籍和初婚而言均是婚配中的不利因素；因此从上述结果可见，城市户籍和北京户籍对于"非初婚"的劣势起到了一定的补偿作用。

综合考虑城乡户籍、地区户籍和婚次状态 3 个因素，那么对男女双方而言均有 8 种可能的特征属性；在数据库中，同时具备北京户籍、城市户籍和初婚 3 个相对优势条件的男性有 407137 人（占 61.65%），女性则只有 322006 人（占 48.76%），明显少于男性，也就是说，已婚女性中另外 7 类特征的女性人数较多，这也从一个侧面反映了女性在婚配过程中的递层选择心理以及婚姻梯度的存在。

表 2-6 不同年龄、学历的北京城市初婚男性的婚姻匹配情况 （单位:%）

男性特征 女性特征	年龄			学历		总体
	≤30	31—34	≥35	本科以下	本科及以上	
京户城市初婚	61.20	55.03	35.88	46.47	63.58	58.61
非京户城市初婚	23.93	30.34	31.11	18.94	27.84	25.26
京户农村初婚	4.85	2.12	1.70	10.54	1.72	4.28
非京户农村初婚	8.39	6.93	10.01	18.05	4.34	8.32
京户城市非初婚	1.07	3.46	11.60	3.09	1.73	2.13
非京户城市非初婚	0.33	1.47	6.11	1.49	0.64	0.89
京户农村非初婚	0.12	0.30	1.38	0.64	0.06	0.23
非京户农村非初婚	0.10	0.36	2.22	0.78	0.09	0.29
合计	100	100	100	100	100	100

在上述 3 因素、8 种基本特征属性的基础上，我们以北京市城市户籍的初婚人群为基准，分别考察了不同年龄和学历的男性和女性的婚配特点。根据男性和女性初婚年龄的不同分布特点，我们将男性的初婚年龄划分为 30 岁及以下、31—34 岁和 35 岁及以上 3 个区间，将女性的初婚年龄划分为 28 岁及以下、29—32 岁和 33 岁及以上 3 个区间，登记人数随着年龄段的递增而减少，即 3 个区间分别为结婚高峰期、次高峰期和低峰期；针对学历我们简单划分为两类，将"本科以下"和"本科及以上"分别作为低学历和高学历。

表 2-6 显示了 407137 位北京市城市户籍的初婚男性的婚配特点。从结婚高峰期（30 岁及以下）的男性与 8 种属性特征的女性的婚配比例可以看出男性对于各项条件的重视程度。由表中第一列数据可见，男性与同等条件

（北京城市户籍、初婚）女性的婚配比例最高（61.2%），其次是非北京户籍的城市初婚女性，比例将近四分之一，再次为农村的初婚女性。北京城市初婚男性与京外农村初婚女性的婚配比例高于北京农村初婚女性，这一方面是因为北京市的城市化水平非常高，农村女性的数量本来就少；另一方面也说明，男性对于女性是否具有北京市户籍并不是很看重。在女性为非初婚的情况下，不论其城乡和地区的户籍属性如何，与30岁及以下的北京城市初婚男性的婚配比例都很低（最高仅1.07%），这充分表明，男性择偶时非常看重女性是否初婚。

　　随着男性的年龄区间进入结婚低峰期，与同等条件女性婚配的概率逐渐降低，于是会在某些条件上做出"让步"。通过比较不难看出，高龄的北京城市初婚男性与非北京户籍的城市初婚女性、非北京户籍的农村初婚女性，以及北京城市非初婚女性的婚配比例明显提高，可见在失去年龄优势的情况下，男性会依次放宽对女性的地区户籍、城乡户籍和婚次状态的要求。

　　基于男性学历的匹配状况也反映了上述特点，具有本科及以上学历的北京城市初婚男性首先与同等条件的女性婚配（63.58%），其次与非京户的城市初婚女性婚配（27.84%），再次为农村的初婚女性；与各种户籍组合的非初婚女性婚配的累加比例仅为2.53%。低学历的男性由于学历劣势，与条件相当的女性婚配的比例明显下降，而与北京或京外农村初婚女性的婚配比重则显著提高，与非初婚女性的婚配比稍有增加。这一结果再次表明，男性在择偶过程中最为看重的是女性是否为初婚，而是否具有北京户口是相对最不重要的。

表 2-7　不同年龄、学历的北京城市初婚女性的婚姻匹配情况　（单位:%）

女性特征 男性特征	年龄			学历		总体
	≤28	29—32	≥33	本科以下	本科及以上	
京户城市初婚	75.98	66.35	46.65	70.60	75.41	73.78
非京户城市初婚	14.13	20.75	14.54	10.48	17.25	14.97
京户农村初婚	4.42	0.94	0.82	8.51	1.51	3.87
非京户农村初婚	2.89	2.11	1.97	5.25	1.48	2.76
京户城市非初婚	1.94	7.57	27.44	3.80	3.36	3.51
非京户城市非初婚	0.41	1.79	7.36	0.74	0.86	0.82
京户农村非初婚	0.13	0.26	0.63	0.38	0.05	0.16
非京户农村非初婚	0.09	0.23	0.59	0.24	0.07	0.13
合计	100	100	100	100	100	100

　　表 2-7 显示了 322006 位北京市城市户籍的初婚女性的婚配特点。从年龄的角度看，28 岁及以下的适龄女性与条件相当的男性的婚配比例最高（75.98%），随着女性年龄区间的递增，这一比例逐渐下降，33 岁及以上女性与同等条件男性的婚配比降至 46.65%。在失去年龄优势的情况下，29—32 岁的女性与非北京户口的城市初婚男性的婚配比例大增（20.75%），而 33 岁及以上的女性与北京城市户口的非初婚男性的婚配比迅速提高（27.44%）；二者与农村男性婚配的比例都增加不多。这表明女性在择偶过程中相对看重男性是否具有城市户籍，而在地区户籍、婚次状态方面则会放宽要求。从学历的角度看，低学历女性与高学历女性相比，与农村户籍男性的通婚比率略高，但本质上的差异并不大。

　　将表 2-6 和表 2-7 加以对比可以看出，年龄的增长对于女性而言更易成为劣势，但对男性并不构成显著的不利因素（特别是 30 岁及以下和 31—34 岁这两组男性，其与各类特征女性婚配的比例结构相差并不大）；另一方面，社会期望对于男性的学历具有较高要求，因此低学历对男性而言更易成为劣势，而或许受"女子无才便是德"陈旧观念的影响，低学历对于女性也没有太大的不利影响。

通过简单的多因素交叉分析可以看到，夫妇的综合条件匹配仍然表现出了同类匹配的显著特征和男高女低的婚姻梯度，而且男女双方的不同社会属性和特征之间具有一定的优劣互补关系。如果从资源和优势条件的视角去看待特定的社会属性和特征，比如北京户口和城市户口往往代表较高的社会地位和更好的社会福利，初婚通常与贞洁、高生殖力等相联系，而年轻和高学历则意味着更大的发展潜力等等，那么上述结果便验证了社会交换论的观点，有如 Eshleman 所指出的，择偶的基础是交换，而公平的交换最有可能发生在资源相近的人之间（Eshleman，1994）。在现实中，极少有人拥有所有的优势资源，也极少人一无是处，因此男女双方往往通过优势的交换和互补达到总体上的相对平衡，进而建立婚姻关系。

第三节　主要发现和结论

婚姻本身就是一种匹配行为。人们在择偶过程中首先评价自身的婚姻资源量，然后据此选择与自己的婚姻资源量相匹配的异性；在择偶过程中，相貌、学识、财富、健康、家庭背景等均是婚姻资源的表现。基于婚姻登记数据库中所收集的变量，本研究从年龄、城乡/地区户籍、学历、婚次、民族和职业等角度对北京市夫妇的婚配状况进行了初步分析。

北京市夫妇在上述各方面均显示出了同类匹配的特征，年龄、户籍和学历的匹配则印证了"男高女低"的婚姻梯度。但从时序的角度看，男女之间的梯度差距在逐渐缩小，特别是年龄和学历，随着城市女性初婚年龄的推迟和受教育程度的不断提高，夫妇之间的平均年龄差和学历差在日益趋近。户籍匹配呈现出略显复杂的图景：人口流动使得跨越地区的婚配率提升，但跨越城乡的婚配率却有所下降。夫妇双方年龄的趋近和跨地域通婚的增加使我们看到了传统择偶观的突破和旧有婚配走向的转变；但另一方面，夫妇学历的日趋"般配"和跨城乡通婚的减少也表明，北京的夫妇婚配也在一定程度上显现出向封闭复归的趋向。

通过综合条件的匹配研究发现，夫妇双方的某些属性和特征具有一定的互补性，比如城市户籍和北京户籍对于"非初婚"的劣势起到了一定的补偿作用，这一结果也验证了社会交换论的观点。此外，在婚姻匹配的各项要素中，男性更为看重女性是否初婚，女性则更在意男性是否具有城市户籍。相对而言，超出适婚年龄的女性、非初婚女性和低学历的男性往往面临着更大的婚配压力。

考虑我国的婚配风习和择偶观念的惯性，婚姻梯度总是会存在，只是在不同的时期和地区，程度会有所不同。本研究主要探讨了婚配过程中的"自致性"因素而非"先赋性"因素（李煜等，2008），即婚配双方个人的一些特征，而非各自家庭的背景和社会地位。由于各人的偏好差异以及社会交换心理的作用，男女双方的不同社会属性和特征之间形成一定的优劣互补，于是婚姻梯度所造成的夫妇间的差距往往在多重因素的作用下而削弱，从而形成了同类婚配、且丈夫的综合条件略高于妻子的总体婚配特征。在北京这样高度开放的大城市中，优秀人群相对集中，在男性择偶趋势具有"向下婚"特点的情况下，城市中高学历、高要求的女性便逐渐成为"剩女"，且越来越难以婚配。因此在大城市中，尽管总量上也存在男女比例失衡的问题，但往往是条件优秀的女性要承受更大的婚姻挤压。

严格来说，全面分析婚姻匹配特点还应考虑形貌、品德、经济状况等方面的变量，但外貌、身材和品德等特征没有客观标准且难以量化，而收入状况也没有包含在数据库中，因此，本研究仅就几个主要变量对婚配状况进行了初步分析和探讨，以期为相关领域更进一步的研究提供基础。

第三章　结婚年龄及相关问题研究

结婚年龄是人口学和婚姻家庭研究领域一个备受关注的问题；年龄是婚配过程中最为核心的人口要素，夫妇年龄差则是婚姻的重要特征之一。结婚年龄以及夫妇的年龄匹配模式决定了婚姻市场上潜在婚配对象的规模、结构和受挤压人群，很多以婚姻市场、婚姻挤压等为主题的研究都将年龄作为重要的考察因素。此外，初婚年龄和夫妇年龄差往往同经济、社会和文化背景紧密相连，其动态变化在一定程度上反映了特定时空下的择偶规范和社会文化变迁。

就婚姻中的年龄因素来说，理想初婚年龄与实际初婚年龄往往是不一致的，2004 年在全国东、中、西部 12 个城市对 1786 名 18—28 岁的在职青年进行调查的结果表明，不论男女，已婚者的实际初婚年龄均明显低于自己的期望（风笑天，2006）。而从择偶的角度看，随着自身年龄的增长，个体对于配偶年龄的要求也会发生变化；现实中，个体在择偶过程中所期望的年龄差与缔结婚约时的实际年龄差也往往是不一致的。实际的初婚年龄和夫妇年龄差不论对于我们了解婚姻市场的真实状况，还是为宏观层面的人口发展研究提供信息都更具意义，因此以已婚者为研究对象是合理且必要的。

第一节　初婚年龄的变动趋势和特点

　　婚姻与生育密切相关，初婚年龄的变动直接影响着初育模式，进而关系到生育年龄的高低、人口自然增长的快慢以及人口年龄结构，因此平均初婚年龄在人口研究领域中具有重要地位。自20世纪80年代以来，很多针对人口和家庭的研究都对初婚年龄加以关注和分析，既有基于全国历次人口普查数据和宏观统计数据的研究（李荣时，1985；杜泳，1989；谭琳，1992；陈友华，1999；张翼，2008；赵智伟，2008），也有基于典型地区抽样调查数据的研究（五城市家庭研究项目组，1985；时安卿，1987；沈崇麟和杨善华，1995；刘娟和赵国昌，2009），还有基于某一特定地区普查数据或统计资料的分析（叶文振，1995；郭志刚，1999；郭志刚和段成荣，1999）；由于女性初婚同生育及人口再生产的联系更加紧密，其中一些研究对女性的初婚年龄尤为关注（谭琳，1992；叶文振，1995；赵智伟，2008）。

　　对于初婚年龄的研究既有面向全国的，也有针对特定地区的。一项针对全国人口的研究发现，20年间我国的初婚年龄呈现不断上升趋势，其中男性初婚年龄由1990年的23.57岁上升至2010年的25.86岁，累计上升2.29岁；女性初婚年龄由1990年时的22.02岁升至2010年时的23.89岁，20年间累计上升1.87岁（陆杰华，2013）。有研究认为，青年女性中未婚比例不断提高与我国生育率下降密切相关，晚婚是理解生育率下降并达到极低水平的一个不可忽略的重要因素（郭志刚，2017）。还有研究发现，中国人口的初婚年龄分布存在明显的城镇乡差异，这种差异表现在三个方面：一是随着时间的增加，无论男性还是女性其初婚模式都存在延后的趋势；二是无论男性和女性，都存在着平均初婚年龄从城市到城镇再到乡村的递减效应；三是城镇乡的男女平均初婚年龄差相差不大，但同样存在随时间增加的趋势。平均初婚年龄在受教育程度不同的情况下呈现男高女低的现象，但是随着受教育程度的升高，二者之间的差距会有所降低（石国平，2018）。

有关北京市初婚年龄的研究文献多见于 20 世纪 90 年代。基于全国第三、四次人口普查数据的估算结果表明，北京市男性平均初婚年龄从 1982 年的 25.88 岁降至 1990 年的 25.18 岁，女性则从 24.66 岁降至 23.8 岁（顾鉴塘，1991）。利用 1995 年全国 1% 人口抽样调查资料的计算显示，北京市男性和女性在 1982 年的平均初婚年龄分别为 25.18 岁和 24.01 岁，1991—1995 年间的男女平均初婚年龄则分别变为 25.45 岁和 23.81 岁（郭志刚和段成荣，1999）。还有一项以 1981 年和 1991 年的北京城市婚姻家庭调查数据为基础的研究估算显示，北京城市男性的平均初婚年龄在 1981 年和 1991 年分别为 27.22 岁和 27.47 岁，而城市女性平均初婚年龄则分别为 24.72 岁和 24.97 岁（马寿海，1994）。可见基于不同数据的测算结果之间存在不小偏差，这与数据收集时的系统误差、样本选取的差异等均有一定的关系。

2000 年以来，中国的经济、社会和文化均经历着巨大的变化，大都市的变化尤为显著，人们的婚配行为也必然在潜移默化之中受到影响，那么作为婚配核心要素的初婚年龄及其匹配特征又发生了哪些变化呢？近年来对此鲜有基于翔实数据的系统性研究，只是偶有一些相关报道见诸媒体，且提供的信息大多比较笼统，很多方面尚待深入探讨。本研究基于 2004—2012 年的婚姻登记数据对此展开分析。同大部分研究所选用的普查数据或抽样调查数据相比，婚姻登记业务数据在全面性、时效性和准确性等方面的优势相对突出，且研究对象易于准确界定①；另一方面，北京市婚姻登记部门在办理业务时，会对登记者的网上信息与其申请材料中填写的信息同时进行审查，这种双重核实的程序确保了每一对夫妇信息的真实性和完整性。因此，这样一个涵盖总体且信息翔实的数据基础为我们得到准确、客观的结论提供了重要保证。

---

① 很多以普查或抽样调查数据为基础的针对北京的研究中，部分研究对象是婚后迁入北京的，即婚姻登记并不在北京。

由于我们对涉外婚姻将进行专门探讨，因此这里集中针对国内通婚的夫妇（即夫妇双方均为中国国籍）进行分析。结合初婚年龄的时序变化以及与相关人口学特征的交互分析，我们发现北京市近年的人口初婚年龄显现出如下突出特点。

一、初婚年龄持续走高， 且女性初婚年龄的推迟更为明显

基于数据库中的登记日期和登记者的出生日期这两个字段，我们可以计算出夫妇双方在登记结婚时的年龄①。表 3-1 显示了从个体和夫妇两个角度计算的北京市平均初婚年龄的基本状况。9 年中在北京登记结婚的男性的平均初婚年龄为 28.08 岁，且在时序上的变动很小，每年的平均初婚年龄都稳定在 28 岁左右，从 2009 年开始显示出一定的上升趋势；女性方面的平均初婚年龄为 26.28 岁，且在时序上具有明显的递增性，从 2004 年的 25.68 岁持续递增至 2012 年的 26.82 岁，初婚年龄的标准差相对男性也更小一些。

表 3-1 北京市近 9 年来的人口平均初婚年龄

年份	男性			女性			初婚对数	男性		女性	
	初婚人数	均值	标准差	初婚人数	均值	标准差		均值	标准差	均值	标准差
2004	100043	27.91	4.51	102215	25.68	3.53	96037	27.63	4.09	25.45	3.24
2005	78038	28.02	4.74	79700	25.79	3.67	74121	27.64	4.18	25.53	3.37
2006	146119	27.92	4.04	149223	25.97	3.14	140334	27.68	3.65	25.77	2.88
2007	95270	28.03	4.51	97828	26.08	3.57	90357	27.70	3.99	25.80	3.24
2008	121430	28.10	4.38	124322	26.28	3.42	115569	27.78	3.80	26.03	3.12

---

① 对夫妇年龄差的计算我们并没有细化到月，即生于 1980 年 1 月的丈夫和生于 1980 年 12 月的妻子被认为是夫妇年龄差为 0，而生于 1979 年 12 月的丈夫和生于 1980 年 1 月的妻子被认为夫妻年龄差为 1；这种计算方式大体符合民间习惯，同时考虑到出生日期的随机性以及对称情形的相互抵消，从宏观来讲这种基于年份的年龄测算不会带来太大误差。

续表

年份	男性			女性			初婚对数	男性		女性	
	初婚人数	均值	标准差	初婚人数	均值	标准差		均值	标准差	均值	标准差
2009	151524	28.01	4.28	154958	26.33	3.41	144601	27.72	3.76	26.10	3.12
2010	109525	28.15	4.84	112485	26.47	3.94	103462	27.78	4.27	26.18	3.66
2011	141459	28.24	4.53	145311	26.72	3.72	134584	27.96	4.06	26.46	3.44
2012	140933	28.24	4.47	144917	26.82	3.69	133960	27.97	4.01	26.55	3.40
总体	1084341	28.08	4.46	1110959	26.28	3.58	1033025	27.77	3.96	26.03	3.28

当初婚者的配偶为非初婚（通常年龄偏大）时，初婚群体的平均年龄往往会被提升。在表3-2中，我们在考虑了双方婚姻状态的情况下分别计算了初婚男女的平均结婚年龄；由表中结果可见，在女方为非初婚的情况下，初婚男性的平均年龄为34.13岁；而在男方为非初婚的情况下，初婚女性的平均年龄也达到了29.58岁。当然，夫妇双方均为初婚的情况是主体情形，在所有夫妇中占比78.7%，从表3-1中的初婚夫妇的对数也可看出这一点。在夫妇双方均为初婚的情况下，男性和女性的平均初婚年龄均有所下降，男性总体平均为27.77岁，相比不考虑婚姻状态时的情形显示出缓慢递增的趋势；女性总体平均为26.03岁，递增的趋势依然明显。此时男女初婚年龄的方差也均有所减小，即分布更加集中。

表3-2 考虑婚姻状态的初婚男女的平均年龄

年份	男性			女性		
	双方均初婚	男初婚，女非初婚	总体	双方均初婚	男非初婚，女初婚	总体
2004	27.63	34.43	27.91	25.45	29.12	25.68
2005	27.64	35.26	28.02	25.53	29.20	25.79
2006	27.68	33.77	27.92	25.77	29.06	25.97

续表

年份	男性			女性		
	双方均初婚	男初婚，女非初婚	总体	双方均初婚	男非初婚，女初婚	总体
2007	27.70	34.16	28.03	25.80	29.46	26.08
2008	27.78	34.46	28.10	26.03	29.46	26.28
2009	27.72	34.07	28.01	26.10	29.55	26.33
2010	27.78	34.41	28.15	26.18	29.79	26.47
2011	27.96	33.78	28.24	26.46	29.99	26.72
2012	27.97	33.50	28.24	26.55	30.10	26.82
总体	27.77	34.13	28.08	26.03	29.58	26.28

表3-3分别计算了初婚男性和女性的晚婚率①，其中初婚男性的总体晚婚率超过85%，女性则超过90%，且在时序上比男性表现出了更显著的递增趋势。在初婚夫妇中，夫妇双方均为晚婚者的对数占比近80%，晚婚夫妇的比重在9年中提高了10%以上。

表3-3　北京市近年来初婚男女的晚婚状况

年份	男性			女性			夫妇		
	晚婚人数	初婚人数	晚婚率（%）	晚婚人数	初婚人数	晚婚率（%）	晚婚对数	初婚对数	夫妇晚婚率（%）
2004	81506	100043	81.47	87492	102215	85.60	70881	96037	73.81
2005	62894	78038	80.59	69263	79700	86.90	54743	74121	73.86
2006	124569	146119	85.25	134772	149223	90.32	111867	140334	79.71
2007	81459	95270	85.50	86784	97828	88.71	71183	90357	78.78
2008	106256	121430	87.50	111800	124322	89.93	94188	115569	81.50

① 根据我国《婚姻法》的规定，男性年满25岁、女性年满23岁即视为晚婚，本研究的晚婚率计算即以此为依据。

年份	男性			女性			夫妇		
	晚婚人数	初婚人数	晚婚率（%）	晚婚人数	初婚人数	晚婚率（%）	晚婚对数	初婚对数	夫妇晚婚率（%）
2009	130989	151524	86.45	139881	154958	90.27	117326	144601	81.14
2010	91149	109525	83.22	101593	112485	90.32	80894	103462	78.19
2011	122309	141459	86.46	135130	145311	92.99	111578	134584	82.91
2012	123376	140933	87.54	136449	144917	94.16	113114	133960	84.44
总体	924507	1084341	85.26	1003164	1110959	90.30	825774	1033025	79.94

在数据库中，由于双方均为初婚的夫妇占到总体的 78.7%，也是最通常的婚配模式，并且与我们所探讨的主题更直接相关，因此在以下的分析中，我们将以双方均为初婚的夫妇为分析对象。

二、农村青年的平均初婚年龄低于城市青年，但也在逐年提高

由于北京市已达到很高的城市化水平[①]，2009 年 9 月系统改版之后的数据库中没有再记录登记者的城乡户籍特征；因此本节的分析是基于 2004—2009 年 9 月之间的数据，共包括 533082 对初婚夫妇。

① 据报道，北京市 2010 年的城市化率已经达到 78.71%，参见新华网："上海北京天津位列前三名 2010 年中国城市化率为 34.17%"，http://news.xinhuanet.com/house/2012-02/21/c_ 122731976.htm。

表 3-4　北京市城乡男女的平均初婚年龄及晚婚率

年份	农村男性		城市男性		农村女性		城市女性	
	初婚年龄	晚婚率（%）	初婚年龄	晚婚率（%）	初婚年龄	晚婚率（%）	初婚年龄	晚婚率（%）
2004	24.77	44.01	27.43	81.52	23.50	59.12	25.31	87.55
2005	25.36	51.42	28.15	87.01	23.99	69.03	26.02	92.80
2006	25.62	59.28	27.99	88.91	24.26	72.79	26.11	94.12
2007	25.81	63.50	28.00	88.93	24.24	69.62	26.14	92.96
2008	26.10	67.60	28.00	90.16	24.54	71.48	26.32	93.66
2009	26.31	66.88	28.11	90.72	24.71	73.39	26.53	94.50
总体	25.72	59.86	28.01	88.88	24.26	70.27	26.18	93.41

　　从表 3-4 计算结果可见，平均初婚年龄既有城乡差异，又在城乡内部表现出了性别差异。总体来看，城市青年的初婚年龄明显高于农村青年，其中男性平均高出约 2.3 岁，女性约 1.9 岁。不过从变动趋势看，农村青年的初婚年龄在逐年提高，特别是农村男性，初婚年龄递增的趋势非常显著，因此与城市男性的平均初婚年龄差距也逐渐缩小；城市和农村女性的初婚年龄大致保持同步的递增趋势，因此二者初婚年龄差距也基本稳定在 1.9 岁左右。

　　晚婚率的计算结果也呈现出明显的城乡差异。城市男性的晚婚率平均为 88.88%，比农村男性高出近 30%；城市女性的晚婚率平均为 93.41%，比农村女性高出约 23%。从时序看，农村男性的晚婚率在 6 年中有了大幅提升并有进一步提高的趋势，农村女性晚婚率的提升幅度略低，但绝对数值一直高于男性。不论城乡，女性的晚婚率均高于男性。

三、初婚年龄在不同户籍特征的人口之间存在差异，迁移人口的平均初婚年龄最高

　　按照婚姻登记办法的规定，在京进行婚姻登记的夫妇双方中有一方的户籍所在地为北京即可，而在具有北京户籍的人群中，又有一部分人是自外省市迁

入北京的；这样，根据户籍和原籍所在地①，在北京进行结婚登记的人可以区分为三类：（1）本地人口，户籍和原籍所在地均为北京；（2）迁移人口，即由外省市来到北京居住、并已将常住户口迁移到北京市的人，具有北京户籍但原籍并非北京；（3）流动人口，户籍所在地不在北京②。随着人口流动性的不断增强，近年来北京市人口的户籍结构也发生了根本性的变化，外来人口的比重日益提升；在双方均为初婚的对夫妇中，本地男性占比64.19%，本地女性占比52.00%，双方均为本地人的夫妇组合仅占所有夫妇的40.96%。外部流迁入京的人口对于北京整体初婚年龄变动的作用是不可忽视的。

表3-5 按人口流迁类型计算的平均初婚年龄

年份	男性				女性			
	本地人口	迁移人口	流动人口	总体	本地人口	迁移人口	流动人口	总体
2004	27.48	28.17	27.50	27.91	25.22	26.35	25.39	25.68
2005	27.40	28.42	27.63	28.02	25.32	26.75	25.32	25.79
2006	27.39	28.33	27.86	27.92	25.55	26.82	25.57	25.97
2007	27.41	28.37	27.89	28.03	25.59	26.91	25.54	26.08
2008	27.48	28.38	28.15	28.10	25.84	27.12	25.77	26.28
2009	27.39	28.37	28.11	28.01	25.89	27.21	25.86	26.33
2010	27.40	28.42	28.23	28.15	25.95	27.41	25.94	26.47
2011	27.58	28.58	28.41	28.24	26.24	27.55	26.22	26.72
2012	27.53	28.69	28.53	28.24	26.28	27.69	26.34	26.82
总体	27.45	28.44	28.10	28.08	25.80	27.16	25.82	26.28

① 本书根据登记双方的身份证号码的前两位所代表的省市对其原籍所在地做出判断，因此那些16岁之前随父母迁入北京市的人将被视为"北京本地人口"；另外，对于持护照登记的出国人员和持军官证、士兵证的登记者，我们无从判断其原籍所在地，这部分记录不包含在与此相关的研究对象中。
② 还有一种情况是"迁出人口"，即原籍为北京但户口不在北京；但数据库中具有这一特征的记录非常少，且因其已不具有北京常住户口，分析过程中我们将其归入"流动人口"一类中。

在表 3-5 中，我们针对 1033025 对初婚夫妇分别计算了具有不同户籍特征的男性和女性的平均初婚年龄。对比来看，不论男性还是女性，平均初婚年龄最低的都是北京本地人口。从时序看，北京本地男性的平均初婚年龄最为稳定，9 年间基本维持在 27.5 岁左右的水平，迁移男性和流动男性的平均初婚年龄均稳中有升；女性方面，三类女性的平均初婚年龄均表现出了明显的增长态势，其中迁移女性的增长幅度最大，9 年中提高了 1.34 岁。

第二节　影响初婚年龄推迟的因素分析

婚姻是一种社会行为，因此初婚年龄的变动是人类社会现代化进程中社会行为规范调整和社会经济制度变革的客观结果。近年来，有关平均初婚年龄推迟的报道时常见诸媒体，特别是针对大城市，可见晚婚已经成为一种普遍趋势。统计公报的数据以及上一节的初步分析使我们对近年来的初婚年龄及其变动趋势有了一个总体把握，一些研究还尝试分析了平均初婚年龄推迟的原因，包括经济发展、就业压力、教育水平提高、婚姻市场费用高昂、性行为及同居现象的普及等等（王仲，2010；崔小璐，2011）。影响结婚年龄的因素涉及经济发展、人口政策以及社会环境等多个方面，结合对北京市数据的分析，我们发现政策和制度方面的因素已不再构成约束，而教育程度提高和婚姻成本增加的影响则至关重要。

值得我们注意的是，一方面，当前对于特定地区初婚年龄的统计报告大多很笼统，尤其是对北京、上海这样的人口高度流动的大都市，我们预期常住人口和流动人口（或本地人口和外来人口）在平均初婚年龄上可能会有差别，或者说不同人群对于总体上初婚年龄的提高的贡献是不同的，但我们尚不确知其程度。另一方面，对于近年来婚龄推迟的原因判断，也大多是对若干现象的罗列和简要分析，缺乏翔实数据的支持，其中的逻辑关系也有待进一步厘清。

一、政策与制度的制约作用

对于初婚年龄最直接的影响因素来自人口政策，在我国主要是《婚姻法》和相关的计划生育政策、晚婚晚育政策等。学界普遍认为，20世纪80年代起实行的新《婚姻法》对80年代的初婚年龄影响十分关键。该法规定：结婚年龄，男不得早于22周岁，女不得早于20周岁；晚婚晚育应予鼓励。与1950年公布的《中华人民共和国婚姻法》相比较，1980年的《婚姻法》规定的男女最低结婚年龄分别提高了2岁；男性由20周岁提高到22周岁，女性由18周岁提高到20周岁。这是从立法角度观察的变化。

然而自20世纪70年代以来，在实施计划生育的过程中，各地以行政规定的形式将男女结婚年龄人为提高，不少地区的实际最低结婚年龄达到男性25周岁，女性23周岁。各地男女青年的平均初婚年龄都比较高，比如北京市1979年的男性平均初婚年龄为26.3岁，女性平均初婚年龄为24.8岁（郭志刚，段成荣，1999）。1980年新《婚姻法》的颁布在客观上起到了对人们的"提醒"作用，人们意识到自己在20或22周岁之后就拥有了结婚的权利，晚婚只是"鼓励"而已。于是自1980年底开始，结婚人数猛增，平均初婚年龄有了一波迅速下降。

但是人口政策无法再解释此后的初婚年龄的推迟了。我国的晚婚晚育政策自20世纪80年代以来一直都没有改变，晚婚年龄一直维持在男25周岁、女23周岁的水平；政策的宣传力度在进入90年代和21世纪之后甚至还略有下降。近些年晚婚晚育的鼓励措施也维持不变，只是增加婚假一周而已。因此人口政策可以认为保持不变，这样的情况下初婚年龄显著推迟，显然是人口政策所不能解释的。

我国人口的初婚年龄自新中国成立以来几经波动，回顾其历史变迁不难发现，国家政策（如婚姻法对法定婚龄的调整，20世纪70年代的"晚、稀、少"婚姻生育政策等）曾经对我国的人口初婚年龄起到了主导作用；但自 80 年代中期以来，随着改革开放的不断推进，人口初婚年龄开始更多地为经济和社会发展因素所左右。北京市近 9 年的实际结婚年龄远远高出法定婚龄，表明法的因素对于大多数人婚姻决策的影响已经非常有限，至少在大城市中是如此。

二、教育对推迟结婚的影响

教育对初婚年龄的推迟有着非常重要的影响，很多研究都得到了类似结论。有实证研究表明，受教育程度与初婚年龄之间存在显著相关关系，即随着在校时间的延长，初婚时间也在推迟；学历最高的研究生平均初婚年龄为 27 岁，而文盲的平均初婚年龄为 23.1 岁，相差 3.9 岁（姜玉，2015）。一些研究特别分析了高校扩招的影响，发现高校扩招对婚姻市场的影响会从初婚年龄的变化上体现出来：当更多的女研究生进入婚姻市场，会增大搜寻的难度和增加搜寻时间，其结果除了使退出者增多，还会导致初婚年龄增大（吴要武，2015）。在 2010 年，受益于高校扩招的适婚人口的已婚比例相比 2000 年同龄人的已婚比例显著下降，且受高等教育人口的已婚比例低于未受高等教育人口的已婚比例（刘昊，2016）。还有研究提出了"混合婚配模式下的大龄女性婚姻挤压"假说，认为高等教育对青年结婚可能性的影响存在显著的性别差异，接受过高等教育不利于 30 岁以上青年女性进入婚姻；但其对青年初婚年龄推迟具有同等的影响（宋健，2017）。

基于 1084341 位初婚男性和 1110959 位初婚女性，表 3-6 计算了与不同受教育水平相对应的男女平均结婚年龄，从中我们看到一个重要的"拐点"，即不论男性还是女性，平均初婚年龄最低的群体都是教育程度为"技校/职高/中专"的人，在高于和低于此文化水平的情况下，平均初婚年龄均有所上升，当然原因有所不同。教育程度低反而初婚年龄偏高，这显然是由于文化不足以及与之相关的个人素质偏低、就业状况不佳和发展空间有限等使之在择偶过程中困难重重，于是要花费较长时间才能找到结婚对象；一旦具备了初中文化，择偶条件相对就有了很大改善，男性的平均初婚年龄下降了近6岁；而从技校/职高/中专这一文化层次开始，平均初婚年龄开始随着教育程度的提高而增大，此时便可用理性选择来解释了，即接受更多的教育往往有机会获得更好的工作、更高的收入和更大的发展空间，在"先立业后成家"的传统观念的影响下，结婚也就顺势推迟。相对而言，教育程度偏低对于女性在婚配中的不利影响要远小于男性。

表3-6　不同教育程度下的男女平均初婚年龄

性别	年份	小学及以下	初中	技校/职高/中专	高中	专科/本科	研究生
男性	2004	32.37	27.21	26.21	27.75	28.43	28.94
	2005	34.09	27.17	26.23	27.91	28.49	29.14
	2006	33.16	27.32	26.34	28.02	28.15	28.91
	2007	34.43	27.66	26.22	28.35	28.12	28.97
	2008	34.36	28.08	26.39	28.47	28.06	28.93
	2009	33.27	28.10	26.28	28.45	27.95	28.88
	2010	33.91	28.70	25.97	28.66	28.02	29.10
	2011	32.54	28.79	26.29	28.70	28.09	29.19
	2012	32.18	29.27	26.41	28.57	28.01	29.27
	总体	33.31	27.89	26.27	28.26	28.11	29.05
女性	2004	26.14	24.82	24.52	25.22	26.31	27.20
	2005	26.32	24.72	24.56	25.45	26.42	27.47
	2006	25.18	24.80	24.79	25.69	26.35	27.42
	2007	26.59	25.01	24.64	25.73	26.44	27.49
	2008	26.35	25.30	24.75	25.89	26.53	27.62
	2009	26.10	25.52	24.64	25.90	26.50	27.66
	2010	28.60	26.00	24.51	26.10	26.56	27.90
	2011	27.73	26.47	24.80	26.24	26.71	28.01
	2012	28.00	26.90	25.04	26.47	26.70	28.11
	总体	26.73	25.32	24.69	25.78	26.53	27.74

在表3-6中我们还发现，尽管"技校/职高/中专"和"高中"本质上是同一个层次的教育程度，但前者的平均初婚年龄却显著低于后者；结合二者的发展方向便不难理解，与瞄准考大学的高中生不同，选择"技校/职高/中专"的人通常具有明确的就业导向，毕业后也更容易确定工作，于是可以较早地考虑成家。这一结果也反映了在我国，稳定的工作（通常意味着基本的收入和生活基础）对于婚姻的重要性。

三、人口流迁对平均初婚年龄的影响

如果从时序的角度来看表3-6中的数据，我们不难发现特定教育程度下的男性和女性的平均初婚年龄都显示出一定的递增趋势，这表明除教育之外，还有其他因素在推动着初婚年龄的提高。

在宏观层面影响初婚年龄的诸多因素中，以经济动因为基础的人口流迁是不可忽视的一个重要方面。不少研究指出，人口流动之后的初婚年龄高于未经过流动的人口，即流动行为推迟了初婚年龄（刘厚莲，2014；曾迪洋，2014），外出务工显著推迟了农村男女的初婚年龄（许琪，2015），女性在流动前后结婚的平均初婚年龄差异极为明显（段成荣，2015）。

针对北京市的关于人口迁移和流动对结婚年龄的影响，郭志刚和段成荣（1999）利用1995年全国1%人口抽样调查资料的分析表明，20世纪90年代前半期，迁入女性和流入男性中的在京初婚人口对北京平均初婚年龄有微弱降低作用，但本市出生的未流迁人口因占有绝对比重而对北京初婚年龄起决定性作用。对1991—1995年在京初婚人口的早婚情况的分析也表明，1990年以后自外地流迁入北京的男性和女性的早婚比例均较高，但因其比重小并未影响北京总体的早婚比例（郭志刚，1999）。至于1995年之后特别是近年来人口流迁的影响，则鲜有专门的研究进行探讨。

事实上，进入21世纪以来，人口流迁异常活跃，至2010年已达到全国2.21亿的规模（国家人口和计划生育委员会，2011）；人口流迁的规模、速度均大大加快，城市的人口结构和婚配模式等也必然会发生根本性的改变。北京作为一个典型的外来人口流入地，其平均初婚年龄将不可避免地受到人口流迁的影响；为了明确这种影响的方向、程度及作用机制，这里我们将运用北京市的婚姻登记数据库进行深入分析。

1. 北京市初婚夫妇的人口流迁类型及分布

自 20 世纪 80 年代中期以来，我国的人口迁移和流动对各地的经济社会发展产生了深刻的影响，北京市的人口结构也发生了根本性的变化，外来人口的比重日益提升。表 3-7 显示了近年来在北京市进行结婚登记的初婚夫妇的人口流迁类型的分布状况。

总体来看，在北京登记结婚的男性中，本地人口约占 65%，迁移人口和流动人口分别占到 22% 和 13%；女性中的本地人口仅占所有登记女性的一半，迁移和流动人口分别占到 16% 和 32%，其人口流迁类型的分布与男性有所不同。

表 3-7　北京市近年初婚夫妇的人口流迁类型分布

年份		2004	2005	2006	2007	2008	2009	2010	2011	2012	总体
男性	本地人口	63089 70.11	46596 68.31	86933 67.94	53898 64.52	69057 63.54	86988 63.40	62275 61.45	80314 60.67	80675 61.18	629825 64.19
	迁移人口	16891 18.77	12860 18.85	25252 19.74	18106 21.67	24386 22.44	30636 22.33	24336 24.02	33406 25.23	33089 25.09	218962 22.32
	流动人口	10008 11.12	8755 12.84	15764 12.32	11539 13.81	15241 14.02	19572 14.27	14724 14.53	18661 14.10	18093 13.72	132357 13.49
	合计	89988	68211	127949	83543	108684	137196	101335	132381	131857	981144
女性	本地人口	53368 56.73	38002 52.49	74681 55.24	44493 50.50	57004 50.06	73033 50.94	51173 49.62	67430 50.85	68242 51.90	527426 52.00
	迁移人口	13259 14.09	9869 13.63	20014 14.80	13817 15.68	18394 16.15	22938 16.00	15772 15.29	22401 16.89	22878 17.40	159342 15.71
	流动人口	27448 29.18	24522 33.87	40490 29.95	29792 33.82	38468 33.78	47394 33.06	36194 35.09	42771 32.26	40372 30.70	327451 32.29
	合计	94075	72393	135185	88102	113866	143365	103139	132602	131492	1014219

说明：表中各行向数据中，上一行是频数，下一行是在当年登记人口中所占的比重。

从时序角度看，北京初婚男性中本地人口所占的比重在逐年减少，从2004年到2011年总共下降了约10个百分点，至2012年才有所回升；而迁移人口的比重则在逐年上升，9年间共上升了约6个百分点，流动人口的比重在波动中有所上升，自2010年开始又有下降的态势。相对于男性，北京初婚女性中各类人口所占比重的变动比较平稳，本地人口的比重在2007年出现明显下降，此后基本稳定在50%左右，从2010年开始比重又有所上升；迁移人口比重呈缓慢上升趋势，9年中提高了3.3个百分点，流动人口的比重则呈波动状态，自2010年开始出现下降的势头。

相比20世纪90年代中期及以前本地人口占有绝对比重的情形，近年来北京市的人口结构发生了很大改变，外来人口的影响已深入到了各个方面，包括对北京通婚圈的影响，基于婚姻组合的统计分布结果更深刻地反映了这一点。由于夫妇双方中有一方具有北京市常住户口即可在北京进行结婚登记，本地人口和迁移人口均有北京户口，因此新婚夫妇按照各自的人口流迁类型可以形成如下8种组合形式：本地男和本地女、本地男和迁移女、本地男和流动女、迁移男和本地女、迁移男和迁移女、迁移男和流动女、流动男和本地女、流动男和迁移女。表3-8显示了近9年来，上述8种组合在初婚夫妇中的分布情况。

表3-8　北京市近年初婚夫妇的人口流迁类型匹配情况

年份	本地男本地女	本地男迁移女	本地男流动女	迁移男本地女	迁移男迁移女	迁移男流动女	流动男本地女	流动男迁移女	合计
2004	40426 45.36	3375 3.79	18864 21.17	4054 4.55	6505 7.30	6038 6.77	7188 8.07	2675 3.00	89125 100
2005	27773 40.99	1746 2.58	16903 24.95	2470 3.65	5136 7.58	5050 7.45	6301 9.30	2372 3.50	67751 100
2006	57643 45.93	3624 2.89	25248 20.12	5053 4.03	11233 8.95	8527 6.79	10070 8.02	4106 3.27	125504 100
2007	32370 39.35	2110 2.56	18897 22.97	2898 3.52	7235 8.79	7476 9.09	7674 9.33	3608 4.39	82268 100

续表

年份	本地男本地女	本地男迁移女	本地男流动女	迁移男本地女	迁移男迁移女	迁移男流动女	流动男本地女	流动男迁移女	合计
2008	42332 39.27	2634 2.44	23668 21.96	3388 3.14	9447 8.76	11193 10.38	9802 9.09	5322 4.94	107786 100
2009	55117 40.30	3248 2.38	28515 20.85	4232 3.09	11489 8.40	14730 10.77	12237 8.95	7185 5.25	136753 100
2010	38174 37.74	2189 2.16	21897 21.65	3207 3.17	8015 7.92	13030 12.88	9390 9.28	5253 5.19	101155 100
2011	51032 39.09	3236 2.48	25135 19.25	4445 3.40	11301 8.66	16839 12.90	11240 8.61	7337 5.62	130565 100
2012	52582 40.62	3286 2.54	23529 18.18	4352 3.36	11388 8.80	16285 12.58	10466 8.09	7552 5.83	129440 100
总体	397449 40.96	25448 2.62	202656 20.88	34099 3.51	81749 8.42	99168 10.22	84368 8.69	45410 4.68	970347 100

说明：表中各行向数据中，上一行是频数，下一行是在当年登记夫妇对数中所占的比重。

从表3-8的数据可见，尽管北京本地男女之间的婚配在各种组合中的比重是最高的，但总共仅占约41%而已；"本地男+流动女"是占比次高的组合类型，比重在21%上下波动；再次为"迁移男+流动女"的类型，总体占比约10%，但近年来呈现出比较明显的递增趋势。相对而言，本地人口和迁移人口的婚配比重不高，"迁移男+本地女"组合的比重在3.5%左右变动，"本地男+迁移女"组合的比重最低，总体上只有2.62%。

那么，人口流迁以及由此引致的婚姻匹配模式的变化会对北京市整体的平均初婚年龄造成怎样的影响呢？接下来我们仍旧从个体和夫妇两个角度进行考察。

2. 考虑人口流迁类型的平均初婚年龄

为了考察各类人口对于北京市总的平均初婚年龄的影响，我们基于整体数据计算了缺项平均值，即假设在没有某一类人存在的条件下，其他类别合并后的平均初婚年龄，再比较其与实际的平均初婚年龄以大致看出各类人口存在的影响，具体结果如表3-9所示。

表 3-9 不同人口流迁类型对平均初婚年龄的影响

年份	男性				女性			
	本地人口	迁移人口	流动人口	总体	本地人口	迁移人口	流动人口	总体
总体	27.45	28.44	28.10	28.08	25.80	27.16	25.82	26.28
缺项平均初婚年龄	28.53	27.96	27.99	—	26.55	26.09	26.30	—
缺项初婚年龄变差	-0.45	0.12	0.09	—	-0.27	0.19	-0.02	—

对比来看，不论初婚男性还是女性，平均初婚年龄最低的都是北京本地人口。缺项初婚年龄变差表明，北京本地男性使实际的男性初婚年龄降低了0.45岁，而迁移男性和流动男性分别将实际初婚年龄拉升了0.12岁和0.09岁；女性方面，本地人口和流动人口均起到了降低北京初婚年龄的作用，只有迁移女性将平均初婚年龄拉升了0.19岁。

表 3-10 按人口流迁类型计算的初婚夫妇的晚婚率 （单位:%）

年份	男性				女性			
	本地人口	迁移人口	流动人口	总体	本地人口	迁移人口	流动人口	总体
2004	75.33	94.49	82.33	79.71	83.49	96.45	81.73	84.80
2005	73.14	95.36	81.30	78.38	85.54	98.75	81.95	86.13
2006	79.83	96.25	86.24	83.86	89.96	99.09	84.75	89.75
2007	79.37	96.10	86.62	84.00	87.62	98.93	83.62	88.04
2008	82.42	96.61	88.35	86.44	89.03	99.18	85.54	89.49
2009	80.93	96.29	88.28	85.41	89.19	99.14	86.46	89.88
2010	76.00	96.05	86.10	82.28	89.16	99.00	86.97	89.90
2011	80.95	96.55	88.49	85.95	92.18	99.07	90.31	92.74
2012	82.68	96.51	89.53	87.09	93.40	99.20	91.86	93.93
总体	79.41	96.16	86.95	84.16	89.23	98.86	86.37	89.82

表3-10计算了在夫妇双方均为初婚的情况下，具有不同人口流迁类型的男性和女性的晚婚情况。相比较而言，迁移人口的晚婚率最高，特别是迁移女性，晚婚率几近100%；流动男性和女性的晚婚率大致相当；本地男性的晚婚率最低。可见近年来北京市较高的晚婚水平主要源自迁移人口的贡献。

表 3-11 不同人口流迁类型组合下的男女平均初婚年龄

	年份	本地男 本地女	本地男 迁移女	本地男 流动女	迁移男 本地女	迁移男 迁移女	迁移男 流动女	流动男 本地女	流动男 迁移女	总体
男 性	2004	27.12	28.36	28.03	28.49	27.80	28.32	27.27	28.03	27.63
	2005	27.08	29.09	27.72	28.98	28.05	28.49	27.39	28.20	27.64
	2006	27.10	29.01	27.79	28.65	28.03	28.52	27.62	28.32	27.68
	2007	27.05	28.94	27.82	28.83	28.13	28.40	27.59	28.48	27.70
	2008	27.12	28.96	27.93	28.92	28.20	28.36	27.91	28.58	27.78
	2009	27.06	28.77	27.84	28.83	28.27	28.32	27.88	28.48	27.72
	2010	27.05	28.95	27.85	28.95	28.48	28.25	27.94	28.73	27.78
	2011	27.24	28.91	28.06	28.95	28.65	28.43	28.10	28.89	27.96
	2012	27.19	28.84	28.04	28.97	28.81	28.51	28.19	29.02	27.97
	总体	27.12	28.85	27.90	28.83	28.31	28.40	27.81	28.62	27.77
女 性	2004	25.19	26.10	25.20	25.99	26.40	26.16	24.98	26.61	25.45
	2005	25.27	26.92	25.07	26.50	26.64	26.34	25.03	26.91	25.53
	2006	25.49	26.98	25.23	26.35	26.74	26.54	25.47	27.00	25.77
	2007	25.50	26.99	25.20	26.63	26.80	26.53	25.52	27.12	25.80
	2008	25.72	27.20	25.44	26.78	26.99	26.66	25.95	27.31	26.03
	2009	25.77	27.20	25.48	26.82	27.11	26.75	26.06	27.39	26.10
	2010	25.80	27.37	25.54	26.91	27.28	26.63	26.18	27.62	26.18
	2011	26.09	27.39	25.85	27.10	27.44	26.80	26.56	27.77	26.46
	2012	26.10	27.42	25.98	27.17	27.60	26.88	26.77	27.92	26.55
	总体	25.69	27.05	25.47	26.70	27.06	26.66	25.93	27.43	26.03

在表 3-11 中，我们选取双方均为初婚的夫妇，计算了在夫妇不同人口流迁类型组合情况下的男女平均初婚年龄。由表中结果可见，"本地男+本地女"组合中的男性平均初婚年龄最低，而"本地男+迁移女"组合中的男性平均初婚年龄最高，且二者在时序上都相对稳定。这是一个比较有趣的发现，同为北京本地男，却占据了平均初婚年龄的两极，可见男性初婚年龄在一定程度上受到女性迁移状态的影响。女性方面，平均初婚年龄最低的是"本地男+流动女"组合中的女性，最高的是"流动男+迁移女"中的女性。通过综合比较我们还发现，"迁移女"这个群体对提升平均初婚年龄有着不小的影响，不仅其自身占据了女性初婚年龄最高的前三位，均超过了 27 岁；而且与"迁移女"组合的三类男性的平均初婚年龄也都超过了 28 岁。

3. 社会选择、婚姻成本与结婚年龄推迟

从上文的分析中可以看出，人口的迁移和流动改变了北京的人口结构和婚配模式，对于近年来北京市平均初婚年龄的变化起到了不可忽视的作用。这种影响一方面源自流迁人口本身的一些特征，另一方面也反映了近年来的经济社会变迁，并折射出一些潜在问题。

20 世纪 70 年代中后期，伴随着大规模的人口迁移，我国的城市平均初婚年龄曾出现一次明显的高峰；当时，大批知识青年为了返城而延迟婚姻，也有人因就业、住房、经济困难或上大学、考文凭等不得已推迟了婚期。相比这一全国性的人口机械流动过程中的被动选择，改革开放特别是 21 世纪以来的人口流迁带有明显的社会选择性，人们推迟婚姻的行为也更多地出于主动。

社会选择理论认为，流迁人口大部分具有同质性，他们通常文化程度较高、适应能力和事业心较强，并具有强烈的发展愿望，因而也更倾向于晚婚（Kahn，1988）。我们基于人口流迁类型和教育程度的交互分析在一定程度上印证了这一理论。但值得特别注意的是，在我国由于独特的户籍制度的影响，迁移人口和流动人口又表现出明显的差异性。

表 3-12　不同人口流迁类型的初婚男女的平均学历等级

年份	男性				女性			
	本地人口	迁移人口	流动人口	总体	本地人口	迁移人口	流动人口	总体
2004	3.19	4.30	3.23	3.42	3.31	4.22	3.03	3.36
2005	3.16	4.40	3.20	3.42	3.30	4.44	3.03	3.37
2006	3.37	4.43	3.47	3.62	3.51	4.47	3.24	3.59
2007	3.36	4.49	3.43	3.63	3.53	4.53	3.27	3.60
2008	3.44	4.52	3.53	3.70	3.60	4.57	3.38	3.68
2009	3.51	4.55	3.63	3.76	3.68	4.60	3.49	3.76
2010	3.48	4.47	3.58	3.72	3.66	4.61	3.49	3.74
2011	3.61	4.48	3.72	3.84	3.76	4.61	3.64	3.86
2012	3.67	4.49	3.77	3.89	3.81	4.63	3.71	3.92
总体	3.44	4.47	3.55	3.69	3.60	4.54	3.40	3.68

　　根据数据库中对夫妇双方的学历记录，我们将其从低到高标定为 5 个等级：1——小学及以下，2——初中，3——技校/职高/中专/高中，4——大专/本科，5——研究生，并据此计算出具有不同人口流迁类型的初婚男性和女性的平均学历等级。由表 3-12 的计算结果可见，男女的平均学历等级都随时间呈增长态势（女性的递增趋势更为明显），与平均初婚年龄的变动趋势相一致，证实了平均受教育程度与初婚年龄之间具有较强的正相关性。再从不同的人口流迁类型来看，平均初婚年龄显著高于其他人群的迁移人口，其平均受教育程度几乎高出其他人群一个等级；尤其是迁移女性，其平均学历等级在男女的各类人群中都是最高的。

　　迁移人口与流动人口的最本质差别在于其拥有北京户口。近年来由于首都人口急剧膨胀，落户京城的难度日益加大，就本数据库所涉及的迁移人口而言，基本属于"就业迁移"①，即通常只有比较高端的优秀人才才能获得

————————
　　①　就业、婚迁和随父母迁移是当前户口进京的三条最主要的途径，由于本数据库记录的是结婚这一时点的流迁状态，因此排除了婚迁的可能性；又由于我们依据身份证号码来判断原籍所在地，而本数据库涉及的人群按照出生年代来讲应当是在年满 16 周岁时办理的身份证，因此在 16 岁至结婚期间随父母迁移的人口比例也将非常小。

这样的机会，代价则是延长受教育年限获取更高学历或者积累更多的工作经验以提升就业竞争力；而女性要在激烈的竞争中获得就业迁移机会往往要具备更高的"硬件条件"，平均学历等级作为一个重要指标很好地证实了这一点。此外我们通过计算还发现，迁移女性中具有研究生学历的比重高达57.06%，而迁移男性中这一比重是51.42%（初婚女性总体中的研究生学历者占12.99%，男性方面是15%）。

日益提高的进京落户门槛使迁移人口这一群体普遍具有高学历或较长工作年限，在"先立业后成家"观念的影响下，初婚年龄往往顺势推迟。除了迁移条件的影响，迁移成本亦是分析中不可忽视的因素。一方面，经济的发展、社会的开放和人口流动性的提高拓宽了社会阶层晋升的渠道，人们未来发展的不可预见性也随之增强，较早做出配偶选择和结婚决定无疑会增大机会成本；另一方面，迁移活动本身需要过渡和安顿的时间，人们通常先要有稳定的生活（如解决工作、住房等问题），才会比较从容地完成婚姻大事。而2003年以来正值房价飞速上扬，就业市场形势严峻，婚姻的不确定性也大大增加，适婚人群中一度形成了"无房不婚"的观念和主张，这使得以"80后"为主体的婚龄人口比以往任何出生队列的人群都面临更大的压力，从而促使他们推迟初婚年龄。相对而言，北京本地人口（特别是男性）在就业和住房方面的压力要小很多，而其初婚年龄也相应地更小一些，表3-9—表3-11的数据统计结果均体现了这一特点。

当然，迁移人口拉升了北京市平均初婚年龄，这是我们从统计数据中看到的最直接结果；进一步比较和分析流动人口的初婚年龄则会发现一些潜在的影响。

就迁移人口的情况看，不论迁移男性还是女性，均拉升了北京市男性和女性的平均初婚年龄。但流动人口的影响则显示出了性别差异，"流动男"的平均初婚年龄明显高于"本地男"并在总体上起到了推高初婚年龄的作用，晚婚率也显著高于本地男；而"流动女"的平均初婚年龄虽然略高于"本地女"，但在总体上同样是拉低了初婚年龄，且晚婚率也低于本地女。

　　有研究表明，人口流迁对婚姻的影响存在性别差异，对女性而言，流迁独立于其他生命事件直接影响婚姻；对男性而言，流迁通过其他生命事件（主要是就业）影响其婚姻（Aree Jampaklay，2006）。这一结论比较适用于本研究中的流动人口的情况。由表3-12可见，流动男的平均学历等级高于本地男，而流动女的学历等级要低于本地女；相对于事业起点较高从而在婚姻中更加主动的迁移女（表3-11中显示出的迁移女对于初婚年龄的"主导性"或许可以说明这一点），流动女在一些婚姻决策上可能更多依赖于男方。我们据此做出一个合理的推断，流动男性中会有更多潜在的就业迁移人口，而流动女性中则有更多潜在的婚迁人口；由此引致的一个后果就是北京的"本地女"在婚姻市场中受到挤压，表3-7和表3-8的数据给出了一些更直观的显示。

　　在人口正常变动的情况下，北京本地适婚男女的数量应该是大致相当的，但是从表3-7可见，9年来的北京初婚人口中，本地男的数量超出本地女近10万余人，这意味着大量处于婚龄的本地女性尚处于未婚状态。再由表3-8可见，"本地男+流动女"组合的比重高达近21%，是仅次于本地婚配的比重最高的类型，而迁移男与迁移女、流动女的婚配比重也均高于其与北京本地女的婚配比重。可见跨户籍婚姻在数量上具有明显的性别差异性，它在给大城市男性带来更多婚姻选择的同时，也造成了本地女性非自愿独身人群的扩大。

　　人口流动性的增强促进了跨户籍通婚，但受择偶梯度的影响，北京本地女性在婚配中受到一定的挤压；再加上男性在婚配中的"年龄向下婚"的倾向，从长期看处于适婚年龄的北京本地女性的初婚年龄将有可能被进一步推迟。

　　结合北京经济社会发展的历程不难发现，我们的婚姻登记数据所涉及的近10年正是北京经历快速变化的重要时期，经济发展、社会变迁、人口加速流动……根据第六次全国人口普查的统计结果，截至2010年11月1日零时，北京市常住人口达到1961.2万人，与2000年的人口普查结果相比，常住人口增加 604.3 万人，平均每年增加 60.4 万人，年均增长率为 3.8%；相比历次人口普查的结果，2001—2010 年无论是常住人口的增量还是增速，都显著高于 20 世纪 80 和 90 年代的水平①。也正是由于人口的大量涌入，北京的资源环境及公共服务的承载力都面临着极大的挑战，不堪重负之下，诸如房屋车辆限购、减少进京落户指标等行政措施也陆续出台，再加上经济增速放缓、生活成本增加等客观原因，人口流动渐渐出现"反向"迹象，即年轻人不再选择留在北京，而是到二三线城市谋求发展。由于政策实施的时滞效应，这种人口流动的特点在宏观上不一定立刻呈现，但从时序数据中确已初露端倪。由表 3-7 和表 3-8 的统计数据不难看出，在 2010 年左右，无论男性还是女性，新婚人群中的流动人口的比重均出现了下降。2013 年 5 月，北京市新近出台一项落户政策，要求自 2014 年起（2013 年为过渡期），留京的应届毕业生本科生不超过 24 岁、硕士生不超过 27 岁、博士生不超过 35 岁，超过这个年龄限制的非北京生源毕业生，将不能够留京②。显然，这也是北京市控制人口总规模的措施之一，与限购车、房都是同样出发点，就是要在短期内遏制北京市人口不断膨胀的倾向。这些人口控制措施的出台是否会使外来人口比重下降的趋势持续下去，还有待后续时序数据的进一步证实。

第三节　关于降低法定结婚年龄的讨论

法定婚龄即法律规定的男女结婚的最低年龄，是婚姻成立的必备条件之一。我国于 1980 年颁布的《婚姻法》规定："结婚年龄，男不得早于二十二周岁，女不得早于二十周岁。晚婚晚育应予鼓励。" 2001 年修改后的《婚姻

---

① 参见北京市统计局（第六次人口普查办公室）："北京市常住人口规模变动特点"，http：//www.bjstats.gov.cn/rkpc_6/pcsj/201105/t20110530_203325.htm。
② 参见中国网："本科应届生留京将不超 24 岁超龄者可按程序申报"，http：//news.china.com.cn/politics/2013-05/04/content_28729178.htm。

法》仍沿用了这一规定。相对于世界其他国家，我国的法定婚龄明显偏高，在过去30年中对控制人口过快增长起到了非常重要的作用。近年来随着我国社会经济的快速发展以及人口结构的不断变化，有关降低法定婚龄的呼声渐起，在2012年3月召开的全国"两会"上，有人大代表上交提案建议将男女的法定结婚年龄降低至18周岁，一方面有利于保护低龄事实婚姻者的合法权益，另一方面也有助于缓解育龄的延迟问题，以利于保护妇女儿童的身体健康①。此提案一经提出即引起各界的广泛关注和讨论，这里我们结合北京近年来的婚配状况和特点也略做分析。

一、关于法定结婚年龄的确定

婚姻法对于法定婚龄的界定主要依据自然因素和社会因素两个方面。前者主要指人的心理和生理成长状况，在发育成熟的情况下即具备了结婚的身心条件；后者则包含了政治、经济、社会、人口发展、道德、宗教及民族风俗习惯等内容，也是我国确定法定婚龄时所偏重考虑的方面。

总结相关文献对于降低法定婚龄所提出的理由，大致可归纳为以下几点：第一，女性14岁、男性16岁左右就基本发育成熟并具有生殖能力，人为提高婚龄、限制结婚有悖于人的生理需要，也会影响社会稳定；第二，从人权和法律的角度讲，结婚是公民的自主权利，年满18岁的公民在自我承担完全的民事和刑事责任的同时，理应享有结婚的民事权利；第三，从历史的及国际比较的视角看，我国的法定婚龄过高，有必要向下调整；第四，目前我国的人口红利正在逐渐消失，老龄化问题也日趋严重，因此有必要通过降低法定婚龄、鼓励生育等进行适当调节（周文洋，2005；顾海兵、杨诶，2008；江园，2009；周良勇，2010）。前三点比较容易达成共识，也是降低法定婚龄的积极意义所在；第四点则颇具争议性，法定婚龄的降低是否能够

---

① 参见中新网："人大代表建议将法定结婚年龄降至18周岁"，http：//www.chinanews.com/shipin/2012/03-03/news58448.shtml。

起到调整人口结构的作用取决于其对人们婚姻行为引导力的强弱，而这与我国当前的人口婚龄状况密切相关。

当前针对法定婚龄问题的研究大多集中在法学层面，且以理论探讨和逻辑推演居多；这里我们尝试从实证的角度对此进行分析，基于现实详细的数据对近年来的人口婚龄状况及其特点有所把握，然后在此基础上剖析降低法定婚龄可能产生的影响并探讨其可行性。

二、近年来的结婚年龄变动趋势及特点分析

从第一节的统计分析结果不难看出，相比当前的法定婚龄，北京市初婚夫妇近年来的男女平均初婚年龄均高出了 6 岁左右，并且晚婚率也保持在相当高的水平，可以说法定婚龄的约束作用是相当有限的。

事实上，我国曾经出台过一些政策措施来减少变相的婚龄约束，为婚姻登记者提供更多的方便。2003 年 10 月 1 日开始实施的新《婚姻登记条例》取消了单位开介绍信的要求，也不再限制在校大学生结婚，这一人性化的改进得到了社会的广泛认同，但实际上并未引起人们婚姻行为的太大改变。就北京的婚姻登记数据来看，2004 年到 2009 年 9 月的近 6 年中①，在总共533082 对初婚夫妇中仅有 18658 对夫妇涉及"学生"（占比 3.5%），其中大专/本科在读的男性有 1907 人（占比 0.36%），女性有 4387 人（占比0.82%），可见进行结婚登记的"学生"基本上处于研究生阶段，年龄也相对较大。婚登条例的这一改变意在惠及在校青年大学生，但真正在大学期间就领证结婚的人其实并不多，即绝大多数大学生倾向于在完成学业之后再考虑结婚。可见就大学生这一群体来说，"提早结婚"的需求并不迫切。

近年来随着我国经济的发展和社会的进步，以及人均受教育年限的提高，青年人的婚姻观念也发生了一定的变化，初婚年龄总体上持续延后，即

---

① 这一期间的数据对于身份为"学生"的登记者进行了标注，因此我们可以考察在校生的登记情况。改版后的系统更新了职业分类，因此 2009 年 9 月之后的数据我们对此无从区分。

大多数人选择晚婚和晚育，这些都为降低法定结婚年龄创造了条件。也就是说，如果法定结婚年龄的降低不会引起大范围的过早结婚，而只有小部分确实需要较早结婚的人群选择结婚，那么就可以既保证少数人的权益，又不会在大范围内产生过大的影响。

但是，降低法定婚龄也可能会产生一些问题，我们不妨来考察一下最有可能被惠及的人群，即刚达到法定婚龄即领取结婚证的青年人的情况。在总共1033071对初婚夫妇中，22周岁的男性有38055人，占比3.68%；20周岁的女性有16150人，占比1.56%。就比重来看这一人群远不是新婚夫妇的"主力"。

表 3-13　"早婚"男女与总体的教育程度和户籍特征分布①

		22 岁男性		男性总体		20 岁女性		女性总体	
		频次	比重（%）	频次	比重（%）	频次	比重（%）	频次	比重（%）
教育程度	小学及以下	1483	3.90	9562	0.93	1420	8.80	12995	1.26
	初中	11666	30.67	99315	9.62	7300	45.23	102539	9.93
	技校/职高/中专	11602	30.50	131871	12.77	3627	22.47	124914	12.10
	高中	5136	13.50	87606	8.48	2255	13.97	78549	7.61
	专科/本科	8032	21.12	544461	52.72	1522	9.43	575505	55.73
	研究生	120	0.32	159998	15.49	15	0.09	138172	13.38
	合计	38039	100	1032813	100	16139	100	1032674	100
户籍特征	北京城市	9010	44.87	392830	73.97	2101	20.26	307520	57.91
	北京农村	8685	43.25	62458	12.00	2786	26.86	47306	8.91
	京外城市	669	3.33	57416	10.81	1051	10.13	114569	21.57
	京外农村	1715	8.54	18338	3.45	4433	42.74	61647	11.61
	合计	20079	100	531042	100	10371	100	531042	100

① 针对人群教育程度的分析剔除了若干文化程度标识缺失或不明晰的记录；另外，由于2009年9月系统改版之后的数据库中没有再记录登记者的城乡户籍特征，因此表中针对户籍特征的统计结果是基于2004—2009年9月期间531042对户籍记录明确的初婚夫妇的数据进行的。

在表 3-13 中，我们进一步分析了 22 岁男性与 20 岁女性的教育程度和户籍特征的分布情况，并将其与总体情况进行了比较。通过对比不难看出，相对"早婚"的男女青年的教育程度分布明显向低水平倾斜，具备专科/本科及以上文化水平的比重很低；而从户籍特征的分布来看，农村青年明显比城市青年倾向于早婚，特别是京外户籍的农村青年，这一点在女性方面表现得尤为突出。基于双样本 Kolmogorov-Smirnov 检验的结果表明，不论男性还是女性，教育程度和户籍特征在"早婚"人群与总体之间都存在着显著的分布差异（p 值为 0.001）。

值得我们注意的是，上述结果是经济发达、高度城市化的北京地区的情况；我们不难预见，在全国其他经济文化相对落后的地区，"早婚"群体的"以农村为主、低教育水平"的特征将更加显著。这意味着降低法定婚龄的效果很可能与我们的期望背道而驰，即由于逆向选择的作用，并不适合早婚的人群成为了政策实际惠及的群体。

目前在我国农村，早婚现象还是相当普遍的。由于婚姻的认可方式是社会性的，婚姻关系真正得到承认的关键是同村人、男女双方的亲戚朋友等为祝贺新婚而送出的礼金或红包，因此早婚往往是在完成传统婚礼的程序后即得到了社会的认可，至于是否符合法律要求反倒在考虑的其次。但不可否认，在过去国家强权力的影响下，农村青年的婚龄大幅推迟，即使没有完全达到婚姻法的"苛刻"要求，也至少形成了影响，从而使早婚者的年龄大致接近法定婚龄。一旦将法定婚龄降低（比如男女均降至 18 周岁），则相当于对早婚人群给予了社会和法律的双重认可，难免在客观上起到鼓励早婚的作用。我们预期，降低法定婚龄在城市中或可"保证少数确有早婚需要的人的权益"，但在广大农村，受传统风俗和从众思想的影响，很可能会引起大范围的早婚。此外，尽管随着科技的发展和社会的进步，婚姻和生育已渐渐分离，但在我国很多农村地区，在避孕技术和人们的避孕意识尚未普及的情况下，早婚往往不可避免地与早育相联系。

降低法定婚龄不是鼓励早婚，而是对有早婚需要人群的权益保障。但就我国目前的现实情况来说，有早婚倾向的人群集中于农村教育程度偏低的青年男女，因此一旦对法定婚龄做出调整，在缺乏充分解释和积极引导的情况下，负面效应很可能会超过其积极意义。

三、降低法定婚龄宜缓行

近十年来，北京的男女平均初婚年龄一直大大高于法定结婚年龄，法律和制度的因素对于大多数人的婚姻决策已基本不构成约束，而受教育年限的增长、社会开放度提高带来的发展机会的增多，以及日益增大的生存压力和婚姻成本等等，成为导致婚龄推迟的主要因素。

随着社会经济的发展和文化观念的进步，法的因素对婚姻的影响将愈加有限。世界上很多国家法定婚龄虽然定得很低，但人们结婚并未紧随法定婚龄，而是实际结婚年龄远远高出法定婚龄。就这一点来讲，我国似乎也具备了降低法定婚龄的条件，既保证少数有早婚需求的人的权益，又不会产生大范围的过大影响。但是对北京22岁初婚男性和20岁初婚女性的特征分析表明，倾向早婚的大多为农村的教育程度较低者；相对而言，在城市化水平偏低且经济文化落后的地区，早婚人群的上述特征很可能会更加突出。在逆向选择的作用下，法定婚龄的降低很可能使大量并不适宜早婚的人群更早地步入了婚姻。

尽管法定婚龄仅仅是一个年龄"底线"，但其"引导性"作用是不可忽视的，尤其是在当前农村的早婚风气仍然较重的情况下；同时受农村传统风俗和从众习惯的共同影响，难免会促成大量的早婚。此外，当前很多农村地区避孕技术和避孕意识尚不普及、文化观念也还相对落后，生育控制、优生优育、妇幼健康等也都可能成为继发的问题。

降低法定婚龄充分尊重公民权益，体现了以人为本的精神，并期望能够引导全体适婚人群在最合适的年龄结婚生育，这些都是降低法定婚龄的积极意义所在。但从其可能产生的宏观影响来看，在我国当前的现实情况下存在明显的逆向选择，降低法定婚龄难以起到调节生育、优化人口结构的作用，相反可能产生更大的负面效应。现阶段，特别是在农村地区，普及教育、提高人口素质依然任重而道远；因此，在我国大部分地区环境条件尚不成熟、配套的技术和政策措施尚不完备的条件下，降低法定婚龄宜暂缓实行。

第四节　夫妇年龄差的变动趋势和影响因素

夫妇年龄差即夫妻双方的年龄差值，是婚姻的重要特征之一，也是婚姻家庭研究领域的主要关注点。年龄差的模式决定了婚姻市场上潜在婚配对象的规模、结构和受挤压人群，进而影响到婚姻家庭的其他方面，诸如生育、择偶标准、家庭关系、女性地位和婚姻质量等等。此外，年龄也是婚配过程中最为核心的人口要素，适婚男女首先会以自己的年龄为对照来要求对方的年龄，因此夫妇年龄差也是对特定社会背景下择偶规范的一种反映。

一、关于夫妇年龄差的相关研究述评

特定时期和地区的夫妇年龄差具有一定的稳定性，同时与具体时空下的经济、社会和文化背景紧密相连。基于 28 个发展中国家的夫妇年龄差的研究发现，这些国家夫妇年龄差的中位数从最小的 2.5 岁（菲律宾）到最大的 9.8 岁（毛里塔尼亚），差异非常大（Casterline et al.，1986）；也有学者通过对美国 1900 年到 1980 年间的夫妇年龄差进行分析发现，美国的平均夫妇年龄差由 4 岁以上逐渐转变为 4 岁以内，即在一个国家的不同时期，夫妇年龄差也会发生变化，并且这种变化受多种因素的影响（Atkinson & Glass，1985）。可见夫妇年龄差的动态变化可以在一定程度上反映特定地区的社会文化变迁。

从择偶规范的视角看，Buss（1989）针对 37 种文化的研究都发现，男性普遍愿意娶比自己年轻的女性为妻，而且随着男性年龄的增大，他们倾向

于娶更加年轻的女性为妻。一项实证研究佐证了这个论点，美国 20 多岁的男性愿意娶比自己年轻平均约 3 岁的女性为妻，而 60 多岁的男性则愿意娶比自己年轻平均约 15 岁的女性为妻（Kenrick et al.，1996）。对于中国的夫妇年龄差，有学者认为通常是男大于女 2—3 岁（周清，1992；Das Gupta & Li，1999）；也有学者认为在中国的文化习俗下，男性倾向于找比自己小 3—4 岁的女子为妻；当然也不排除个别地区盛行女大男小的文化（顾宝昌等，1993）。

需要指出的是，择偶条件是动态变化的。从微观角度讲，个体的择偶标准在其生命周期的不同阶段通常会不一样，青年时代大多比较理想化，但如果因条件限制未能遇到理想伴侣，通常会调整期望。就年龄因素来说，随着自身年龄的增长，个体会逐渐放宽对配偶年龄的要求。现实中，个体在择偶过程中所期望的年龄差与缔结婚约时的实际年龄差往往是不一致的；而后者不论对于我们了解婚姻市场的真实状况，还是为宏观层面的人口发展预测提供信息都更具意义。因此，针对夫妇年龄差的问题，以已婚者为研究对象是合理且必要的。

针对我国夫妇年龄差的研究主要集中在两个方面：一是夫妇年龄差的具体数值、分布及其在不同年代的特点和变化趋势，二是夫妇年龄差与特定变量之间的关系。

婚姻家庭理论认为，婚配中存在着年龄同类婚，即大多数的未婚者都倾向于从年龄接近的人群中选择配偶（Oppenheimer，1988）。针对我国的实证研究基本都显示了在年龄选择中的夫大于妻的传统惯性，也印证了年龄同类婚的婚配规则，但是根据不同的普查或调查数据，各学者的发现和结论略有不同。

沈崇麟和杨善华（1995）基于全国 7 城市的婚姻家庭调查数据进行研究，结果显示城市的夫妇年龄差以夫大于妻 1—3 岁为主导。郭志刚和邓国胜（2000）根据我国 1982 年千分之一生育率抽样调查、1987 年 1% 人口抽样调查和 1990 年人口普查资料的分析发现，夫妇年龄差在夫小于妻 1 岁到夫大于妻 4 岁之间最为集中，占所有夫妇的 60%—70%。李志宏（2004）通过对北京市 1995 年的 1% 人口抽样调查数据进行分析发现，北京市的夫妇以夫大于妻为主体，夫妇年龄差在正负 3 岁之间的比例为 77.63%。周炜丹（2009）使用 2000 年人口普查数据的分析表明，夫妇年龄差在 1—2 岁的比例最高，且分布较为集中。刘娟和赵国昌（2009）运用中国综合社会调查（CGSS）2005 年的数据进行分析发现，中国夫妇的平均年龄差接近于法定婚龄中男女之间的两岁年龄差。

对夫妇年龄差的变动趋势，五城市家庭研究项目组（1985）、杜泳（1989）和李银河（1995）等学者使用 1990 年之前数据的研究均表明，随着年代的推移，夫妇年龄差呈现不断缩小的趋势；而沈崇麟和杨善华（1999）对上海和成都地区 1997 年调查数据的分析显示，进入 20 世纪 90 年代之后，夫妇年龄差又呈现出扩大的趋势。李志宏（2004）基于北京市的研究印证了上述两方面的结论，即初婚夫妇的年龄差随时代呈 "U" 形的波动趋势，先是不断缩小，然后在 20 世纪 90 年代左右又重新扩大。但周炜丹（2009）根据 2000 年人口普查数据的分析则认为，近 40 年来我国的夫妇年龄差一直在逐渐缩小。刘爽、梁海艳（2014）的研究认为，中国夫妇年龄差模式自 90 年代以来就发生了变化，传统 "男高女低" 的匹配模式已经发生了大幅度的降低，相反，"男低女高" 的姐弟恋婚姻在逐渐增多；而风笑天（2015）则持不同观点，认为近 30 年来，我国夫妇婚配的年龄模式实质上相对稳定，"男大女小" 依旧是夫妻在年龄匹配上的主流趋势。可见诸多研究的结论并不完全一致。

综观以上研究我们看到，针对我国夫妇年龄差的研究大多基于抽样数据或者人口普查数据，据此对平均年龄差及其分布等进行描述和分析，使我们从整体上对中国社会的婚姻状态有所把握。但这些研究也存在一定的缺憾，一方面很多调查数据都是综合数据，即并非专门针对婚配问题而设计，因而一些关键指标可能需要推算，这样就难免造成误差；另一方面，我们所能了解到的信息基本上都是 2000 年以前的状况，而 2000 年以来中国的经济社会和科技文化均发生了巨大变化，这些变化必然通过各种途径促成人们婚配行为的一些改变，因此，从时效性的角度来讲，我们非常有必要针对近年来的情况做些研究。

二、夫妇年龄差的总体特点

在本研究中，我们将夫妇年龄差定义为"丈夫年龄—妻子年龄"，在数据库中用"妻子出生年份—丈夫出生年份"来计算。对于夫妻双方结婚时的年龄，我们用登记年份（即结婚的年份）减去各自出生的年份来计算。

表3-14　北京市近年夫妇年龄匹配的总体分布　　（单位：%）

年份	所有夫妇			双方均为初婚的夫妇		
	男小女大	男女同龄	男大女小	男小女大	男女同龄	男大女小
2004	16.16	14.53	69.31	15.83	16.21	67.95
2005	16.96	14.14	68.90	16.81	16.19	67.00
2006	17.01	16.11	66.88	16.82	17.99	65.19
2007	17.46	15.60	66.94	17.37	17.88	64.75
2008	18.08	16.67	65.26	18.01	18.99	63.00
2009	18.46	17.56	63.98	18.36	19.91	61.73
2010	19.16	16.79	64.05	19.16	19.53	61.32
2011	19.39	17.76	62.84	19.45	20.29	60.26
2012	20.02	18.17	61.81	20.09	20.73	59.17
总体	18.22	16.60	65.18	18.13	18.88	63.00

表3-14显示了近9年来北京市夫妇的年龄匹配状况。传统的文化观念对于婚姻的年龄匹配有一种"男大于女"的主流规定性，而现实情况也基本与此相符。总的来看，在所有登记结婚的夫妇中，男方大于女方、双方同龄和男方小于女方的比重分别为65.18%、16.6%和18.22%。尽管"男大女

小"的年龄匹配模式仍是主流，但从时序变化上已经可以看出，随着社会的进步和观念的不断开化，"男小女大"的类型所占的比重在逐年上升（从2004年的16%上升到2012年的20%），而"男大女小"的比重则在逐年缩减（从2004年的69%降至2012年的62%）。对于双方均为初婚的131万余对夫妇，上述特征和变动趋势依然成立。

表 3-15　不同婚次匹配下的夫妇年龄差特征

婚次匹配类型	频数	比重	最小值	最大值	均值	标准差	中位数
男女均初婚	1033071	78.74	−29	47	1.74	3.00	1
男初婚女非初婚	51148	3.90	−33	53	0.10	5.57	0
男非初婚女初婚	77846	5.93	−19	57	7.75	6.45	7
男女均非初婚	150013	11.43	−37	51	4.20	5.90	3
总体	1312078	100	−37	57	2.31	4.17	1

对于不同婚姻状态的夫妇组合，夫妇年龄差的模式很可能是不同的，表3-15显示的结果印证了这一点。从表中所示的概括性统计量可以看出，"男非初婚女初婚"的夫妇年龄差最大，"男初婚女非初婚"的夫妇年龄差最小，不论从均值还是中位数来看均是如此；而从标准差所反映出的数据集中程度来看，"男女均为初婚"的情况下夫妻年龄差的分布最为集中，而其他三种情形下的分布均比较分散。

在各种婚次匹配类型中，双方均为初婚的情形占总体的近80%，也是最通常的婚配模式，因此这一类型的夫妇年龄差随时代变迁的特征，基本上可以反映总体的情况；在以下的分析中，我们将以双方均为初婚的夫妇为研究对象。

三、初婚夫妇年龄差的时代变迁

基于本研究所使用的婚姻登记数据，我们可以看到近9年来北京市新婚夫妇的年龄差及其变化情况；结合既有研究中对其他年代夫妇年龄差的分析结果，我们可大致了解初婚夫妇年龄差的时代变迁。

表 3-16 北京市近年初婚夫妇年龄差的特征

年份	频数	均值	最小值	最大值	标准差	中位数
2004	96006	2.18	−29	41	3.23	2
2005	74120	2.11	−19	38	3.22	2
2006	140334	1.90	−17	40	3.01	1
2007	90356	1.90	−23	32	3.11	1
2008	115569	1.74	−17	47	3.00	1
2009	144601	1.62	−19	47	2.88	1
2010	103462	1.60	−22	45	2.99	1
2011	134584	1.50	−20	37	2.86	1
2012	133960	1.41	−25	44	2.80	1
总体	1032992	1.74	−29	47	3.00	1

表 3-16 显示了近年来针对北京市初婚夫妇年龄差计算的一些关键统计量。尽管 9 年的时序不是很长，但这 9 年间我国的经济社会经历了飞速发展和变化，这种变化必将潜移默化地对民众的行为发生一定影响；而数据分析的结果确实表现出了一定的趋势性特征。总体看，近年来初婚夫妇年龄差的均值为 1.74 岁，但逐渐缩小的趋势是明显的；不受极端值影响的中位数表明，北京市的平均夫妇年龄差近年来稳定在 1 岁左右，即夫大于妻 1 岁。逐年减小的标准差数值表明，夫妇年龄差的数值分布日趋集中在均值附近。

在既有研究中，李志宏（2004）曾经专门针对北京市的夫妇年龄差做了分析，并基于人口普查数据对 1995 年之前的夫妇年龄差的分布做了测算。这里引用其中针对初婚夫妇的测算，并按照同样的表式对 2004 年以来的夫妇年龄差进行统计分析，归并的结果如表 3-17 所示。

表 3-17　不同年代初婚夫妇年龄差的分布　　　（单位:%）

结婚时间＼平均年龄差	<-10	-(5-10)	-4	-3	-2	-1	0	1	2	3	4	5-10	>10	总计	频数
1950—1958	0.04	0.53	0.85	2.05	3.60	4.98	18.17	11.63	11.17	9.99	9.03	23.71	4.25	100	6829
1959—1965	0.00	0.24	0.34	1.01	2.48	4.77	18.19	12.66	12.16	11.26	10.97	23.69	2.22	100	5322
1966—1976	0.00	0.29	0.48	1.51	3.04	6.50	24.06	14.48	12.93	10.56	8.62	15.67	1.85	100	10878
1977—1990	0.02	0.26	0.44	1.36	3.99	8.49	36.10	16.67	12.91	8.26	4.80	5.91	0.78	100	34965
1990—1995	0.03	0.31	0.52	1.41	3.80	8.27	32.78	14.95	12.66	8.13	6.75	9.51	0.90	100	7679
2004	0.05	0.75	0.74	1.63	3.75	8.91	16.21	15.97	13.28	10.95	8.47	17.41	1.88	100	96006
2005	0.03	0.77	0.84	1.78	4.04	9.32	16.19	15.72	13.46	10.78	8.34	16.83	1.87	100	74120
2006	0.01	0.74	0.75	1.62	3.86	9.81	17.99	16.84	13.60	10.58	8.05	14.71	1.38	100	140334
2007	0.03	0.81	0.86	1.92	3.99	9.74	17.88	16.60	13.42	10.53	8.05	14.49	1.65	100	90356
2008	0.04	0.81	0.83	1.84	4.14	10.34	18.99	17.41	13.29	10.17	7.55	13.25	1.31	100	115569
2009	0.03	0.81	0.86	1.79	4.15	10.72	19.91	18.18	13.33	9.82	7.18	12.09	1.13	100	144601
2010	0.05	1.02	0.94	1.87	4.40	10.87	19.53	17.89	13.14	9.77	7.12	12.15	1.22	100	103462
2011	0.03	0.93	0.95	1.97	4.33	11.23	20.29	18.50	13.32	9.31	6.84	11.27	1.02	100	134584
2012	0.03	0.93	0.93	2.01	4.59	11.59	20.73	18.46	13.20	9.20	6.90	10.51	0.88	100	133960
2004—2012 总计	0.04	0.85	0.86	1.83	4.16	10.40	18.88	17.44	13.34	10.05	7.53	13.31	1.32	100	1032992

说明：表中 1995 年及以前的数据引自李志宏（2004）文中的结果，2004 年及以后的数据为本研究的计算结果。

　　如果我们单独看 2004—2012 年这段时间，可以发现夫妇年龄差的分布在逐渐从分散趋于集中，也就是说，年龄相近的夫妇数量越来越多了。夫妇年龄差为-2、-1、0 和 1 的这几种情形所占的比重都在逐年上升，夫妇年龄差在-2 至 1 这个区间（即妻子比丈夫大 2 岁到丈夫比妻子大 1 岁）的夫妇数量所占的比重从 2004 年的 45.27% 提升至 2012 年的 55.37%；另一方面，在妻子比丈夫大 3 岁以上的匹配类型的分布基本保持稳定的情况下，丈夫比妻子大 3 岁及以上匹配类型的比重却在逐年减少。由此可见，近年来北京市的夫妇年龄差的分布在逐渐向"左"偏移，这也是夫妇年龄差不断缩小的原因所在，即"妻大于夫"的匹配类型不断增多，而大年龄差距的"夫大于妻"的情况在逐渐减少。

如果将 2004—2012 年作为一个整体放到新 1949 年以来的时间框架中，我们会发现，这一时期夫妇年龄差的分布相比之前任何时期都更加"扁平"，即夫妇年龄差为 0、1、2 的情形均比较多，而不是在"0"值处形成明显的峰值。另外，近年来夫妇年龄差的分布相对以往各时期是明显"左偏"的，即妻子分别大于丈夫 1、2、3 岁的夫妇所占的比例都要更多一些。

依照李志宏（2004）的研究结论，北京市 1990—1995 年间结婚的夫妇的年龄差相对于 1977—1990 年间结婚的夫妇的年龄差趋于增大，主要是由于年龄差在分布上趋向于分散导致的；而近年来夫妇年龄差的分布相对于 1990—1995 年间更为分散，但夫妇年龄差又趋于缩小，则主要是由年龄差分布的向左偏移造成的。

四、影响夫妇年龄差变动的因素

在现有的探讨夫妇年龄差与特定变量之间关系的研究中，初婚年龄、城乡户籍、文化程度、人口流迁等均是比较受关注的因素。

顾鉴塘（1987）针对全国夫妇年龄差的分析表明，城乡夫妇年龄差的分布存在差异，城镇中夫大于妻的比例更高，而农村中妻大于夫的比例更高。时安卿（1987）利用中国五城市的婚姻家庭抽样调查数据研究发现，初婚年龄越大，夫妇年龄差也就越大；周炜丹（2009）则认为夫妇的初婚年龄对于夫妇年龄差的影响是不同的，即平均夫妇年龄差随男性初婚年龄的增加而扩大，随女性初婚年龄的增加而缩小。针对文化程度与夫妇年龄差的相关性，李银河（1995）的研究发现，女性的受教育程度越高，夫妇年龄差越小；陈友华（1999）和周炜丹（2009）的研究证实，夫妇年龄差随受教育程度（不论男性还是女性）的提高而趋向缩小；李志宏（2004）基于北京市的数据得到了夫妇年龄差与教育程度之间的"U"型关系，即无论丈夫还是妻子，小学及以下教育程度的夫妇年龄差较大，初中和高中教育程度的夫妇年龄差较小，而大专及以上教育程度的夫妇年龄差又呈现出拉大的趋势。段成荣（2015）的研究认为，人口流动具有扩大夫妇年龄差的作用；女性在流动前后的夫妇婚龄差有了明显的变化，流动前结婚的比丈夫平均小2.4岁，而流动后结婚的却比丈夫要小2.9岁左右，夫妇年龄差明显扩大。黄芸（2015）的研究关注了不同城乡组合的夫妇年龄差，发现城市女性与外乡男性的结合几乎无年龄差；城市男性与外乡女性的年龄差则较大。

上述各研究的结论存在不小差异，一方面与抽样偏差有关，另一方面也和数据所刻画的年代密切相关。本研究着眼于最近9年来的情况，主要从初婚年龄、教育程度、户籍性质和人口流动性特征等几个方面对影响夫妇年龄差的因素进行初步分析。

1. 初婚年龄与夫妇年龄差

基于103万余对初婚夫妇的结婚年龄和年龄差，我们计算得到男性初婚年龄与夫妇年龄差的简单相关系数为0.59，女性初婚年龄与夫妇年龄差之间的简单相关系数为-0.21，二者均在0.001的水平上显著。可见男性初婚年龄与夫妇年龄差有较强的正相关性，而女性方面则有较弱的负相关性。

图3-1显示了夫妇年龄差的平均值分别随男性和女性初婚年龄而变动的情况，从中可以清晰地看出二者之间的相关关系。相对而言，夫妇年龄差随男性初婚年龄的变化而变化的趋势性更加明显。将夫妇年龄差对男性初婚年龄做简单回归的结果表明，男性初婚年龄每提高1岁，夫妇年龄差增加约0.28岁。女性方面的变动趋势不是很明朗，在女性初婚年龄为28岁及以下时，夫妇年龄差随着女性结婚年龄的提高而下降，此后趋于平稳，而当女性初婚年龄为38岁以上时，夫妇年龄差的均值便出现了明显的波动。

从表3-1的初婚年龄数据中我们看到，从2004—2012年，北京市初婚夫妇中的男性平均结婚年龄相对稳定，9年间仅提高了0.33岁，而女性的平均结婚年龄则从25.45岁提高到26.55岁，增长了1.1岁；再结合夫妇年龄

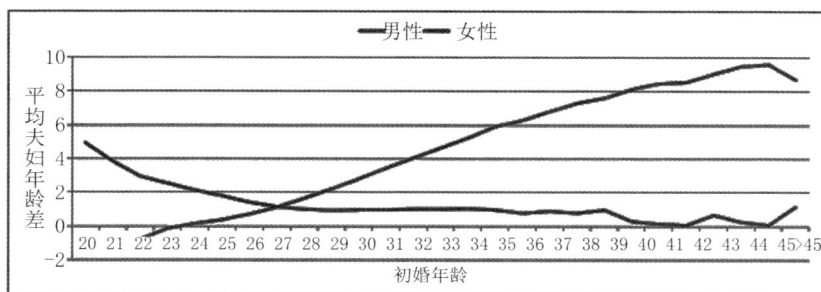

图 3-1 夫妇年龄差均值随男女初婚年龄的变动曲线

差与初婚年龄的相关关系可知，女性初婚年龄的推迟是导致近年来北京市夫妇年龄差缩小的一个重要原因。

上述结果还展现了男性在婚配中"年龄向下婚"的现实，也在一定程度上反映了女性在婚姻市场中的不利地位。处于适婚年龄的女性如果未能按照传统的择偶年龄规范找到配偶，就只能扩大择偶的年龄范围，而同时又受男性"年龄向下婚"的择偶偏好的影响，所以通常以缩小夫妇年龄差的方式来解决婚姻问题。当这种情况一直持续并形成"累积效应"，夫妇年龄差即会表现出逐渐缩小的趋势。

2. 教育程度与夫妇年龄差

教育和文化程度在很多婚姻问题的研究中都是必然要考虑的因素，它往往通过影响人们的结婚时间、择偶态度、社交网络以及价值观等，对夫妇年龄差产生影响。

根据数据库中对夫妇双方的学历记录，我们将其从低到高标定为 5 个等级①：1——小学及以下，2——初中，3——技校/职高/中专/高中，4——大专/本科，5——研究生，并考察夫妇年龄差分别随男性和女性的教育程度等级的变动情况。

---

① 2009 年 9 月之后改版的数据库中，"教育程度"这一变量未对"大专"和"本科"，以及"硕士"和"博士"做进一步的区分，因此这里只能将教育程度大致划分为 5 个等级。

表 3-18　男女不同教育程度下的夫妇年龄差

教育程度	男性			女性		
	频数	平均值	标准差	频数	平均值	标准差
1. 小学及以下	9561	2.56	4.65	12992	3.01	4.30
2. 初中	99297	2.04	3.52	102523	2.29	3.58
3. 技校/职高/高中/中专	219449	1.74	3.13	203437	2.01	3.20
4. 大专/本科	544432	1.67	2.88	575471	1.65	2.87
5. 研究生	159996	1.75	2.73	138172	1.19	2.42

表 3-18 显示了分性别和教育程度的夫妇年龄差的基本统计量情况。从男性角度看，夫妇年龄差的均值随男性教育程度的提高先减小后增大，呈"U"型变化，"大专/本科"这一教育程度位于"U"型的底部，即在男方为大专或本科学历的情况下，夫妇双方的年龄最为接近。从女性角度看，夫妇年龄差的均值随女性教育程度的提高而直线下降，这意味着女方教育程度越高，夫妇年龄差越小。相对而言，夫妇年龄差随女性教育程度而变动的趋势更加明朗。标准差的变动趋势并未表现出性别差异，随着双方教育程度的提高，夫妇年龄差的标准差逐渐减小，表明其分布趋向于集中。

在表 3-19 中，我们计算了在夫妇双方不同的学历差别（定义为"男方的教育程度等级—女方的教育程度等级"）之下，夫妇年龄差的平均值和标准差的变动情况。图 3-2 是基于表 3-19 描绘的夫妇年龄差与学历差之间的关系曲线图，由于夫妇学历差为-4 和 4 两种情况下的频数过少，因此我们只选择了夫妇年龄差在 [-3, 3] 这一区间的数据进行绘图。

表 3-19　不同夫妇学历差情况下的夫妇年龄差

学历差	年龄差		
	频数	平均值	标准差
-4	30	1.93	2.82
-3	881	1.69	4.18
-2	15573	1.60	3.65
-1	152473	1.45	3.03
0	673745	1.48	2.84
1	171925	2.42	3.25
2	16630	3.04	3.88
3	1206	3.18	4.25
4	52	2.98	5.00

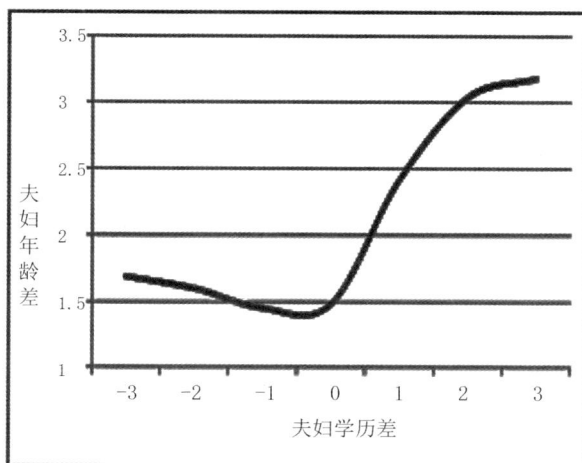

图 3-2　夫妇年龄差与学历差之间的关系

　　从图中可以看出，夫妇年龄差随学历差的变动曲线有一个"拐点"，在夫妇学历差为 0（即夫妇具有同等教育程度）的左侧，随着丈夫与妻子教育程度的差距逐渐缩小，夫妇年龄差也逐渐减小，但变动比较平缓；而在学历差为 0 的右侧，随着丈夫的教育程度比妻子高出更多的等级，夫妇的年龄差也迅速变大。

　　上述结果有助于我们更好地理解近年来北京市夫妇年龄差缩小的趋势。一方面，北京市初婚女性的教育程度在逐年提高，其平均教育程度等级从 2004 年的 3.36 提高到 2012 年的 3.91；对女性而言，受教育程度的提高通常意味着初婚年龄的推迟，而这是有助于缩小夫妇年龄差的。另一方面，北京市初婚夫妇的平均学历差在 2004 年为 0.07，此后直线下降，至 2010 年已近似为 0；而在丈夫的教育程度高于妻子的情况下，学历差的趋近促进了双方年龄差的缩小。

　　3. 户籍性质与夫妇年龄差①

　　夫妇双方按照其户籍性质可以形成四种组合形式：农村男和农村女、城市男和城市女、农村男和城市女、城市男和农村女。初步计算的结果显示，农村夫妇（约占总体的 10%）中"夫大于妻"和"妻大于夫"的比例分别为 66.3% 和 18.6%，而城市夫妇（约占总体的 75%）中上述两类情形的比重分别为 63.6% 和 17.2%。这一结果显然与既有研究中"城镇中夫大于妻的比例更高，而农村中妻大于夫的比例更高"的结论不一致。可见近年来农村夫妇的年龄匹配模式已经发生了根本性的变化；也可能是在北京这样一个高度城市化的地区，农村的婚配行为较多地受到城市的影响，使得北京农村展现了与其他地区农村不同的婚配特点。

---

　　①　由于北京市已达到很高的城市化水平，2009 年 9 月之后的数据库没有再记录登记者的城乡户籍特征；因此这一部分的分析是基于 2004—2009 年 9 月之间的数据，共包括初婚夫妇 533082 对夫妇。

表 3-20 不同户籍性质组合下的夫妇年龄差的变动

年份	农村男农村女			农村男城市女			城市男农村女			城市男城市女		
	频数	均值	标准差	频数	均值	标准差	频数	均值	标准差	频数	均值	标准差
2004	5132	1.60	2.68	1550	1.38	2.83	3750	2.58	3.40	18123	2.15	3.10
2005	11224	1.73	3.02	3805	1.46	3.06	8872	2.78	3.61	50087	2.14	3.21
2006	12923	1.77	2.93	6245	1.44	2.97	14008	2.55	3.44	107294	1.87	2.97
2007	9190	2.01	3.11	4872	1.54	3.02	9186	2.54	3.61	67161	1.83	3.05
2008	9448	1.99	3.19	6165	1.53	3.05	11749	2.41	3.49	88366	1.66	2.92
2009	5954	2.01	3.24	4313	1.41	3.03	7539	2.23	3.35	66126	1.57	2.84
总计	53871	1.85	3.04	26950	1.47	3.01	55104	2.51	3.50	397157	1.81	2.99

　　针对以上四种户籍组合情况，我们还分别计算了夫妇年龄差的均值和标准差，如表 3-20 所示。总的来看，"农村男农村女"和"城市男城市女"这两种组合的夫妇年龄差均值很接近，都约为 1.8 岁，但前者在逐渐增大且分布趋向分散，而后者在逐年缩小且分布趋向集中。有研究表明，当婚姻市场出现男性婚姻挤压时，夫妇年龄差通常会趋于扩大；反之，当婚姻市场出现女性婚姻挤压时，夫妇年龄差通常趋于缩小（陈友华，2004）。结合表 3-20 中农村夫妇和城市夫妇的年龄差所表现出的不同趋势，我们推测在北京城市中存在着一定程度的女性婚姻挤压，而农村则是男性面临较大的婚配压力。"城市男农村女"和"农村男城市女"两种组合的平均年龄差恰好处于两端，分别为最大值和最小值。尽管不同户籍组合的夫妇年龄差的特征和变动趋势有所不同，但考虑到北京的高城市化率，整体的状况必然是由城市夫妇主导的。

4. 人口流动性特征与夫妇年龄差

　　随着人口流动性的日益增强，北京市的人口结构也发生了根本性的变化，外来人口的比重日益提升。人口流动对婚配的一个直接影响就是带动了北京市地理通婚圈的扩大。

表 3-21   不同人口流动性特征夫妇组合的平均年龄差

夫妇组合 年份	本地男 本地女	本地男 迁移女	本地男 流动女	迁移男 本地女	迁移男 迁移女	迁移男 流动女	流动男 本地女	流动男 迁移女	总体
2004	1.95	2.26	2.83	2.51	1.39	2.16	2.28	1.42	2.18
2005	1.81	2.17	2.66	2.48	1.41	2.15	2.36	1.28	2.11
2006	1.61	2.04	2.55	2.30	1.30	1.98	2.14	1.32	1.90
2007	1.55	1.95	2.63	2.19	1.32	1.86	2.08	1.36	1.90
2008	1.40	1.76	2.50	2.14	1.21	1.70	1.96	1.27	1.74
2009	1.30	1.57	2.36	2.00	1.16	1.56	1.81	1.09	1.62
2010	1.25	1.59	2.31	2.04	1.19	1.62	1.76	1.11	1.60
2011	1.16	1.52	2.21	1.85	1.21	1.63	1.54	1.13	1.50
2012	1.09	1.42	2.06	1.80	1.22	1.63	1.42	1.10	1.41
总体	1.42	1.80	2.43	2.13	1.25	1.73	1.89	1.19	1.74
所占比重（%）	40.96	2.62	20.88	3.51	8.42	10.22	8.69	4.68	100.00

由于夫妇双方有一方具有北京户籍即可在京办理结婚登记，因此在京登记的初婚夫妇按照各自的人口流动性特征可以形成如下 8 种组合形式：本地男和本地女、本地男和迁移女、本地男和流动女、迁移男和本地女、迁移男和迁移女、迁移男和流动女、流动男和本地女、流动男和迁移女。我们预期，不同的户籍身份特征会在一定程度上影响人们的择偶心理，因此 8 类不同户籍地区组合的夫妇在年龄差方面的特征可能也会有所不同。

从 9 年的总体情况看，初婚夫妇中双方均为北京本地人的组合只占41%。表 3-21 显示了自 2004 年以来，具有不同人口流动性特征的夫妇组合的年龄差变化情况，其中"迁移男迁移女"和"流动男迁移女"组合的年龄差最小，约为 1.2 岁，而"本地男流动女"组合的年龄差最大，接近 2.5岁。尽管各种组合的年龄差均值的大小有所不同，但是在变动趋势上却表现出了高度的一致性（除"流动男迁移女"组合的年龄差略显波动），且与总体的变化特征相吻合，即各种组合下的夫妇年龄差都在趋于缩小；其中本地夫妇和"流动男本地女"的年龄差变动幅度最大，9年中下降了0.86岁，其次为"本地男迁移女"组合，年龄差缩小了0.84岁。这三类夫妇组合对于北京市总体夫妇年龄差的缩小起到了重要作用。

基于北京市婚姻登记数据对结婚年龄展开研究，我们发现了两个重要趋势，即女性初婚年龄的推迟和夫妇年龄差的缩小，这与传媒所渲染的"市场经济下女性热衷于与年龄较大的有事业基础的男性婚配"的断言并不相符（严格来讲，女性在择偶阶段或许表现出了媒体所宣称的意向，但最终的婚配结果并非如此）。作为婚姻的一个主要特征，大城市夫妇年龄差的缩小一方面反映了人们婚姻选择行为的变化，另一方面也是对外在社会经济和文化变迁的一种折射。

第四章　通婚圈的变迁

　　通婚圈是婚姻家庭研究领域的重要概念之一，是用来描述婚配规律和结构的关键变量，反映了某一特定社会群体成员的婚配对象的来源和范围。通婚圈问题一直以来得到社会科学领域的广泛关注，很多专业都从不同角度、利用不同方法进行了相关研究。

　　通婚圈又称通婚距离，可以从"社会距离"和"地理距离"两个不同的维度进行定义和测度。基于社会距离来进行测量的称为等级通婚圈，关注的变量通常包括阶层、种族、民族、宗教和教育文化程度等等；等级通婚圈的大小是折射一个社会阶层化程度以及社会集团之间的开放程度的重要指标。地理通婚圈是基于地理距离进行测量的，主要指婚配对象的来源空间范围；地理通婚圈的大小反映了某一区域内成员的婚配对象的来源情况，能够反映特定人群、社区、地区与其他区域之间的社会经济交往状况。通婚圈的变化反映了婚姻交往关系的变化，通婚圈的扩大意味着人们择偶范围的扩大，以及远距离交往关系的扩展；通婚圈的缩小则意味着人们的择偶空间变小、地域交往封闭或不对称。

　　结合婚姻登记数据库中的变量情况，我们选取"民族"作为等级通婚圈的一个代表性变量，基于夫妇双方的民族特征及其匹配特点进行跨民族通婚的分析，另外选取"户口所在地"和"原籍所在地"作为地理通婚圈的代表性变量，基于夫妇双方的来源地区及其匹配特点进行跨地域通婚的分析。

此外，北京作为一个国际化的大都市，涉外婚姻也相对普遍，本研究对此也做出较为详细的考察。

第一节 族际通婚

通婚圈既是族群认同的一种表现形式，又是获取社会资源的一个途径，还是民族文化得以传承的载体。在交通不便、对外交流较少的情况下，许多民族社会都形成了相对固定的通婚圈；随着经济的发展和社会开放度的提高，固定的通婚圈逐渐被打破，形成了由分属不同民族的两性缔结的婚姻，即族际婚姻。

我国是一个统一的多民族国家，长期的历史演变形成了当今以汉族人口占多数、55 个少数民族共同组成的"多元一体"格局；人口的迁移和流动促进了族群间的相互交往和融合，也使各族的生产、生活方式和语言文化等更加趋同，族际通婚日渐成为普遍现象。但另一方面，我国地域广大，少数民族人口分布不均，不同地区有其特定的族群居住格局、民族交往历史和经济社会的功能定位等等，在族际通婚方面也表现出各自的独特性。北京作为我国的首都，具有很高的社会开放度，其政治文化中心的地位吸引了来自全国各地的少数民族人口，形成了"大分散、小聚居"的少数民族分布格局，也为族际通婚圈的扩大提供了可能；这里将就北京近年来的族际通婚状况进行分析，揭示其特点和发展趋向。

一、相关研究述评

族际通婚是社会科学中关于族群关系的一个重要研究主题。与民族内婚相比，族际通婚涉及的不仅仅是两个异性个体之间的关系，而且隐含着两个个体所代表的族群的文化和社会背景；只有当两个民族群体的大多数成员在政治、经济、文化、语言、宗教和风俗习惯等各个方面高度和谐、两个民族之间存在广泛的社会交往时，才有可能出现较大数量的通婚现象。

美国社会学界对于族际通婚已有多年的研究积累。美国社会学家Simpson 和 Yinger 将民族通婚率视为衡量美国各种族和民族之间社会距离和民族融合的重要指数（Simpson and Yinger，1985），Gordon 则将族际通婚看作度量民族融合程度的 7 个变量中最重要的一个，认为"民族间的通婚是社会组织融合的不可避免的伴生物"（Gordon，1964）。针对影响族际通婚的主要因素，学者们尝试从群体和个体两个层次加以阐释，群体层面又包含若干不同的理论视角，如偏见理论视角（Simpson and Yinger，1985；Lieberson and Waters，1988）、宏观结构理论视角（Blau 等，1982）、同化理论视角（Gordon，1964）、分层理论视角（Kobrin and Goldscheider，1978）和多元主义视角（Murguia，1975；Marger，2011）等等；个体层面则主要从族群成员的年龄、体质、宗教信仰、教育程度、收入和职业地位等方面的差异来进行探讨（Drachsler，1921；Simpson and Yinger，1985；Richard，1991）。这些研究的思路及其成果为我们考察和分析族际通婚提供了必要的基础和参照，但由于国家和社会背景方面的差异，这种参考存在一定的局限性也是必然的，比如一些量表的设计和使用就不具备跨文化的普适性。

在我国几千年的社会发展和民族演变历史中，尽管各代政府关于族际通婚的态度和政策有所不同，但族际通婚一直都很普遍，有如费孝通先生所说，"从生物基础，或所谓'血统'上讲，可以说中华民族这个一体中经常在发生混合、交杂的作用，没有哪一个民族在血统上可以说是'纯种'"（费孝通，1989）。新中国成立之后，特别是改革开放以来，各民族人口的地域流动和迁徙规模不断扩大，生活方式及语言文化的趋同进一步推进了族际通婚的发展。

针对我国族际通婚的实证研究大致可以分为宏观和微观两个层面。

宏观层面大多基于历次人口普查的数据对全国各民族间的通婚水平和数量分布特征等进行分析，马戎在对 1990 年第四次人口普查数据进行统计分析的基础上，首次从宏观、量化的角度较为全面地论述了我国的族际通婚问题（马戎，2001），高玉梅重点对人口百万以上的少数民族通婚率进行了计算和分析（高玉梅，2001）；李晓霞基于2000年第五次全国人口普查的数据对族际婚姻的具体状况做了更细致的阐述，详细计算了族际婚姻的通婚率和性别比（李晓霞，2004a），并尝试对族际通婚圈做了划分（李晓霞，2004b）；郭志刚等基于2000年的普查数据对族际通婚夫妇的结婚年龄、生育数量及其子女的民族选择等问题做了进一步的分析（郭志刚等，2008）。

微观层面的研究焦点多集中于少数民族省份或典型的民族聚居区，关注的主题包括特定地区族际通婚的总体状况和特点，比如基于1990年人口普查资料对云南省境内的汉族区与民族区的族际通婚状况的研究（吕昭河，1994）、基于2000年人口普查数据和田野调查资料对兰州市各区县的族际通婚率的对比研究（汤夺先，2005）等等；也包括对特定民族的族际通婚影响因素的分析，比如针对凉山彝族地区从民族内婚到族际通婚的突破和演变过程的研究（张朴等，2007）、针对甘肃南部裕固族聚居地区的族际通婚发展进程及影响因素的研究（贾学锋等，2010）等等。马戎等从个体和群体两个层次对内蒙古赤峰农村牧区的蒙汉通婚现象和影响因素进行了探讨和路径分析，同时也进一步丰富和完善了族际通婚的理论模型（马戎等，1988；马戎，2001）。

另外，婚姻的稳定性也是族际通婚研究较为关注的问题，基于贵州两个典型民族聚居区的调查研究发现，少数民族人口的流动在扩大民族通婚的地域范围的同时也使民族地区的离婚率提高（龙翠芳，2009）；针对甘肃兰州市的研究也表明族际通婚的稳定性不高，回汉通婚尤其如此（汤夺先，2005）；但针对河南沈丘县回民聚居区的研究却得到相反的结论，回汉通婚率较高且婚姻稳定（徐如明，2011），可见即使是同样的两个民族，不同地区的族际通婚的特点及稳定性表现也会有所不同，当然这里我们不排除样本偏差等因素的影响。

值得我们注意的是，近年来受经济原因驱动而引致的人口流动使得一些非民族地区（特别是经济发达省份）的少数民族人口数量显著增多，形成了多民族散居的格局；根据2005年全国1%抽样调查资料，北京、天津、上海、江苏、浙江、福建、广东等经济比较发达的省份，少数民族人口的增长幅度均高于其他省份（骆为祥，2008）。在这样的形势下，城市民族关系日渐成为影响社会安定和谐的关键因素，而族际通婚又是民族关系中极为重要的一个方面。然而，目前针对非民族地区大都市的族际通婚研究还是非常匮乏的，有针对上海市少数民族人口的问卷调查显示，已经落户的少数民族人口相对流动少数民族人口对族际婚姻更加认同（郑敏等，2006），不过这也仅是一种观点和"意向"，具体的通婚结果我们尚不得而知。

北京作为我国的首都和政治文化中心，一直以来都是各少数民族的汇集之地；针对北京族际通婚现状和特点的深入考察有利于我们更好地了解北京近年来的民族历史发展和经济社会变迁，对于族际通婚的理论和实证研究也是一个必要的参考。

二、近年族际通婚的总体情况

首先从全国层面的族际通婚情况来看，有研究针对 2000 年和 2010 年的对比分析发现，族际婚姻中通婚民族平均数量呈减少趋势，虽然族际通婚率总体提高了，10 年来 55 个少数民族的族际婚姻的人口数上升了 3.74%，但平均每个民族的通婚民族个数下降了（刘中一，2015）；另一项对比研究则发现，2010 年，一些少数民族与汉族的通婚率较 2000 年出现了显著的下降，包括维吾尔族、蒙古族和藏族等典型的人口较多少数民族（王奇昌，2017）。

北京市少数民族的分布特点是大分散、小聚居，新中国成立以前的民族人口构成相对单一，除了世居的满族和回族外，较少有其他民族成分；新中国成立之后，北京作为首都吸引了来自全国各地的少数民族人民前来工作和学习，少数民族人口数量迅速增加，也改变了北京市的民族结构。1990 年第四次全国人口普查时，北京市的少数民族成分达到 55 个，成为全国民族成分最全的城市之一（胡玉萍，2010）；2010 年第六次全国人口普查数据显示，北京市人口覆盖了 56 个民族，全市少数民族人口达 80.1 万人，占常住人口的 4.1%，排名前四位的满族、回族、蒙古族和朝鲜族的人口占少数民族人口总数的 87.3%[①]。

就族际通婚来说，基于婚姻登记数据库的总体统计表明，在 2004—2012 年的 9 年中，新婚男性和女性中分别有少数民族人口 61113 人和 73773 人，分别占比 5.64% 和 6.64%；其中男性分布在除汉族之外的其他 52 个民族（没有阿昌族、怒族和德昂族），女性分布在除汉族之外的其他 53 个民族（没有塔吉克族和德昂族）。

表 4-1　北京近年初婚男女民族分布的总体情况

年份	初婚男性				初婚女性			
	汉族（人）	少数民族（人）	合计（人）	少数民族（个）	汉族（人）	少数民族（人）	合计（人）	少数民族（个）
2004	95437 95.36	4645 4.64	100082 100	34	96531 94.40	5725 5.60	102256 100	43
2005	74067 94.91	3969 5.09	78036 100	30	74706 93.74	4992 6.26	79698 100	36
2006	138039 94.47	8079 5.53	146118 100	36	139360 93.39	9862 6.61	149222 100	40
2007	89893 94.36	5377 5.64	95270 100	35	91202 93.23	6622 6.77	97824 100	39
2008	114457 94.26	6973	121430 100	36	115685 93.16	8633 6.84	124318 100	45
2009	142533 94.07	8991 5.93	151524 100	40	144314 93.13	10639 6.87	154953 100	46
2010	103055 94.09	6470 5.91	109525 100	38	104866 93.23	7617 6.77	112483 100	44
2011	133096 94.09	8361 5.91	141457 100	42	135465 93.23	9844 6.77	145309 100	49
2012	132682 94.15	8248 5.85	140930 100	41	135075 93.21	9839 6.79	144914 100	47
总体	1023259 94.36	61113 5.64	1084372 100	52	1037204 93.36	73773 6.64	1110977 100	53

说明：表中各年的行向数据中，上一行是频数，下一行是在当年初婚男女中所占的比重。

---

① 参见北京市统计局（北京市第六次人口普查办公室）："北京市少数民族人口状况"，http://www.bjstats.gov.cn/rkpc_6/pcsj/201105/t20110530_203335.htm。

表 4-1 具体显示了各年的北京初婚男女在民族上的分布状况，可见初婚男性中少数民族人口的比重呈缓慢上升的态势，女性方面少数民族人口比重自 2007 年开始基本稳定在 6.8% 左右；初婚人口中，不仅女性少数民族的人口数量多于男性，而且各年中女性所涉及的民族成分也都明显多于男性。另外，各年所涉及的少数民族成分的数量均与总体有一定的差距（特别是男性），表明各年之间初婚人群的少数民族成分的重合度并不是很高，可知每年均有一些初婚人口属于人口较少的少数民族。

表 4-2　北京近年初婚夫妇的民族组合情况

年份	汉族通婚	男汉女少	男少女汉	男少女少	#男女同一少数民族	#男女不同少数民族	合计
2004	87139 90. 70	4486 4.67	3602 3.75	848 0.88	647 0.67	201 0.21	96075 100
2005	66487 89.71	3854 5. 20	3016 4.07	760 1. 03	603 0.81	157 0.21	74117 100
2006	124779 88.92	7813 5.57	6320 4.50	1420 1.01	1062 0.76	358 0.26	140332 100
2007	80147 88.71	5124 5.67	4117 4.56	964 1.07	727 0.80	237 0.26	90352 100
2008	102258 88.48	6674 5.78	5377 4.65	1257 1.09	905 0.78	352 0.30	115566 100
2009	127797 88. 38	8249 5.70	6948 4.80	1606 1. 11	1201 0.83	405 0.28	144600 100
2010	91627 88.56	5763 5.57	4942 4.78	1128 1.09	831 0.80	297 0.29	103460 100
2011	118994 88.42	7662 5.69	6569 4.88	1355 1.01	1014 0.75	341 0.25	134580 100
2012	118602 88.54	7548 5.63	6373 4.76	1431 1.07	1077 0.80	354 0.26	133954 100
总体	917830 88.85	57173 5.53	47264 4.58	10769 1.04	8067 0.78	2702 0.26	1033036 100

说明：表中各年的行向数据中，上一行是频数，下一行是在当年初婚男女中所占的比重。

在表 4-2 中，我们从夫妇组合的角度对北京近年来初婚夫妇的民族匹配情况进行了统计。在北京，汉族人口占绝对主体，很自然新婚夫妇也以汉族通婚为主，再加上少数民族通婚中的"男女属于同一个少数民族"的情况，北京每年有90%左右的新婚夫妇属于民族内婚，也就是说，近十年来族际通婚在北京的新婚群体中大致占比10%。北京的族际通婚又以少数民族与汉族的通婚为主，且"汉族男性+少数民族女性"组合的比重略高于"汉族女性+少数民族男性"组合，来自不同少数民族的夫妇组合仅占0.26%左右。另外，在"男女同一少数民族"的族内婚情形中，有82.8%的夫妇为满族内部及回族内部的通婚。

表4-3 北京近年少数民族初婚男女的民族分布 （单位:%）

	排序	民族	2004	2005	2006	2007	2008	2009	2010	2011	2012	总体
男 性	1	满族	47.02	46.23	47.18	46.87	47.15	47.66	47.64	48.42	46.76	47.31
	2	回族	34.73	33.43	33.21	32.30	31.95	31.48	30.90	29.34	30.23	31.68
	3	蒙古族	7.75	8.79	8.24	9.17	9.06	9.48	9.46	10.02	9.93	9.20
	4	朝鲜族	2.69	2.52	3.12	2.36	2.29	2.28	2.52	2.37	2.46	2.51
	5	土家族	1.57	2.49	2.04	2.32	2.80	2.11	2.50	2.74	2.49	2.36
	6	壮族	1.18	1.64	1.45	1.69	1.52	1.67	1.73	1.58	2.02	1.63
	7	苗族	1.10	0.96	0.94	1.10	0.95	1.08	1.11	0.96	1.07	1.03
	8	侗族	0.50	0.35	0.38	0.45	0.39	0.38	0.40	0.62	0.40	0.43
	9	瑶族	0.39	0.30	0.42	0.32	0.53	0.36	0.37	0.43	0.62	0.43
	10	白族	0.26	0.53	0.38	0.43	0.33	0.39	0.46	0.33	0.58	0.41
	11	彝族	0.37	0.45	0.35	0.24	0.60	0.43	0.32	0.35	0.41	0.39
	12	藏族	0.34	0.28	0.27	0.28	0.29	0.38	0.29	0.26	0.25	0.29
	13	维吾尔族	0.17	0.23	0.19	0.22	0.14	0.16	0.17	0.14	0.32	0.19
	14	布依族	0.13	0.28	0.15	0.20	0.23	0.20	0.17	0.17	0.23	0.19
	15	黎族	0.13	0.10	0.10	0.17	0.07	0.11	0.12	0.12	0.11	0.11
	16	哈萨克族	0.09	0.08	0.06	0.11	0.07	0.10	0.05	0.06	0.08	0.08
	17	哈尼族	0.02	0	0.01	0.04	0.04	0.02	0.02	0.02	0.05	0.03
	18	傣族	0	0.05	0.05	0.07	0.01	0.03	0	0.05	0.02	0.03
	19	其他民族	1.57	1.28	1.45	1.66	1.56	1.69	1.76	2.02	1.96	1.70

续表

	排序	民族	2004	2005	2006	2007	2008	2009	2010	2011	2012	总体
女性	1	满族	47.35	48.10	48.89	47.63	48.69	47.65	45.98	48.32	48.15	47.93
	2	回族	29.12	27.36	27.62	26.25	25.75	25.84	26.62	24.64	24.63	26.22
	3	蒙古族	9.55	11.20	10.60	11.28	11.78	11.89	12.01	11.92	11.44	11.38
	4	朝鲜族	3.67	3.00	3.36	3.02	2.95	3.14	2.43	2.94	2.91	3.04
	5	土家族	2.41	2.56	2.29	2.84	2.39	3.02	3.01	2.81	3.33	2.77
	6	壮族	1.57	2.00	1.86	2.46	2.20	2.23	2.48	2.27	2.37	2.18
	7	苗族	1.08	1.30	1.05	1.42	1.27	1.33	1.69	1.43	1.39	1.33
	8	侗族	0.49	0.38	0.50	0.62	0.53	0.64	0.63	0.48	0.71	0.56
	9	瑶族	0.42	0.46	0.43	0.51	0.52	0.49	0.64	0.66	0.61	0.53
	10	彝族	0.44	0.46	0.42	0.51	0.59	0.37	0.53	0.54	0.48	0.48
	11	白族	0.35	0.32	0.41	0.41	0.37	0.41	0.47	0.43	0.45	0.41
	12	藏族	0.49	0.20	0.20	0.23	0.35	0.34	0.25	0.37	0.26	0.30
	13	布依族	0.37	0.34	0.23	0.24	0.25	0.29	0.24	0.31	0.28	0.28
	14	维吾尔族	0.19	0.32	0.21	0.21	0.16	0.17	0.25	0.23	0.35	0.23
	15	傣族	0.19	0.16	0.07	0.09	0.14	0.06	0.21	0.18	0.11	0.13
	16	黎族	0.02	0.10	0.13	0.24	0.08	0.10	0.18	0.10	0.15	0.12
	17	哈萨克族	0.10	0.06	0.05	0.08	0.05	0.10	0.13	0.08	0.09	0.08
	18	哈尼族	0.05	0.10	0.04	0.14	0.05	0.06	0.05	0.08	0.07	0.07
	19	其他民族	2.13	1.56	1.64	1.83	1.88	1.88	2.19	2.20	2.22	1.96

说明：表中除"其他民族"之外的18个少数民族是2000年人口普查中人口数在100万人以上的民族，具体参见"全国历次人口普查民族人口统计表"，胡毅力主编：《中国民族信息年鉴2005》，第710—711页。

表4-3详细列示了北京近年来少数民族初婚男性和女性的民族分布情况及相应的排序。北京的少数民族初婚者中有近一半为满族，其次是回族，均为世居北京的民族，其他占比在1%以上的少数民族还有蒙古族、朝鲜族、土家族、壮族和苗族。蒙古族主要分布在内蒙古、河北及东北地区，朝鲜族

主要分布在东北三省，均与北京在地域上相近，从而为族际通婚创造了便利的条件；土家族、壮族和苗族均为我国人口较多的少数民族，地域上主要分布在湖南、湖北、四川、广西、云南和贵州等地①，近年来的人口迁移和流动在很大程度上促成了族际通婚圈的扩大。

三、族际通婚的主要特点和匹配特征

北京并非少数民族聚居区，世居少数民族很少，少数民族人口的比重也不高，但是却汇集了所有的民族成分，形成了多民族混居的格局。因此，北京族际通婚的特点也必然与民族地区有所不同；在民族地区，关注点通常集中于某个占主导地位的少数民族与汉族之间的通婚，北京的族际通婚则更多地表现为多民族之间的交互。此外，北京族际通婚的特点也折射出近年来北京市的人口迁移及民族人口发展方面的一些特征和趋势。

1. 结婚年龄

基于 2000 年全国人口普查 1‰ 样本数据的族际婚姻的婚龄研究表明，少数民族人口的初婚年龄要显著早于汉族，特别是女性；夫妻同为某一少数民族时的女性平均初婚年龄比夫妇同为汉族时要早 1 岁以上（郭志刚等，2008）。一些针对特定民族的对比研究也显示，汉族青年的初婚年龄要高于少数民族，无论男女（姜玉，2015；冯乐安，2015）。但是从表 4-4 所显示的平均结婚年龄的计算结果来看，北京的情况显然与全国平均水平有着明显的不同。在初婚夫妇各种不同的民族组合形式中，汉族通婚夫妇的男女平均结婚年龄都是最低的，而不同少数民族之间通婚的夫妇的男女年龄都是最高的，分别高出 0.59 岁和 0.64 岁；总体而言，少数民族间通婚的平均初婚年龄要高于少数民族与汉族之间通婚的情况。

---

① 参见"全国少数民族分布的主要地区"，乐长虹、生来云主编：《中国民族统计年鉴2011》，第481—482 页。

表4-4 不同民族组合形式的初婚夫妇的平均结婚年龄

夫妇的民族组合形式	男性	女性
汉族通婚	27.75	26.02
汉族男+少数民族女	27.99	26.16
少数民族男+汉族女	27.87	26.17
少数民族间通婚	28.05	26.27
#男女同一少数民族	27.99	26.18
#男女不同少数民族	28.34	26.66
总体	27.77	26.03

表4-5从时序的角度相对详细地计算了北京主要民族的初婚男女的平均结婚年龄，总体上少数民族的男女初婚年龄均高于汉族。男女平均初婚年龄在近9年中均呈现出上升的趋势，女性方面推迟结婚的趋势尤其明显，这一点在各民族的表现颇为一致；具体来看，满族是婚龄偏低的民族，不论男性还是女性，只有满族的平均初婚年龄是低于总体水平的，其余各少数民族的初婚年龄均在总体平均值之上，特别是朝鲜族，男性和女性的平均初婚年龄分别高出总体平均水平1.53岁和1.40岁，此外壮族的初婚年龄也相当高。

表 4-5　各民族近年来初婚男性和女性的平均结婚年龄

	年份	2004	2005	2006	2007	2008	2009	2010	2011	2012	总体
男性	汉族	27.91	28.02	27.92	28.03	28.10	28.00	28.14	28.23	28.23	28.07
	少数民族	28.06	27.99	27.94	28.10	28.19	28.07	28.25	28.38	28.43	28.17
	#满族	27.81	27.72	27.67	27.82	27.99	27.83	28.03	28.18	28.21	27.94
	#回族	28.09	28.04	27.93	28.05	28.10	28.10	28.26	28.36	28.33	28.15
	#蒙古族	28.13	27.88	28.07	28.50	28.16	28.16	28.33	28.37	28.61	28.27
	#朝鲜族	29.64	29.68	29.05	29.29	29.87	29.60	29.46	29.96	29.86	29.61
	#土家族	28.08	28.25	29.02	29.19	28.69	28.67	29.14	28.73	28.78	28.78
	#壮族	28.00	28.78	29.16	29.41	29.24	28.80	29.80	29.01	29.07	29.09
	#苗族	28.41	28.97	28.67	28.85	28.29	28.46	28.17	28.53	29.74	28.69
	#其他	29.17	29.10	29.06	28.65	29.38	28.83	28.72	29.34	29.22	29.07
	总体	27.91	28.02	27.92	28.03	28.10	28.01	28.15	28.24	28.24	28.08
女性	汉族	25.67	25.78	25.96	26.08	26.26	26.32	26.45	26.71	26.81	26.27
	少数民族	25.75	25.85	26.05	26.17	26.42	26.51	26.63	26.93	26.99	26.44
	#满族	25.36	25.50	25.76	25.83	26.15	26.25	26.35	26.73	26.70	26.15
	#回族	25.86	25.95	26.13	26.30	26.55	26.56	26.62	26.99	27.02	26.49
	#蒙古族	25.76	25.84	26.02	26.24	26.44	26.68	26.78	27.25	27.43	26.61
	#朝鲜族	27.19	27.59	27.56	27.84	27.55	27.64	28.19	27.62	28.03	27.68
	#土家族	26.10	26.37	26.52	26.82	27.01	26.83	26.89	27.25	27.07	26.84
	#壮族	27.31	26.56	27.19	26.59	27.21	26.73	28.21	27.17	27.65	27.22
	#苗族	26.68	26.58	26.63	27.33	26.65	26.37	26.91	27.11	27.50	26.89
	#其他	26.68	26.96	26.91	26.67	27.02	27.24	27.02	27.05	27.56	27.06
	总体	25.68	25.79	25.97	26.08	26.28	26.33	26.47	26.72	26.82	26.28

2. 教育水平

对于我国少数民族人口的文化教育水平，我们通常的印象是"民族教育基础较差""文化程度落后于平均水平"等等，因此国家还在高等教育招生等方面出台了若干民族优惠政策；但是针对北京近年新婚人口的统计分析却呈现出相反的状况。

　　根据数据库中对夫妇双方的学历记录，我们将其从低到高标定为5个等级：1——小学及以下，2——初中，3——技校/职高/中专/高中，4——大专/本科，5——研究生，并据此计算出每对夫妇的学历等级之和。表4-6显示了近年来不同民族组合形式之下的初婚夫妇学历等级之和的平均值。从表中数字不难看出，汉族夫妇的平均学历水平是各种组合中最低的，而来自不同少数民族的跨族通婚夫妇的学历水平是最高的；总体而言，跨族通婚（少数民族与汉族通婚及不同少数民族间的通婚）的夫妇学历水平要高于族内通婚的情况，少数民族的族内婚夫妇的学历水平高于汉族族内婚的夫妇。从时序上看，近年来新婚人群整体的文化教育程度在逐年提高，但不同民族组合形式的夫妇的文化层次在相对位置上则基本维持相同的格局，即"少数民族的跨族通婚"＞"少数民族与汉族的跨族通婚"＞"少数民族的族内通婚"＞"汉族的族内通婚"。

表4-6　不同民族组合形式的初婚夫妇的平均学历水平

年份	汉族通婚	男汉女少	男少女汉	男少女少	#男女同一少数民族	#男女不同少数民族	总体
2004	6.80	6.87	6.93	6.92	6.81	7.43	6.83
2005	6.83	6.94	7.00	7.03	6.88	7.62	6.85
2006	7.23	7.33	7.38	7.38	7.23	7.83	7.25
2007	7.27	7.39	7.39	7.43	7.28	7.97	7.29
2008	7.43	7.48	7.55	7.55	7.42	7.94	7.44
2009	7.57	7.63	7.66	7.79	7.67	8.04	7.48
2010	7.52	7.64	7.62	7.75	7.63	8.08	7.53
2011	7.74	7.80	7.81	7.92	7.87	8.07	7.75
2012	7.85	7.93	7.90	8.00	7.92	8.25	7.86
总体	7.41	7.51	7.54	7.59	7.47	7.97	7.42

表4-6的结果无疑颠覆了我们对于少数民族人口文化素质的刻板印象，北京与民族地区的人口教育水平呈现出截然不同的结构性特征。在表4-7中，我们详细统计了北京主要少数民族的初婚男性和女性的学历分布情况，对表4-6的结果给予进一步的补充和解释。如果将"大专/本科及以上"视作高学历，那么相比于汉族初婚人口，北京少数民族初婚人口中的高学历人群明显占有更高的比重，特别是在"大专/本科"这一教育层级上；而就更高层级的"研究生"来看，除满族和回族这两个世居民族之外，其余各民族的初婚人口中，"研究生"的比例都大大高于汉族和总体的平均水平，特别是土家族和苗族。

表 4-7　各民族初婚男女的教育文化程度的分布　　　　（单位:%）

性别/学历	民族	汉族	少数民族	#满	#回	#蒙古	#朝鲜	#土家	#壮	#苗	#其他	总体
男性	小学及以下	1.30	1.52	2.02	1.11	1.37	0.33	0.90	0.80	0.64	0.88	1.31
	初中	10.49	8.14	9.72	7.50	7.63	4.77	2.77	5.33	3.83	3.63	10.36
	技校/职高/高中/中专	21.53	18.48	19.55	23.28	10.82	10.18	4.37	8.74	6.86	6.64	21.36
	大专/本科	51.57	58.66	57.97	59.30	60.29	61.88	53.98	57.19	55.50	60.00	51.97
	研究生	15.10	13.21	10.74	8.81	19.89	22.85	37.98	27.94	33.17	28.85	15.00
女性	小学及以下	1.33	1.73	1.92	1.09	2.18	0.67	1.62	3.17	2.44	2.16	1.35
	初中	10.58	9.70	12.08	5.68	10.95	4.78	8.63	12.19	8.85	7.94	10.52
	技校/职高/高中/中专	20.08	16.07	17.55	17.87	13.14	9.11	11.86	11.75	9.36	9.59	19.81
	大专/本科	55.02	59.66	57.89	66.22	55.24	63.69	51.96	54.42	54.32	57.84	55.33
	研究生	13.00	12.84	10.56	9.15	18.49	21.75	25.93	18.47	25.03	22.47	12.99
	合计	100	100	100	100	100	100	100	100	100	100	100

3. 人口流迁特征

有研究表明，一些民族地区通婚圈的扩大主要源自少数民族人口（特别是

妇女）的外流（杨筑慧，2009）；相应的，北京作为一个典型的外来人口流入
地和非民族地区，族际通婚圈的扩大主要源于少数民族人口的大量流入。

　　按照婚姻登记办法的规定，在京进行婚姻登记的夫妇双方中有一方的户
籍所在地为北京即可，而在具有北京户口的人群中，又有一部分人是自外省
市迁入北京的；这样，根据户口和原籍所在地①，我们可以将在北京进行结
婚登记的人区分为三类：（1）非迁移人口，即北京本地人口，户口所在地和
原籍均为北京；（2）迁移人口，即由外省市来到北京居住，并已经将常住户
口迁移到北京市的人，具有北京户口但原籍并非北京；（3）流动人口，户口
所在地不在北京。表4-8显示了在不同的族际通婚模式下，男性和女性在人
口流迁类型上的分布特点。从表中数据可以看出，初婚夫妇均以本地人口为
主，但男性方面迁移人口多于流动人口，而女性方面是流动人口多于迁移人
口。与"汉族通婚"这一主流模式相比，在"男女不同少数民族"的通婚
模式下，男性和女性的迁移人口比重分别高出10多个百分点，流动人口的
比重也相对较高；此外，与汉族女性结合的少数民族男性以及与汉族男性结
合的少数民族女性中，流动人口的比重都是相对较高的，表明北京"新移
民"和人口的流入是促成族际通婚的重要因素。

表4-8　不同族际通婚模式下的男女人口流迁类型的分布　　（单位:%）

通婚模式 ＼ 流迁类型	男性			女性		
	本地人口	迁移人口	流动人口	本地人口	迁移人口	流动人口
汉族通婚	64.27	22.38	13.35	52.16	15.61	32.24
男汉女少	64.96	22.35	12.69	46.32	17.22	36.47
男少女汉	59.94	23.13	16.92	56.87	15.05	28.08

①　我们根据登记双方的身份证号码的前两位所代表的省市对其原籍所在地做出判断，因
此那些16岁之前随父母迁入北京市的人将被视为"北京本地人口"；另外，对于持护照登记的
出国人员和持军官证、士兵证的登记者，我们无从判断其原籍所在地，这部分记录不包含在本
节和下节的研究对象中。

续表

流迁类型＼通婚模式	男性			女性		
	本地人口	迁移人口	流动人口	本地人口	迁移人口	流动人口
男少女少	59.15	26.74	14.11	47.54	19.65	32.82
男女同一少数民族	62.75	24.57	12.68	50.05	17.54	32.41
男女不同少数民族	48.27	33.32	18.41	39.92	26.03	34.05
总体	64.19	22.32	13.49	52.00	15.71	32.29

再从匹配的角度来看，由于夫妇双方中有一方具有北京市常住户口即可在北京进行结婚登记，本地人口和迁移人口均有北京户口，因此新婚夫妇按照各自的人口流迁类型可以形成如下 8 种组合形式：本地男和本地女、本地男和迁移女、本地男和流动女、迁移男和本地女、迁移男和迁移女、迁移男和流动女、流动男和本地女、流动男和迁移女。表 4-9 从匹配的视角考察了不同族际通婚模式下的夫妇人口流迁类型的匹配特征。

在特定地区，本地人之间的婚配自然应当在新婚人群中占有最高比重，北京也不例外，只不过这一数值并不算高，近十年来北京本地人之间的结合仅占总体的 41% 左右。结合民族匹配的情况来看，本地人之间通婚在"男女同一少数民族"的匹配模式中的比重是最高的（43.27%），而在"男女不同少数民族"的跨族通婚中的比重是最低的（27.35%）。对于少数民族之间跨族通婚的情形，"新移民"之间的结合（即"迁移男+迁移女"）以及迁移人口与流动人口的结合都占有相对较高比重；而对于少数民族与汉族之间的跨族通婚，则是少数民族流动人口与本地汉族人口之间的结合占有相对较高的比重。

表 4-9　不同族际通婚模式下的人口流迁类型的匹配状况　（单位:%）

族际匹配 流迁类型匹配	汉族通婚	男汉女少	男少女汉	男少女少	#男女同一少数民族	#男女不同少数民族	总体
本地男本地女	41.30	35.51	41.28	39.35	43.27	27.35	40.96
本地男迁移女	2.56	3.24	3.15	2.44	2.12	3.44	2.62
本地男流动女	20.70	26.34	18.73	17.67	17.76	17.39	20.88
迁移男本地女	3.49	3.82	3.75	2.83	2.41	4.11	3.51
迁移男迁移女	8.45	8.78	7.32	9.10	7.84	12.96	8.42
迁移男流动女	10.27	9.63	8.92	14.55	14.01	16.21	10.22
流动男本地女	8.60	7.61	12.39	6.11	5.15	9.05	8.69
流动男迁移女	4.63	5.07	4.45	7.95	7.45	9.49	4.68
总体	100	100	100	100	100	100	100

　　有研究指出，不同民族的地理通婚圈差异很明显，赞成不同民族之间通婚的族群，其通婚圈往往比较广泛，而比较反对民族通婚的族群（如回族）则既不愿意"引进来"，更不愿意"走出去"（段成荣，2015）。一项在上海开展的针对族际通婚的态度调查显示，有上海户籍的少数民族人口对于民族通婚持赞成态度的比例为36.4%，高于少数民族流动人口29.9%的比例；另外有12.4%的少数民族流动人口表示反对族际婚，而在已落户的少数民族人口中，反对族际婚的比例仅有3.1%，比前者低近10个百分点（郑敏等，2006）。可见在上海这样一个非民族地区、且同样为外来人口大量涌入的大都市，少数民族的迁移人口比流动人口对族际婚更为认同。而从本研究基于婚姻事实所统计出的结果来看，北京的少数民族迁移人口与流动人口在族际婚配上的表现并无显著差异，特别是女性方面，流动人口比迁移人口的族际婚比重更高。

　　以上我们分别从结婚年龄、教育水平和人口流迁特征3个方面对北京族际通婚的特点进行了分析，并得到了一些不同于民族地区的有趣发现；相对

于族内婚而言，北京族际婚的人群（特别是少数民族人口）结婚较晚、文化
水平更高，另外本地人之间相结合的比重更低。这些特征彼此内在相关，而
在这些带有很强北京地域性的特征背后，实际上反映出北京对于民族"精英
人士"（如果以学历水平来衡量）的高度吸引力和聚集趋势。这一结果也印
证了菅志翔（2016）的研究发现，即教育水平对族际通婚的正面影响非常
显著。

表 4-10　各族不同人口流迁类型的初婚男女的平均学历水平

人口流迁类型＼民族	男性			女性		
	本地人口	迁移人口	流动人口	本地人口	迁移人口	流动人口
汉族	3.43	4.48	3.56	3.59	4.55	3.41
少数民族	3.61	4.40	3.38	3.76	4.46	3.34
#满族	3.62	4.35	3.10	3.75	4.44	3.17
#回族	3.56	4.41	3.73	3.73	4.43	3.56
#蒙古族	3.79	4.38	3.48	3.91	4.48	3.39
#朝鲜族	3.94	4.40	3.67	4.04	4.42	3.71
#土家族	4.10	4.55	3.76	4.07	4.59	3.54
#壮族	3.69	4.47	3.85	3.73	4.45	3.40
#苗族	3.83	4.48	3.86	4.02	4.54	3.54
#其他少数民族	3.94	4.42	3.76	3.96	4.47	3.53
总体	3.44	4.47	3.55	3.60	4.54	3.40

　　在表4-10中，我们基于不同的人口流迁类型分别计算了汉族和少数民
族的男女平均学历水平。从人口流迁类型的角度看，不论汉族还是少数民族
人口，迁移人口的平均学历等级都大大高于本地人口和流动人口。迁移人口
与流动人口的最本质差别在于其拥有北京户口，就本数据库所涉及的迁移人

口而言，基本属于"就业迁移"①，通常只有比较高端的优秀人才才能获得这样的机会，代价则是延长受教育年限获取更高学历或者积累更多的工作经验以提升自身价值。结合表4-8和表4-6不难看出，男性和女性中的少数民族迁移人口的比重都要高于汉族，而少数民族夫妇（族内婚或跨族婚）的学历水平又高于汉族夫妇；这一方面解释了北京少数民族人口初婚年龄偏高，另一方面也表明少数民族高端人才在北京的聚集度比汉族人口更高。

再从民族比较的视角来看表4-10，可以发现本地人口中无论男性还是女性，少数民族人口的平均学历水平都高于汉族人口。这一结果与我们的直觉并不相符，可以从两个层面去解读。首先从"继承性"的角度讲，对于本数据库中的"少数民族本地人口"，除了满、回两个世居民族之外，其他民族的本地人口根据其年龄推算应当是随其父辈在新中国成立初期迁移落户到北京的。新中国成立后我国实行民族平等、民族团结和各民族共同繁荣的民族政策，陆续在北京成立了各种民族、宗教机构，建立了民族出版社、印刷厂、翻译局等单位，延安民族学院也迁移来京改名为"中央民族学院"（今为中央民族大学），从而吸引了各民族的精英人才来到北京工作或读书。基于1982年人口普查资料的分析表明，北京少数民族人口直接从事脑力劳动的占在业人口的22.14%，其中各类专业技术人员高达14.23%，而当时全国水平的这两个比例仅为6.15%和3.99%；针对"每千人中具有大学文化程度的人口"这一指标，北京少数民族是全国少数民族的13.3倍（张天路，1985）。按时间推算，数据库中处于婚龄的少数民族本地人口中的相当比例是这一精英人群的二代子女，那么根据社会学中的阶级复制和再生产理论，这些精英的子女接受良好教育的概率也相应更大一些。其次，从北京当代少数民族本地人口自身的角度讲，高考招生中的民族优惠政策也使之在教育方

① 就业、婚迁和随父母迁移是当前户口进京的3条最主要途径，由于本数据库记录的是结婚这一时点的流迁状态，因此排除了婚迁的可能性；又由于本书依据身份证号码判断原籍所在地，而本数据库的人群按照出生年代来讲应当是在年满16周岁时办理的身份证，因此在16岁至结婚期间随父母迁移的人口比例也将非常小。

面受益很多。1980 年颁布的高等学校招生工作规定明确了"对少数民族考生可适当放宽录取分数"，而北京市高考一直以来对少数民族考生增加 10 分投档①，这无疑大大增加了少数民族学生的入学机会。

可见当前北京少数民族人口的规模和结构是逐步形成的。早年迁移来京的少数民族精英人才对于提升北京整体的少数民族人口文化素质奠定了重要基础，如今的代际传承、人口迁移和民族通婚模式则使少数民族高端人才的聚集趋势得以延续。

四、族际通婚的稳定性分析

婚姻的稳定性也是族际通婚研究中颇受关注的一个问题。一些针对特定地区和民族的研究也表明，族际离婚的比例要大大高于族内离婚（汤夺先，2007；龙翠芳，2009；杨筑慧，2009）；这一方面与民族间的宗教信仰和婚姻习俗差异密切相关，另一方面也在很大程度上受到人口迁移和职业流动等因素的影响。本研究基于离婚数据的分析得到了不同的发现，即在北京这样一个多民族汇集混居的大都市，族际婚姻的稳定性要高于族内通婚。

在表 4-11 中，我们分别计算了 2004 年以来北京不同民族匹配模式下夫妇的离结率，即当年的离婚数量与结婚数量之比②。从表中结果可见，受各年结婚数量变动的影响，离结率的数值也呈现出较大的波动起伏；但各年份的横向比较基本都显示了同样的结果，族际婚的离结率要低于族内婚。更有意思的是，"男女同一少数民族"的夫妇的离结率是最高的，而"男女不同少数民族"的夫妇的离结率最低。如果以离结率作为婚姻稳定性的一个宏观衡量指标，那么少数民族间的跨族婚姻在北京各类民族婚配模式下是相对最

---

① 自 2014 年起少数民族考生将由增加 10 分转为增加 5 分投档，参见光明网："2014 年起北京市高考加分政策'瘦身'"，http：//theory. gmw. cn/2013-10/21/content_ 9231962_ 2. htm。

② 离结率这一指标的问题在于，数值结果受结婚水平的影响较大，如果特定年份中结婚夫妇数下降，那么这一指标很可能会高估了当年的离婚水平；不过对于横向比较来说问题不大，因为各种匹配模式受到的影响基本是一样的。

稳定的。

表 4-11　北京近年不同民族通婚模式下的离结率　　　　（单位:%）

族际匹配 年份	汉族通婚	男汉女少	男少女汉	男少女少	#男女同一 少数民族	#男女不同 少数民族	总体
2004	16.09	12.42	13.25	17.65	18.96	13.41	15.83
2005	25.35	20.84	20.68	28.93	30.75	22.11	24.97
2006	14.82	12.51	12.83	17.05	19.44	9.83	14.63
2007	22.80	19.30	20.73	22.37	25.33	13.53	22.51
2008	18.94	15.05	16.48	16.32	17.68	12.77	18.57
2009	16.81	14.26	14.41	15.40	16.82	11.06	16.54
2010	24.00	21.54	20.42	22.44	23.86	18.56	23.68
2011	19.19	18.61	17.76	19.42	21.54	13.51	19.09
2012	22.13	21.58	21.33	21.32	22.65	17.26	22.05
总体	19.65	17.24	17.41	19.58	21.40	14.19	19.41

　　基于离婚登记日期和离婚夫妇的结婚日期这两个字段，我们可以计算出每一对离婚夫妇的婚姻维系时间，我们在计算时以"月"为单位然后折合成"年"。表 4-12 具体计算了 2004—2012 年不同民族匹配模式下的离婚夫妇的平均婚后年数。总体来看，近年来离婚夫妇的平均婚姻维系时间在 10 年左右，且在时序上表现出一定的缩短趋势；在不同的民族匹配模式下，离婚夫妇的平均婚姻维系时间有较大差异，族内婚的婚姻要比族际婚的婚姻更持久一些，特别是同一少数民族内部的族内婚，相对而言，不同少数民族之间的跨族婚姻一旦解体，其平均维系时间最短。

表 4-12　离婚夫妇的平均婚姻维系时间　　　　（单位：年）

族际匹配 年份	汉族通婚	男汉女少	男少女汉	男少女少	#男女同一少数民族	#男女不同少数民族	总体
2004	10.97	9.38	9.76	12.78	13.72	8.73	10.90
2005	10.68	8.34	9.23	11.76	12.49	7.95	10.54
2006	10.95	9.05	9.05	11.94	12.57	8.22	10.80
2007	10.72	8.39	9.36	12.28	13.23	7.00	10.57
2008	10.50	8.41	9.05	11.11	12.24	7.04	10.35
2009	10.86	8.49	8.65	11.16	12.37	5.62	10.65
2010	10.34	8.27	9.12	11.25	12.75	8.02	10.36
2011	10.20	8.32	8.08	11.09	12.32	5.65	10.01
2012	9.78	7.98	7.84	10.70	11.51	7.28	9.60
总体	10.56	8.41	8.74	11.71	12.73	7.17	10.39

五、主要结论和启示

　　族际通婚是族群关系研究中的一个重要主题，民族间通婚的特点和变化进程是我们了解民族关系以及民族文化相互交融程度的重要方面。由于民族之间通常存在着不同程度的政治、经济和文化差异，而在不同地区，民族人口的聚集程度和居住格局也有所不同，因此族际通婚的特点必然会表现出一定的地域特性。

　　北京并非多民族地区，仅有满、回两个主要的世居少数民族，但其凭借着首都和全国政治文化中心的地位聚齐了所有的民族成分，并形成了"大分散、小聚居"的少数民族人口分布格局。基于北京市婚姻登记数据的分析表明，近十年来北京的族际通婚在新婚群体中大致占比 10%，其中又以少数民族与汉族的通婚为主，同时也表现出了多民族之间的交互。从初婚年龄、教育文化程度和人口迁移特征这三个方面的分析结果来看，北京的族际通婚亦表现出与民族地区显著不同的特点。首先，北京族际通婚的人口初婚年龄高于汉族通婚，少数民族（除满族外）人口初婚年龄普遍高于汉族人口；其次，族际通婚夫妇的平均学历水平要高于族内通婚夫妇，少数民族初婚人口的平均文化程度高于汉族人口；最后，族际通婚中迁移人口和流动人口占有较大比重，少数民族迁移人口普遍具有较高文化水平，就本地人口来说，少数民族人口的平均学历水平高于汉族人口。就婚姻稳定性来说，基于离婚夫妇数据的对比分析显示，族际通婚夫妇的离结率大大低于族内通婚的夫妇，但是族际婚的离婚夫妇的平均婚姻维系时间也相对较短。

从北京族际通婚的状况不难看出北京整个社会的高度开放性和包容性，一方面民族成员之间相互交往的深度和广度达到相当高的水平，整体关系和谐融洽；另一方面，民族间的相互融合也在一定程度上模糊了民族的"边界"，少数民族人口在日益"汉化"的过程中逐渐失却了其特定的民族特性和风习。

北京族际通婚的状况还在很大程度上折射出了北京市民族人口的特点和发展趋向，最为突出的一点就是北京对于少数民族精英人口的强大吸纳力，这种民族人才的集聚始于新中国成立初期并一直延续下来，而从族际通婚夫妇的人口迁移特征和平均文化水平不难看出，这种高端人才（如果以教育文化程度来衡量）集中的趋势仍在加强。

族际通婚的重要意义毋庸置疑，实行民族通婚对于改善民族关系、加强民族团结无疑具有重大作用；从遗传学的角度讲，族际通婚亦有利于中华民族子孙后代的基因改善。值得我们注意的是地区之间的平衡问题，以北京为代表的大都市往往吸引了大量的少数民族高端人才，与之相应的则是民族地区的人才流失，考虑到婚姻的"同类匹配"特性，长期的单向流动难免会造成民族地区人口素质的弱化；另一方面，作为大城市中的"少数"，少数民族人口在融入当地生活的同时也不可避免地面临着"汉化"，因此少数民族（特别是人口较少民族）的文化保护和传承亦是值得我们关注的问题。

第二节 两地婚姻

两地婚姻，通常是指夫妇双方来自不同的社区、村庄、乡镇、县、地市、省区甚至国家而形成的跨地区通婚，即"两地"首先是一个地理空间的概念并参照行政区划的边界；但在具体的操作化层面，不同研究对于两地婚姻的界定方式和考察视角存在一定的差异。

人类学一般采用田野研究和个案分析的方法，研究对象比较偏向于小范围的村落、社区（或少数族群、遥远部落等），这些地区的通婚多发生在县级范围以内，基本没有跨省通婚，跨县、市的通婚亦不多，因此非同一村落之间的通婚往往就被视为"两地婚姻"。社会学较多采用抽样调查的方法，针对的地域范围也更大一些，特别是随着农村外出打工者的增多，跨越城乡和省区间的两地婚姻备受关注，其中农村地区和人口成为大多数研究关注的焦点。相对而言，人类学偏重于静态结构性的视角，以家庭或村落社区为单位，探讨两地婚姻与经济发展、文化制度及其他社会空间之间的关系；社会学则偏重于动态视角，探究社会结构和制度的变迁如何引致了婚姻家庭结构的变迁，并产生怎样的社会后果（唐利平，2005）。

随着人口流动规模的不断扩大，人际的社会交往范围也日益增大，"两地婚姻"日趋增多和普遍，并在宏观层面产生了累积效应和较大的社会影响；于是，一些基于大规模调查和人口普查数据的人口学视角的研究也开始对两地婚姻给予关注，从而使我们对于我国地理通婚圈的概况及两地婚姻的主要特点有了基本了解（周皓等，2009）。

一、两地婚姻的界定及相关研究述评

对于个体属地的界定，针对村落社区的小范围研究和早期的调查研究通常以"居住地"为标准（事实上，在人口流动非常有限的情况下，"居住

地"和"户口所在地"基本一致）；而多地区大规模抽样调查和基于人口普查数据的量化研究则不可避免地面临着因人口流动而导致的"人户分离"问题，因此有的研究以"出生地"（通常也是婚前居住地）为标准来定义两地婚姻，这种定义便于考察两地婚姻如何通过提高通婚家庭之间的交往成本而对具体家庭产生影响（周皓等，2009），有的研究则以"户口所在地"为标准，并将两地婚姻明确界定为"两地户口婚姻"，以考察社会和制度的变迁及其宏观影响（丁金宏等，1999）。

综观针对两地婚姻的各类研究，我们不难发现以下特点：一是就地域来讲对农村的关注多于城市，二是就性别来讲对女性的关注多于男性，于是农村女性就成为这一主题下非常热门的研究对象。在面向农村或婚出地的研究中，她们是"外流妇女""远嫁妇女""外嫁女"等等（田华，1991；邓国彬等，2001；孙琼如，2004）；在面向城市或婚入地的研究中，她们是"城市外来女""外来媳妇""城市外来农村媳妇""外来婚嫁女"等等（林富德，1998；黄润龙，2002；谭琳等，2003；赵丽丽，2008）。另一方面，很多基于大型数据对婚姻迁移状况进行宏观分析的研究也多是围绕女性展开的，包括婚姻迁移的方向和影响、迁移人口的特征，以及婚姻迁移家庭的生活状态和问题等等（杨云彦，1990；谭琳等，1998；周海旺，2001），男性则通常被视作"固定"的一方而被忽视，另外从夫妇整体视角以及夫妇匹配角度的探讨也不多（邓晓梅，2011）。

我国一直以来就有"从夫居"的婚姻传统，因此女性始终是婚姻迁移的主体人群，也是促成两地婚姻的主要力量；此外受经济因素的驱动，有相当比例的迁移女性来自经济落后的农村地区。然而，近年来随着人口流动性的不断增强以及流动人口类型的日益多元化，以女性、特别是农村女性为迁移主体的模式在悄然发生转变。一项基于2005年全国1%人口抽样调查数据的、针对广州市的研究发现，广州的两地婚姻中，城市男女之间婚配的比例更高，且有相当一部分是"双迁移夫妇"，即双方离开各自的户口所在地，共同落户到广州工作、生活，这一群体在文化程度、收入等方面的特点与城乡之间的两地婚姻有显著不同（倪晓峰，2007）。这一研究发现也提示我们适当地将注意力集中到大城市，关注大城市的两地婚姻及其影响。

目前，我国人口的老龄化日益严重，同时独生子女一代正大规模地进入婚龄；但另一方面，我们的社会保障制度尚不完善，社会中层组织亦不发达，这使得家庭之间的支持和照应更为必要，家庭网络和婚姻交往意义重大。显然，近距离通婚有助于姻亲关系家庭之间的互助合作；但城乡和地区之间较大的发展差距仍将推动人口大规模流动的持续，大城市对于人口的"吸引力"和"集聚力"必将造就更多的两地婚姻，进而大大提高姻亲家庭之间的交往和互助成本。从宏观层面看，一方面，大规模的人口流动为两地婚姻的形成提供了必要的基础；另一方面，近年来不少大城市人口暴增、房价飙升、交通拥堵、公共资源严重不足，在一定程度上亦与两地婚姻家庭的增多紧密相关。在这样的背景下对大城市两地婚姻的关注和研究也就更具意义。

首都北京无疑是中国最具代表性的大城市，一直以来都是全国各地人口的汇聚之地。20世纪90年代中期针对北京、上海、南京、成都、广州、兰州和哈尔滨共7个城市5000余户家庭的调查显示，北京"双方婚前来自不同省市"的夫妇比例最高（沈崇麟等，1995）；基于2000年全国人口普查数据匹配出的303866对夫妇的通婚情况的研究也表明，北京的省际异地通婚比例在全国是最高的，每四对夫妻中就有一对夫妻双方来自不同省区（周皓等，2009）。当然，上述结论反映的是一种年代累积效应，北京市的跨省通婚曾在20世纪五六十年代达到一个高峰，与当时各种形式的招工与大学毕业分配留城等密切相关，而到了80年代，由于对大城市（特别是北京、上海这样的特大城市）人口规模和户籍的控制，本地的市内通婚又成为最主要的婚配模式（沈崇麟等，1995）。此后随着户籍制度改革的逐步深入，人口流动和迁移的限制日渐松动，大城市的人口总量开始持续攀升，两地婚姻也随之增多；特别是2000年之后，中国的经济、社会和文化均发生了巨大变化，婚姻模式也出现很多新的变化，但针对两地婚姻的特点和变动趋势等，却鲜有全面深入的展示及剖析。此外从时效性的角度来讲，我们亦非常有必要针对近年来的情况做些研究。

二、相关变量的设置和数据处理

本研究主要采用大数据挖掘的统计分析方法，针对 2004 年 1 月 1 日至 2012 年 12 月 31 日的 9 年间全部的婚姻登记业务数据展开分析。

具体到本研究所针对的"两地婚姻"的主题，数据库中有夫妇双方身份证号码前 6 位的信息①，以及登记时夫妇双方的户口所在地的信息，从而使我们有可能分别从出生地/居住地和户口所在地两个角度对两地婚姻进行界定和分析。

按照婚姻登记办法的规定，在北京进行婚姻登记的夫妇中有一方的户口所在地为北京即可，这样根据"户口所在地"，所有的结婚登记者可以被划分为"北京户口"和"京外户口"两类人群；而在"北京户口"人群中，有些是北京本地人，还有一些是原籍非北京、自外省市迁入北京的，这一点我们可以根据身份证号码的前两位数字判断出来。考虑到数据库中的人群绝大多数为 20 世纪 70 年代及之后生人，年纪最小的生于 1992 年，基本上是在年满 16 周岁之际办理的身份证，因此身份证号码所标识的纵使不是其出生地，也很可能是其主要的婚前居住地（比如在 16 岁之前随父母迁移至某地），间接反映了男女双方各自的父母所在地。这样，根据户口所在地和原籍所在地，我们可以将在北京进行结婚登记的人群进一步区分为三类②：（1）北京本地人口，户口所在地和原籍均为北京；（2）迁移人口，由外省市来到北京并已将常住户口迁移到北京的人，具有北京户口但原籍非北京；

---

① 考虑到研究伦理的要求，我们在提取数据时只截取身份证号码的前 6 位，其余变量也均不涉及任何个人隐私信息。

② 对于持护照登记的出国人员和持军官证、士兵证的登记者，我们无从对相关信息做出判断，因此这部分记录不包含在本书的研究对象中。

（3）流动人口，户口所在地不在北京①。另一方面，在"京外户口"的流动人口中又分为两种情况：一种是原籍和户口在同一地区；还有一种是原籍和户口分在两地（比如原籍在湖南，后来落户到广东，然后又到北京来登记结婚），为论述方便起见对前者我们称为"一次流动人口"，对后者称为"辗转流动人口"。当然，在迁移人口中也不乏"辗转迁移"的情况，比如从原籍地迁移并落户到非北京的某个省区，后来又落户到北京，但是从数据库中我们无从了解中间的过程，而只能依据婚姻登记这一时点的户籍状态对人群进行划分。

夫妇双方的城乡之别也是两地婚姻研究中值得关注的一个重要方面，但是北京婚姻登记数据库对于户籍变量的记录经历了一次改版调整——随着北京城市化的快速发展以及大力推进城乡户口的统一登记制度②，北京本地居民中的农村户籍者越来越少，因此系统在 2009 年改版后删除了"户籍性质"这一变量，本研究也暂不考虑两地通婚的城乡维度③。另外考虑到涉外婚姻和再婚（含复婚）人口的复杂性，本研究仅针对中国大陆的初婚人口进行分析。

三、两地婚姻的总体情况及变动趋势

我们首先从个体的视角来看最近 9 年中北京市新婚人口的构成情况。表4-13 显示了 2004—2012 年间在北京市进行结婚登记的初婚人口按户口和原籍所在地进行分类后的分布状况。总体来看，本地人口虽然是新婚人群的绝对主体，但其他两类人口所占比重也并不低。在北京登记的初婚男性中，本

---

① 还有一种情况是"迁出人口"，即原籍为北京但户口不在北京；但数据库中具有这一特征的记录极少，且因其已不具有北京常住户口，我们将其归入"流动人口"一类中。

② 参见中国网："北京将统一城乡户口登记从形式上取消身份差别"，http：//www. china. com. cn/policy/txt/2008-12/31/content_ 17035295. htm。

③ 事实上由于北京居民与外地居民的通婚并不在少数，而外地居民中仍有相当数量的农村户籍者，因此这一变量的删除使我们无法对近年的城乡通婚状况加以考察，甚为可惜。

地人口约占 64%，迁移人口和流动人口分别约占 22% 和 14%；而女性方面，本地人口仅占所有登记女性的一半，迁移和流动人口则分别占到 15% 和 34%。

表 4-13　初婚人口按户口及原籍所在地的类型分布　（单位:%）

	年份	2004	2005	2006	2007	2008	2009	2010	2011	2012	总体
初婚男性	本地人口	70.12	68.40	68.01	64.63	63.51	63.44	61.41	60.70	61.16	64.21
	迁移人口	18.36	18.16	19.19	20.85	21.64	21.55	23.08	24.38	24.24	21.57
	流动人口	11.53	13.44	12.8	14.53	14.85	15.01	15.51	14.92	14.60	14.22
	#一次流动	86.46	87.56	86.49	87.01	86.21	85.52	86.09	84.79	84.30	85.84
	#辗转流动	13.54	12.44	13.51	12.99	13.79	14.48	13.91	15.21	15.70	14.16
	合计（频数）	93907	72031	133507	88328	114446	144046	107352	139128	138653	1031398
初婚女性	本地人口	55.69	51.21	54.28	49.30	49.00	49.94	48.41	49.80	50.79	50.90
	迁移人口	13.72	13.17	14.39	15.11	15.57	15.49	14.69	16.36	16.82	15.20
	流动人口	30.59	35.62	31.33	35.59	35.43	34.56	36.90	33.84	32.39	33.90
	#一次流动	92.81	93.68	92.85	92.89	92.53	92.12	92.23	91.76	91.97	92.45
	#辗转流动	7.19	6.32	7.15	7.11	7.47	7.88	7.77	8.24	8.03	7.55
	合计（频数）	100070	77870	143773	95364	122511	153633	112134	143032	142064	1090451

说明：为简化表式，仅在"合计"一行给出了频数，其余各行均为列向百分比的数值，具体的频数可通过计算得到。

　　就流动人口这一群体内部来看，尽管男性中辗转流动人口的绝对数量低于女性，但在流动人口中所占的比重却几乎是女性的 2 倍（14.16% vs.7.55%）；对于辗转流动人口来说，从户口所在地来到北京生活很可能意味着放弃了原本已经相对稳定的工作和福利①，因为以本数据库人群的性质和出生年代来看，户口所在地的变化（从原籍到户口所在地）基本上是因就

----

　　①　这里我们不妨假定绝大多数夫妇会在登记结婚的城市生活。

业而发生的①。这一结果在一定程度上颠覆了我们基于中国"从夫居"婚姻传统而产生的刻板印象，即在"两地"的情况下通常是女方做出一定的牺牲到男方所在地定居生活。这或许在一定程度上表明，在大城市相对较高的社会开放度之下，男女在婚姻中的地位也更加平等；双方通过权衡来判定哪个地区更适合生活和未来发展，并从家庭整体角度做出决策，即使男方放弃另一地的户口和工作也未尝不可。

从时序角度看，初婚男女中北京本地人口所占的比重都有明显的下降趋势，特别是男性。但在 2010 年和 2011 年左右，这一趋势终于出现了拐点，即本地人口的比重开始上升，而流动人口的比重开始下降。这一变动与北京市最近出现的人口总量的变化是一致的——据北京市统计局公布的数据，2011 年北京市暂住人口 825.8 万人，比 2010 年减少了60 万人（谢良兵，2012）。迁移人口和辗转流动人口的比重基本保持稳中有升的态势。

接下来我们再从夫妇组合的视角来考察北京的两地婚姻。严格来讲，除了北京本地男女之间的结合，其余情况都属"两地婚姻"；比如同是来自天津的一对男女落户到北京并登记结婚，尽管从居住地/出生地的角度看两人是"同地"，但事实上作为家庭整体也经历了一次地区的转换。在表 4-14 中，我们依据夫妇双方不同的原籍和户口所在地情况，对 97 万余对初婚夫妇组合进行了较为细致的分类和统计。

---

① 就业、婚迁和随父母迁移是户口发生地区转移的三条最主要途径，由于本数据库记录的是结婚这一时点（且本研究考虑的是初婚人群）的户籍状态，因此排除了婚迁的可能性；又由于本数据库的人群按照出生年代来讲应当是在年满 16 周岁时办理的身份证（据此确定原籍，即最初的户口所在地），而在 16 岁至结婚期间随父母迁移的可能性也极小。同理，迁移人口的户口入京也基本因就业而发生。

表 4-14　初婚夫妇按户口及原籍所在地的组合情况分布　　（单位:%）

年份	2004	2005	2006	2007	2008	2009	2010	2011	2012	总体
本地男+本地女	45.35	40.99	45.92	39.33	39.25	40.29	37.74	39.08	40.62	40.95
本地男+迁移女	3.79	2.58	2.89	2.56	2.44	2.37	2.16	2.48	2.54	2.62
本地女+迁移男	4.55	3.65	4.03	3.52	3.14	3.09	3.17	3.40	3.36	3.51
本地男+流动女	21.16	24.95	20.12	22.96	21.96	20.85	21.65	19.25	18.18	20.88
#本地男+一次流动女	95.54	96.46	96.16	96.48	96.27	96.31	96.47	95.84	96.03	96.17
#本地男+辗转流动女	4.46	3.54	3.84	3.52	3.73	3.69	3.53	4.16	3.97	3.83
本地女+流动男	8.08	9.30	8.03	9.35	9.12	8.96	9.28	8.61	8.09	8.70
#本地女+一次流动男	92.13	92.91	92.42	92.71	92.65	92.09	91.97	91.18	90.78	92.02
#本地女+辗转流动男	7.88	7.09	7.58	7.29	7.35	7.91	8.03	8.82	9.22	7.98
迁移男+迁移女	7.30	7.58	8.95	8.79	8.76	8.40	7.92	8.66	8.80	8.42
#原籍同省	30.73	30.18	30.21	31.31	32.47	33.14	33.31	33.32	32.60	32.09
#原籍不同省	69.27	69.82	69.79	68.69	67.53	66.86	66.69	66.68	67.40	67.91
迁移男+流动女	6.78	7.45	6.79	9.09	10.38	10.77	12.88	12.90	12.58	10.22
#迁移男+一次流动女	83.91	83.94	83.89	82.67	83.31	82.84	84.28	84.80	85.69	84.08
##原籍同省	35.83	37.46	35.40	39.17	39.85	42.20	45.17	45.69	47.16	42.32
##原籍不同省	64.17	62.54	64.60	60.83	60.15	57.80	54.83	54.31	52.84	57.68
#迁移男+辗转流动女	16.09	16.06	16.11	17.33	16.69	17.16	15.72	15.20	14.31	15.92
##原籍同省	29.94	33.54	32.61	37.27	36.60	36.67	37.99	38.02	35.18	35.95
##原籍与户口同省	13.99	11.71	11.28	9.18	9.79	10.68	8.30	8.99	10.21	10.11
##均不同省	56.07	54.75	56.11	53.55	53.61	52.65	53.71	52.99	54.61	53.94
迁移女+流动男	3.01	3.50	3.28	4.40	4.94	5.26	5.19	5.62	5.83	4.68
#迁移女+一次流动男	69.43	70.75	71.94	72.64	71.56	72.05	72.19	72.35	72.55	71.95
##原籍同省	42.58	44.73	41.57	43.07	44.57	44.44	43.99	44.67	44.39	43.97
##原籍不同省	57.42	55.27	58.43	56.93	55.43	55.56	56.01	55.33	55.61	56.03
#迁移女+辗转流动男	30.57	29.25	28.06	27.36	28.44	27.95	27.81	27.65	27.45	28.05
##原籍同省	30.65	34.01	31.37	37.58	36.74	37.59	38.26	37.70	38.25	36.49
##原籍与户口同省	16.24	8.21	11.27	8.18	8.77	8.16	7.32	8.67	8.06	9.01
##均不同省	53.11	57.78	57.37	54.24	54.49	54.25	54.41	53.62	53.69	54.51
两地婚姻比重	48.59	52.30	47.52	52.32	51.43	49.92	51.47	49.58	47.99	49.86
合计（频数）	89146	67755	125530	82311	107844	136799	101155	130568	129440	970548

说明：为简化表式，仅在"合计"一行给出了频数，其余各行均为列向百分比的数值，具体的频数可通过计算得到。

从大的分类来看，北京本地男女之间的婚配在各种组合中是比重最高的，但总体上仅占比4成；不过这一比重在2010年达到最低点之后开始回升。相应的，"本地男+流动女"与"本地女+流动男"组合的比重有所下降。可见流动人口数量的减少为北京本地人口的婚配留出了更多的空间。在本地婚配之外，"本地男+流动女"及"迁移男+流动女"是比重较高的组合类型，二者总共占比30%左右；相对而言，本地人口和迁移人口的婚配比重是最低的。

如果将北京本地人口之外的婚配均视为两地婚姻，那么北京近年的两地婚姻比重还是相当高的，达到60%；如果定义更加严格一些，只有男女双方的原籍和户口均无重合方才视为两地婚姻（迁移人口与流动人口相关组合中的"原籍同省"以及"原籍与户口同省"的均视为"同地婚"），那么北京两地婚姻总体的比重约为50%，我们在表4-14中按此定义做了计算。在京外人口的各种类型的两地婚姻中，"异地"婚配仍是主体，其中"迁移男+迁移女"组合的跨省婚姻比例最高。

四、两地婚姻的特征及分析

从上文的统计分布数据中可以看出，人口的迁移和流动改变了北京的人口结构和婚配模式；大量的外省人口来到北京落户或工作学习，两地婚姻在北京已成为相当普遍的现象。我们从夫妇组合的视角、并以本地通婚为比较基准，可以进一步发现北京两地婚姻的一些显著特征。

1. 地域分布

2004年以来在北京登记结婚的京外初婚人口（含迁移人口）中，男性约36.8万人，女性约43.6万人，其原籍/户口分布在全国各个省区，其中最大比例的人口来自相邻的河北省。

表 4-15　两地婚姻初婚夫妇的原籍及户口的地区分布　　（单位:%）

		华北	华东	东北	华中	华南	西南	西北	总体（频数）
男性	本地女+迁移男	28.88	21.44	16.39	16.82	2.93	5.21	8.34	34099
	迁移男+迁移女	24.49	23.99	16.85	19.15	3.14	5.13	7.24	81749
	迁移男+流动女	27.02	21.89	14.85	20.99	2.88	5.19	7.18	99180
	本地女+流动男	36.29	18.31	19.01	13.24	2.93	3.83	6.38	83891
	#本地女+辗转流动男*	30.74	22.39	8.96	7.53	16.71	9.42	4.24	6743
	迁移女+流动男	28.53	20.26	18.91	17.44	3.34	4.21	7.31	45092
	#迁移女+辗转流动男*	27.83	25.23	10.12	7.02	19.37	5.22	5.20	12747
	合计	29.06	21.26	17.03	17.78	3.02	4.72	7.13	34,011
女性	本地男+迁移女	33.12	14.97	19.86	14.16	3.06	6.37	8.46	25448
	迁移女+流动男	32.55	16.64	20.03	16.59	2.36	4.75	7.07	45451
	迁移男+迁移女	27.80	19.17	19.40	17.80	2.85	5.59	7.38	81749
	本地男+流动女	46.69	13.50	15.65	12.61	1.84	4.86	4.85	202373
	#本地男+辗转流动女*	33.08	15.17	8.81	6.78	12.50	19.94	3.72	7763
	迁移男+流动女	28.92	18.36	17.64	19.79	3.06	5.87	6.36	98970
	#迁移男+辗转流动女*	24.44	24.91	10.01	7.73	19.51	8.82	4.59	15786
	合计	37.24	15.98	17.43	15.60	2.41	5.29	6.06	453991

说明：为简化表式，仅在"总体"一列给出了频数，其余各行均为行向百分比的数值，具体的频数可通过计算得到；表中"辗转流动"者的数据显示的是其户口所在地的分布情况。

为清晰和简约起见，我们按照统计年鉴的通用分类方式将全国各省区划分为7大区域：华北（包括北京、天津、河北、山西、内蒙古），华东（包括上海、江苏、浙江、山东、安徽），东北（包括辽宁、吉林、黑龙江），华中（包括湖北、湖南、河南、江西），华南（包括广东、广西、福建、海南），西南（包括四川、重庆、贵州、云南、西藏）和西北（包括陕西、甘肃、宁夏、新疆、青海）。在表4-15中，我们针对不同的夫妇组合形式，分别计算了京外男性和女性的原籍/户口的分布情况。从地区归并后的统计结果可见，京外男性主要来自华北和华东地区，而京外女性主要来自华北和东北地区，地域上的邻近通常意味着文化习俗、语言和生活习惯等方面的一致或相近，而这往往是促成两地婚姻以及跨地区迁移和定居决策的重要条件。

在表4-15中我们注意到一个有趣的分布差异，即辗转流动人口（不论男女）的户口所在地在地域上的分布明显不同于流动人口整体的原籍所在地的分布，华东和华南两个区域的比重明显升高①，相应的，华北、东北和华中地区的比重则有所减少。华东和华南分别是我国两大重要经济圈"长三角"和"珠三角"所在地，而我们通过进一步计算还发现，落户在华东地区的辗转流动男中仅有4.9%的人落户于安徽（华东地区经济最落后的省份），而落户在华南地区的辗转流动男则有83.4%的人落户于广东（华南地区经济最发达的省份）；女性方面，相对应的分别有3.9%和78.7%的辗转流动者落户于安徽和广东。由此不难看出，辗转流动者在做出赴京登记结婚（通常也意味着定居生活）的决策之前，首先经历了一次自主迁移，而且主要是向经济发达地区的迁移。

2. 结婚年龄

在表4-16中，我们仍然从夫妇组合的视角分别计算了男性和女性的初婚年龄，以及夫妇的年龄和与年龄差。为了大致考察时序上的变动，我们将近9年划分为两个阶段（2004—2008年和2009—2012年）分别进行计算。

总体来看，男性的平均初婚年龄变化不大，仅有微弱的推迟；但各类组合中女性的初婚年龄均有明显的上升。从夫妇组合的角度看，基本上是女性的年龄主导了夫妇的年龄和以及年龄差距，女性平均年龄低的，通常夫妇年龄和较小而年龄差距较大；女性平均年龄高的，通常夫妇年龄和较大而年龄差距较小。

---

① 西南地区比重的变化主要源自1997年重庆成为直辖市之后而引致的人口户籍从四川到重庆的转换，这种户籍变动可视为非主动选择性的人口迁移；如果撇除这一影响，华东和华南地区比重的上升将更为显著。

表 4-16　不同组合类型夫妇的平均初婚年龄及对比

	2004—2008 年				2009—2012 年			
	男性	女性	年龄和	年龄差	男性	女性	年龄和	年龄差
本地男+本地女	27.10	25.45	52.55	1.65	27.14	25.94	53.09	1.20
本地男+迁移女	28.84	26.80	55.63	2.04	28.86	27.34	56.20	1.52
本地女+迁移男	28.74	26.42	55.16	2.32	28.92	27.01	55.93	1.91
本地男+流动女	27.86	25.24	53.10	2.62	27.95	25.71	53.65	2.24
#本地男+一次流动女	27.79	25.17	52.96	2.62	27.89	25.64	53.52	2.25
#本地男+辗转流动女	29.68	27.13	56.81	2.55	29.45	27.53	56.98	1.92
本地女+流动男	27.60	25.45	53.04	2.15	28.03	26.39	54.42	1.64
#本地女+一次流动男	27.49	25.36	52.85	2.14	27.93	26.31	54.24	1.62
#本地女+辗转流动男	28.93	26.55	55.48	2.37	29.10	27.25	56.34	1.85
迁移男+迁移女	28.05	26.74	54.79	1.31	28.56	27.36	55.92	1.19
#原籍同省	27.54	26.61	54.15	0.93	28.18	27.28	55.47	0.90
#原籍不同省	28.28	26.80	55.08	1.48	28.74	27.40	56.14	1.34
迁移男+流动女	28.41	26.49	54.90	1.93	28.39	26.77	55.16	1.61
#迁移男+一次流动女	28.47	26.43	54.90	2.04	28.39	26.69	55.08	1.70
##原籍同省	27.58	26.24	53.83	1.34	27.63	26.39	54.03	1.24
##原籍不同省	29.01	26.55	55.56	2.46	29.01	26.93	55.94	2.08
#迁移男+辗转流动女	28.13	26.77	54.90	1.36	28.37	27.25	55.62	1.12
##原籍同省	27.45	26.58	54.04	0.87	27.80	27.04	54.83	0.76
##原籍与户口同省	27.82	26.58	54.40	1.25	28.12	26.93	55.05	1.19
##均不同省	28.62	26.92	55.54	1.70	28.81	27.46	56.27	1.36
迁移女+流动男	28.37	27.05	55.42	1.33	28.79	27.68	56.47	1.11
#迁移女+一次流动男	28.38	27.04	55.42	1.33	28.80	27.70	56.50	1.11
##原籍同省	27.77	26.83	54.60	0.93	28.27	27.45	55.72	0.82
##原籍不同省	28.85	27.21	56.05	1.64	29.23	27.89	57.12	1.34
#迁移女+辗转流动男	28.36	27.05	55.41	1.31	28.76	27.64	56.40	1.12
##原籍同省	27.68	26.86	54.54	0.81	28.14	27.41	55.55	0.73
##原籍与户口同省	28.32	26.85	55.17	1.47	28.51	27.57	56.08	0.93
##均不同省	28.80	27.20	56.00	1.59	29.24	27.82	57.06	1.42
总体	27.66	25.73	53.39	1.92	27.84	26.32	54.16	1.52

说明:"年龄差"定义为"男性初婚年龄—女性初婚年龄"。

对比各大类内部的不同组合,我们还有一些有趣的发现。对于同流动人口结合的本地人口来讲,相比于同"一次流动者"结合,与"辗转流动者"结合通常要推迟结婚 1—2 岁;再看各类京外人口之间的组合,相比于原籍相同或者原籍与落户地相同的夫妇,完全无交集的夫妇结婚要更晚一些;而在所有的夫妇组合中,北京本地通婚的夫妇是最年轻的。

由此可见,两地婚姻在很大程度上引致了北京整体结婚年龄的推迟,一方面来自两地的夫妇双方及各自家庭需要更多的时间相互了解和磨合,另一方面在北京这样一个竞争激烈的大城市安顿下来(如解决工作、住房等问题)要付出更高的迁移成本和更长的转换时间。

3. 文化程度

根据数据库中对夫妇双方的学历记录,我们将其从低到高标定为 5 个等级:1——小学及以下,2——初中,3——技校/职高/中专/高中,4——大专/本科,5——研究生,并按照与表 4-15 同样的表式分别计算出不同夫妇组合类型下的男女平均学历等级,结果如表 4-17 所示。

就总体的两阶段对比来看,男女的平均学历等级都随时间而有所增长,且女性的提升幅度相对更大,因此总体的男女学历差距从"男略高于女"转变为"男女持平"。

如果以北京本地夫妇作为衡量基准,可以看到除本地人口与流动人口的组合之外,其余各类两地婚姻均大幅度提升了北京新婚夫妇总体的平均学历等级。"本地男+一次流动女"及"本地女+一次流动男"的组合是平均学历等级最低的夫妇,学历最低的女性和男性也均来自这两组;与之相对,与迁移人口组合的流动人口的平均学历等级均显著高于总体的平均水平。可见这两类两地婚姻的教育匹配特征是明显不同的,流动人口同本地人口的结合更多是"弱弱结合",很可能是流动在先,然后对北京本地婚姻市场中的弱势者(文化程度低,通常也意味着就业状况不佳或收入低等)的婚配构成了一定的"补缺"作用,即婚姻是流动的结果;而流动人口同迁移人口的结合更多是"强强结合",更可能是先确立关系、婚约在先,然后双方共同做出移居及在北京发展的决定,即流动是婚姻的结果。

表 4-17   不同组合类型夫妇的平均学历等级及对比

	2004—2008 年				2009—2012 年			
	男性	女性	学历和	学历差	男性	女性	学历和	学历差
本地男+本地女	3.40	3.44	6.84	-0.04	3.65	3.72	7.36	-0.07
本地男+迁移女	3.98	4.11	8.09	-0.13	4.13	4.35	8.48	-0.22
本地女+迁移男	4.23	3.97	8.20	0.26	4.36	4.12	8.48	0.25
本地男+流动女	3.13	2.92	6.05	0.21	3.43	3.34	6.77	0.10
#本地男+一次流动女	3.11	2.90	6.00	0.21	3.42	3.31	6.73	0.10
#本地男+辗转流动女	3.64	3.57	7.20	0.07	3.89	3.96	7.84	-0.07
本地女+流动男	3.15	3.31	6.47	-0.16	3.47	3.64	7.11	-0.17
#本地女+一次流动男	3.09	3.27	6.36	-0.18	3.41	3.61	7.02	-0.20
#本地女+辗转流动男	3.91	3.84	7.75	0.06	4.08	4.01	8.09	0.08
迁移男+迁移女	4.59	4.59	9.18	0.00	4.69	4.71	9.40	-0.02
#原籍同省	4.57	4.61	9.18	-0.03	4.67	4.71	9.38	-0.04
#原籍不同省	4.60	4.59	9.19	0.01	4.70	4.71	9.41	-0.01
迁移男+流动女	4.38	4.01	8.39	0.37	4.41	4.10	8.51	0.31
#迁移男+一次流动女	4.35	3.94	8.29	0.41	4.37	4.04	8.40	0.33
##原籍同省	4.34	3.99	8.33	0.35	4.34	4.02	8.36	0.32
##原籍不同省	4.36	3.92	8.27	0.44	4.42	4.05	8.47	0.37
#迁移男+辗转流动女	4.53	4.33	8.86	0.20	4.63	4.46	9.09	0.17
##原籍同省	4.54	4.40	8.94	0.14	4.61	4.50	9.11	0.12
##原籍与户口同省	4.42	4.24	8.66	0.18	4.58	4.37	8.95	0.21
##均不同省	4.55	4.31	8.85	0.24	4.64	4.45	9.10	0.19
迁移女+流动男	4.15	4.45	8.60	-0.31	4.24	4.59	8.83	-0.35
#迁移女+一次流动男	4.07	4.41	8.48	-0.34	4.16	4.56	8.72	-0.39
##原籍同省	4.08	4.44	8.52	-0.36	4.16	4.58	8.74	-0.42
##原籍不同省	4.06	4.39	8.45	-0.32	4.17	4.54	8.70	-0.37
#迁移女+辗转流动男	4.33	4.55	8.89	-0.22	4.44	4.69	9.13	-0.25
##原籍同省	4.36	4.58	8.94	-0.22	4.43	4.70	9.14	-0.27
##原籍与户口同省	4.18	4.39	8.57	-0.21	4.39	4.69	9.08	-0.3
##均不同省	4.35	4.57	8.92	-0.22	4.46	4.68	9.14	-0.22
总体	3.58	3.54	7.11	0.04	3.84	3.84	7.68	0.00

说明："学历差"定义为"男性学历等级—女性学历等级"。

    迁移人口方面的两地婚姻也表现出了与流动人口类似特征。在各种夫妇组合中，"迁移男+迁移女"为典型的"强强联合"的"高知"组合，夫妇同为研究生学历的比重高达53%；相比之下，迁移人口与流动人口组合的学历等级要低于迁移人口组合，但仍然高于迁移人口与本地人口的组合。

五、简要总结

从本研究的结果来看，北京两地婚姻中的外来人口遍布全国各个省区，其中来自华北、东北、华东的相近省区的人口比重较高。外来人口中既有已经落户北京的迁移人口，也有尚未落户的流动人口，其中包括一定比例的曾落户于其他省区（主要是经济发达地区）后又来京结婚的辗转流动人口。"双外来人口"组合的夫妇中，又以双方来自不同省区的夫妇居多。通婚地域范围的扩大反映了社会开放度的日益提高，同时也显示了北京作为一个超级大都市对于外来人口的巨大吸引力和包容性。

相比于双方均为北京本地人的夫妇组合，两地婚姻夫妇的结婚年龄普遍延迟，且原籍异地的夫妇结婚相对更晚，从而推迟了北京整体的初婚年龄；文化教育水平方面，外来人口之间的两地婚姻显著提升了北京总体的夫妇学历等级。

北京的两地婚姻大致可以分为两类：外来人口与北京本地人之间的结合，以及外来人口之间的结合；尽管从近9年的总体来看前者占主体（二者分别占比35.7%和23.3%），但就趋势来看后者的比重在逐渐增加（2012年二者分别占比32.2%和27.2%）。值得注意的是，二者以北京本地夫妇为分界，前者大多为低文化程度的夫妇组合，而后者主要是高学历的夫妇组合。这意味着北京的两地婚姻在日渐形成一个高文化层次的"外来新移民夫妇"群体。相对来说，北京并不面临很多地区的两地婚姻都普遍存在的"外来人口融入"问题，事实上，来自全国各地的"外来夫妇"们来到这个发达开放的城市中，在适应、融合的过程中也在创新和发展着北京文化，这与北京精神中的"包容、创新"恰好高度契合。

从另一方面讲，两地婚姻、特别是"双外夫妇"的增多也不可避免地为大城市的发展和管理带来挑战。最近几年北京市的房价居高不下，在全国遥遥领先，撇开其他方面的因素不谈，仅两地婚姻所引致的需求刚性恐怕就是一个重要原因。一对原籍不同的"双外夫妇"定居北京，意味着夫妇小家庭和各自的父母分居在三地，按照中国的居家养老传统，最理想的是把双方父母均接到北京定居，那样就需要三套房，考虑到限购政策及经济压力，至少也要两套房或一套大房。审视一下北京每年新增的"双外夫妇"数量，便在一定程度上理解了北京如此火爆的房地产交易市场。当然，数表中的这些"双外夫妇"未必都是独生子女，父母在原籍养老亦未尝不可，同时还会有一些夫妇最终选择离开北京等等；但另一方面，我们的数据中也没有包含那些均未落户北京但选择在北京工作生活的"双北漂"夫妇，在居住证达到一定年限后他们亦可考虑定居下来。可见我们的估计或许还相对保守。再退一步讲，即使"双外夫妇"及各自家庭仍保持原先的居住模式从而缓解了住房压力，依然会存在节假日期间远程探望双方父母所造成的交通压力；事实上，近年"春运潮"的人群中，应当早已不只是外出务工人员了。总体看来，两地婚姻以及因家庭照料和往来而产生的潜在的人口流入、出行交通等的压力是巨大的，以人口流入为主的大都市终将会面临类似问题；大城市在人口规划和控制、资源有效分配以及公共服务提供等方面，依然任重而道远。

第三节　两地婚姻中的"追随"关系探讨

从上一节的研究中我们看到，人口流动性的增强促进了人际交往范围的扩大，也为通婚圈的拓展和跨地域通婚创造了有利条件。传统观点通常认为，婚姻是导致迁移的生命事件，且女性往往是被动随迁的一方。事实上，随着经济的发展和社会的开放，婚姻与迁移二者之间越发表现为一种互为存在和彼此促进的关系；在人口大规模流动的背景之下，婚姻可以是实现迁移的一个途径，亦可能是流动中的一种人生收获。

从人口流迁的空间特征来看，大城市因其发达的经济水平、多元的文化观念和较多的职业发展机遇等而吸引了来自全国各地的人口。以北京为例，第六次人口普查结果显示，外来人口在北京市常住人口中的比重由2000年的18.9%提高到2010年的35.9%，且以青壮年人口为主①。外来人口的大量涌入改变了大城市整体的人口结构，也改变了当地婚恋市场的结构，为青年男女的婚配提供了更多选择。在北京这样一个文化交融的大都市，婚姻中的追随关系或许呈现出某些新的特点，让我们更为清晰地看到当前人口流动与婚姻决策之间互动关系及特征。

一、既有研究的回顾与述评

在有关人口流迁问题及"追随关系"的研究中，主流的假设通常是将男性为迁移的主体，且男性主要因经济动机迁移而女性主要因社会因素迁移，而婚姻便是女性迁移的重要驱动力之一。

传统观念通常认为，婚内男女的权力是存在差异的；所谓"男主外，女主内"，通常丈夫的工作比较重要而女性肩负着照顾家庭和子女的责任，再加上劳动力市场中持续存在着性别工资差距，这些因素均使得女性更易成为被动迁移的一方（Mulder & Wagner，1993）。有研究基于父权制理论指出，女性由于在劳动力市场中处于不利地位，因而更可能为追求经济稳定和福利而结婚；相应的，婚姻不仅是双方交往的结果，而且是达成某种目标的方式和途径，当这些目标涉及地区转换时，婚姻便成为实现迁移的工具而非目的（Willekens，1987）。不少实证研究印证了上述观点。

上述论断固然对"婚姻是相互爱慕基础之上的结合"这一经典认知形成

---

① 参见北京市统计局："北京市常住人口规模变动特点"，http：//www.bjstats.gov.cn/zt/pcjdzl/rkpc/sdjd/201603/t20160322_341753.html。

挑战，但事实上二者并不矛盾，因为婚姻决策也是一个充分考虑现实并权衡各种选择的结果。婚姻梯度和社会交换理论对此给出了比较有力的解释。一方面，男性在婚配过程中倾向于同各方面条件略低于自己的女性结合，即采取"男高女低"的"向下婚"模式（Bernard，1982）；另一方面，作为理性人的男女双方又试图通过"交换"有形或无形的资源而实现"互惠"，从而在婚姻中实现利益最大化，男方的资源通常体现在社会经济特征方面，而女方的优势往往在于年龄、相貌和气质（Blau，1964；Becker，1973）。

就我国的情况来说，跨越地域空间的通婚一直以来都是存在的（比如农村地区不同村落之间的联姻），且婚姻决策过程中亦会考虑到实用性和交易性的功能，包括延续家庭血脉、充实劳动力资源、提供养老保障等等；女性在择偶时普遍遵循"高嫁低娶"的原则，婚姻是女性实现向上流动的重要途径（Lavely，1991；雷洁琼，1994）。

改革开放之后，各地区之间巨大的发展差距激发了大规模的人口流动，同时跨越省区的长距离婚姻迁移也不断增多（周皓等，2009；宋月萍等，2012）；由于"乡—城流动"始终是人口流动大潮的主体，再加上女性通常在婚姻中处于从属和弱势的地位，因此大量的关于婚姻迁移的研究都聚焦于农村女性，将其默认为跨地域通婚中被动追随的一方。事实上，随着经济的不断发展和社会的开放进步，越来越多的女性开始追求独立和自我发展、并因经济原因而迁移（Fan，1999；蔡昉，2002）；基于第五次人口普查数据的统计结果表明，相比于第四次人口普查，"务工经商"已经取代婚姻成为女性跨省迁移的首要原因（范芝芬，2013）；由于可婚配女性数量的稀缺，具备年龄优势的新生代女性农民工更有可能通过与市民通婚实现向上流动，而跨户籍通婚农民工的婚姻策略则呈现出由传统向现代的转变，传统户籍"门当户对"的择偶观念对人们的影响在逐渐弱化（靳小怡，2016）；一项基于2005年全国1%人口抽样调查数据的研究则发现，广州的异地婚配中，外来人口的男女比例相当且城市男女的婚配比例更高，此外这一群体在文化程度、收入等方面的特点与城乡之间的婚配有显著不同（倪晓峰，2007）。可见近年来以女性、特别是农村女性为婚姻迁移主体的模式已悄然发生转变，在人口流动性不断增强以及流动人口类型日益多元化的背景下，有人"以婚求动"，有人"动中成婚"，且在性别对比上也不再悬殊。

二、数据基础及处理方法说明

本节研究的数据基础及主要变量的处理方法均延续了上一节的设定，将婚登人口首先分为三类：（1）北京本地人口，户口所在地和原籍均为北京；（2）迁移人口，由外省市来到北京并已将常住户口迁移到北京的人，具有北京户口但原籍非北京；（3）流动人口，户口所在地不在北京；然后再将流动人口区分为两种情况：一种是原籍和户口在同一地区，还有一种是原籍和户口分在两地（比如原籍在河南，后来落户到广东，然后又到北京来登记结婚）；为论述方便起见我们称前者为"一次流动人口"，后者为"辗转流动人口"。

从总体的计算结果来看，迁移人口的比重一直保持着上升的趋势，流动人口的比重则在 2011 年左右出现反转的迹象；这一变化是与北京人口总量的结构变化特点相一致的，根据北京市统计局发布的数据，2011 年北京市暂住人口比 2010 年减少了 60 万人；2012 年末全市户籍人口比上年末增加 19.6 万人，而暂住人口则比上年减少了 41.6 万人①。

流动人口中以一次流动为主且以女性居多，但从辗转流动者的情况来看，9 年中初婚男女辗转流动人口分别为 21659 人和 27915 人，二者的数量差别并不悬殊，且男性辗转流动人口的比重在持续上升。可见在婚姻迁移的决策方面，男女双方的主动权趋向平衡，面对家庭与个人发展的抉择时②，"随爱而动"的未必是女性一方，男方也可以为了婚姻和家庭而再次迁移。

---

① 参见北京统计局：北京市 2012 年国民经济和社会发展统计公报，http://www.bjstats.gov.cn/xwgb/tjgb/ndgb/201302/t20130207_243837.htm。

② 这里我们不妨假定，夫妇登记结婚的城市通常也是其日后定居的城市。

三、初婚外来人口的主要特征

1. 地域分布

婚登数据中，北京的外来人口来自全国的各个省区，表4-18针对其地域分布情况进行了统计，并按照全国7大地理分区进行归并计算。从表4-19数据可以看到，外来人口较为集中地分布在近京的华北、华东、东北及华中地区，这一特点在一次流动人口中的表现更为突出。

相对而言，辗转流动人口的原籍所在地分布最为分散，且与其户口所在地的分布具有明显差异。与原籍所在地相比，辗转流动人口的户口所在地在天津、河北、上海、广东等地的比重均有大幅提升①，可见这一人群最初的流入地选择并非北京，很多人在因婚姻赴京之前首先经历了一次从原籍到经济发达地区（比如上海、广东、天津）或北京邻近地区（比如河北、天津）的迁移。就本研究所针对的初婚男女青年而言，如果说辗转流动人口更多的是"因婚而动"，那么一次流动人口则既可能是"因婚而动"，也可能是"动中成婚"。

表4-18 初婚外来人口的地域分布　　　　　　　　（单位:%）

		初婚男性				初婚女性			
		迁移人口原籍	一次流动原籍/户口	辗转流动原籍	辗转流动户口	迁移人口原籍	一次流动原籍/户口	辗转流动原籍	辗转流动户口
华北	天津	2.35	2.54	1.44	13.13	2.73	2.18	0.90	14.04
	河北	14.11	23.72	9.52	13.04	15.90	30.00	9.69	16.05
	山西	6.28	5.00	5.69	1.61	7.12	3.99	5.60	1.75
	内蒙古	3.55	4.98	4.52	0.96	4.39	4.33	4.89	0.96
	小计	26.29	36.24	21.17	28.74	30.14	40.50	21.08	32.80

---

① 重庆的比重也有大幅提升，但主要源自1997年重庆成为直辖市之后而引致的人口户籍从四川到重庆的转换，这种户籍变动可视为非主动选择性的人口迁移。

续表

		初婚男性				初婚女性			
		迁移人口原籍	一次流动原籍/户口	辗转流动原籍	辗转流动户口	迁移人口原籍	一次流动原籍/户口	辗转流动原籍	辗转流动户口
华东	上海	0.32	0.49	0.37	7.70	0.17	0.30	0.13	5.97
	江苏	4.07	3.25	3.67	5.17	2.86	2.36	2.01	4.19
	浙江	1.94	1.37	1.55	3.75	1.65	0.93	1.16	2.61
	山东	12.20	9.91	8.50	6.35	10.55	9.14	7.52	4.70
	安徽	4.02	3.69	3.62	1.19	2.45	3.07	2.67	0.71
	小计	22.55	18.71	17.71	24.16	17.68	15.80	13.49	18.18
东北	辽宁	5.92	6.27	4.70	6.01	6.99	5.58	4.53	5.35
	吉林	4.28	4.69	5.03	1.89	5.47	4.04	5.19	2.16
	黑龙江	5.75	8.18	7.06	1.86	7.30	6.87	8.37	1.85
	小计	15.95	19.14	16.79	9.76	19.76	16.49	18.09	9.36
华中	湖北	5.53	3.55	5.40	3.25	4.60	4.02	4.96	2.91
	湖南	3.74	1.97	3.38	1.23	3.51	2.85	3.68	1.68
	河南	7.40	6.30	6.81	1.82	6.50	6.91	6.67	1.96
	江西	2.91	1.77	3.11	0.89	2.16	1.37	2.46	0.87
	小计	19.58	13.59	18.70	7.19	16.77	15.15	17.77	7.42
华南	广东	0.60	1.18	0.36	15.23	0.48	0.67	0.32	10.78
	广西	0.69	0.49	0.77	0.61	0.92	0.66	0.85	0.66
	福建	1.51	1.18	1.27	1.33	1.09	0.67	0.85	1.35
	海南	0.18	0.15	0.23	1.10	0.19	0.14	0.33	0.90
	小计	2.98	3.00	2.63	18.27	2.68	2.14	2.35	13.69
西南	四川	3.69	2.10	6.89	1.53	3.57	3.29	13.78	1.67
	重庆	0.21	0.14	0.22	4.52	0.38	0.42	0.46	11.75
	贵州	0.67	0.54	0.86	0.28	0.79	0.61	0.95	0.30
	云南	0.58	0.38	0.56	0.52	0.67	0.47	0.55	0.45
	西藏	0.03	0.01	0.06	0.13	0.03	0.01	0.07	0.05
	小计	5.18	3.17	8.59	6.98	5.44	4.80	15.81	14.22

续表

		初婚男性				初婚女性			
		迁移人口原籍	一次流动原籍/户口	辗转流动原籍	辗转流动户口	迁移人口原籍	一次流动原籍/户口	辗转流动原籍	辗转流动户口
西北	陕西	3.62	2.68	3.94	3.14	3.28	2.32	3.13	2.78
	甘肃	1.66	1.70	2.51	0.92	1.39	1.53	2.08	0.72
	宁夏	0.62	0.46	1.00	0.12	0.76	0.39	0.79	0.18
	新疆	1.15	0.90	1.84	0.55	1.59	0.72	2.47	0.52
	青海	0.41	0.26	0.75	0.17	0.51	0.16	0.88	0.10
	小计	7.46	6.00	10.04	4.90	7.53	5.12	9.35	4.30
总计		100	100	100	100	100	100	100	100

2. 教育文化程度

表 4-19 显示了北京近年初婚人口的教育文化程度的分布情况，以北京本地人口作为比较基准，可见外来人口在很大程度上提升了总体的教育文化水平；特别是迁移人口，具有大学及以上学历的人口比重高达 97%，一半以上的人具有研究生学历。

表 4-19　各类初婚人口的教育文化程度分布　　　　（单位:%）

		小学及以下	初中	技校/职高/中专	高中	专科/本科	研究生
男性	本地人口	1.29	12.52	18.68	11.50	52.67	3.34
	迁移人口	0.09	0.88	0.96	1.31	45.34	51.42
	流动人口	3.68	16.28	4.90	7.79	55.91	11.45
	#一次流动	4.22	18.69	5.50	8.85	54.69	8.06
	#辗转流动	0.39	1.68	1.29	1.34	63.31	31.99
	总体	1.31	10.36	12.58	8.78	51.97	15.00

		小学及以下	初中	技校/职高/中专	高中	专科/本科	研究生
女性	本地人口	0.98	7.61	17.12	8.59	62.27	3.43
	迁移人口	0.11	0.70	0.62	0.68	40.84	57.06
	流动人口	2.51	19.63	9.53	10.39	50.94	7.00
	#一次流动	2.66	20.91	10.04	10.98	50.34	5.08
	#辗转流动	0.77	4.03	3.25	3.16	58.28	30.50
	总体	1.35	10.52	11.89	7.92	55.33	12.99

流动人口中，辗转流动者和一次流动者的学历分布差异显著，前者的教育水平明显更高，在分布上与迁移人口颇为相近，只不过高学历者以大学学历为主而迁移人口以研究生学历为主；后者则展现出"两极分化"的特征，一方面具有大学及以上学历的人口比重较高（特别是男性，高学历者的比重比北京本地人口还要高），另一方面初中及以下的低学历人口的比重也是各类人口中最高的。

由于我们对各类人口的划分主要依据其户籍特征上的差异，因此不同地区户口"价值"的差别在很大程度上解释了上述教育文化水平的分布特点。在我国现行的户籍制度下，户口承载着买房、养老、子女教育等很多福利相关的"附加价值"，越是在大城市，户口越具价值，而户口在地区间的转移也通常是个体基于"价值提升"原则而做出的理性选择。近年来首都北京的人口急剧膨胀，外来人口进京的门槛也日益提高，通常只有比较高端的优秀人才才能获得落户的机会，迁移人口的高学历即体现了这一点。辗转流动人口虽然暂不具有北京户口，但曾迁移落户于其他地区，特别是上海、天津、广东等经济发达地区，通常也需具备较高的教育文化水平。一次流动人口的学历分布则充分折射出大城市流动人口的类型和层次的多样性特点，其中既有文化水平较低的新生代农民工，也有大学毕业的低收入群体，更高学历的公司"白领"亦不在少数，另外还有文化水平分布在各个层级的"北漂"

等等。

3. 职业类别

职业类别和等级在很大程度上代表着个体社会地位的高低，一些经验研究往往将职业作为等级变量处理，比如林南等（2002）在分析中国城市的就业与地位获得过程时将职业序列从低至高排列为农业、商业、制造业、服务业、办公室工作、行政与管理、专业与技术工作，张翼（2003）在综合评价权利、收入等因素的基础上将职业阶层从低至高定义为粮农阶层、农村专业户阶层、采掘业和制造业阶层、商业服务业阶层、办公室办事人员阶层、专业技术人员阶层、官员和私有业主阶层。参照既有研究的做法同时结合数据库中的变量定义，本研究将职业类别划分为公务员、专业技术人员等 7 类，诸如自由职业者、非正规就业者等不便归类的职业归入"其他"，具体的分布情况如表 4-20 所示。

表 4-20　各类初婚人口的职业类别分布　　　　（单位:%）

		公务员	专业技术人员	普通办事人员	商业及服务业人员	生产、运输操作人员	农林牧渔业从业者	其他
男性	本地人口	5.50	36.63	14.15	4.52	11.13	13.05	15.01
	迁移人口	17.00	47.69	13.05	0.99	7.71	0.11	13.46
	流动人口	3.89	41.77	13.44	5.30	3.72	18.33	13.55
	#一次流动	3.29	39.34	13.29	5.84	3.97	21.11	13.16
	#辗转流动	7.54	56.51	14.34	2.05	2.23	1.51	15.82
	总体	7.75	39.75	13.81	3.87	8.00	11.01	15.81
女性	本地人口	4.46	44.37	15.69	3.87	5.98	10.58	15.05
	迁移人口	14.53	49.52	14.77	1.32	1.17	0.17	18.53
	流动人口	2.56	38.17	13.06	4.47	3.06	20.96	17.72
	#一次流动	2.33	36.99	12.89	4.63	3.14	22.47	17.55
	#辗转流动	5.39	52.54	15.19	2.44	2.07	2.49	19.89
	总体	5.35	43.05	14.66	3.68	4.26	12.51	16.48

各类人口在职业类别的分布上表现出与教育程度分布相类似的特点，迁移人口中有超过6成的人从业于"公务员"和"专业技术人员"这两类社会地位和阶层序列较高的职业，其次为辗转流动人口；一次流动人口在以上两类职业中的比重相对较低，而分布在"农林牧渔业从业者"这一较低阶层序列职业中的比重却是最高的，此外，一次流动人口在职业类别分布上的分散度也是最高的。

4. 平均初婚年龄

在表4-21中，我们计算了2004年以来男性和女性的平均初婚年龄。从性别对比来看，男性的初婚年龄时序变动不大，特别是本地人口；而女性的初婚年龄则明显推迟，在9年中总体平均提高了1岁多。在各类人口中，北京本地人口的平均初婚年龄是最低的，而辗转流动人口则婚龄最高。

表4-21　北京近年各类人口的平均初婚年龄

	年份	2004	2005	2006	2007	2008	2009	2010	2011	2012	总体
男性	本地人口	27.82	27.88	27.69	27.84	27.87	27.73	27.84	27.92	27.86	27.82
	迁移人口	28.24	28.48	28.37	28.42	28.43	28.43	28.47	28.63	28.73	28.49
	流动人口	27.96	28.20	28.23	28.41	28.74	28.61	28.84	28.85	28.95	28.59
	#一次流动	27.92	28.15	28.15	28.35	28.71	28.58	28.84	28.83	28.91	28.55
	#辗转流动	28.18	28.56	28.70	28.78	28.95	28.83	28.86	28.98	29.17	28.84
	总体	27.91	28.02	27.92	28.03	28.10	28.01	28.15	28.24	28.24	28.07
女性	本地人口	25.43	25.54	25.72	25.82	26.03	26.07	26.17	26.43	26.48	26.00
	迁移人口	26.46	26.87	26.91	27.03	27.23	27.31	27.54	27.70	27.83	27.28
	流动人口	25.71	25.69	25.88	25.98	26.17	26.25	26.41	26.64	26.78	26.22
	#一次流动	25.61	25.60	25.80	25.89	26.08	26.15	26.30	26.54	26.67	26.12
	#辗转流动	26.93	27.01	27.04	27.26	27.39	27.35	27.66	27.81	27.96	27.44
	总体	25.68	25.79	25.97	26.08	26.28	26.33	26.47	26.72	26.82	26.28

社会选择理论认为，外出流动人口通常文化程度较高、适应能力和事业心较强，并有强烈的发展愿望，因而也更倾向于晚婚（Kahn，1988）。表4-19—表4-21的结果在一定程度上印证了这一理论。一方面在大城市获得稳定的就业岗位通常需要较高的学历水平或较长工作年限；另一方面迁移成本亦是不可忽视的因素，即人们通常先要有稳定的生活（如解决住房、收入来源等问题），才会比较从容地步入婚姻。相对而言，本地人口在就业和住房方面的压力较小，因而其初婚年龄也相应较低。

四、初婚外来人口的婚姻匹配特征

随着外来人口的增多，近年来北京市总体的人口结构发生了很大改变，基于夫妇户籍匹配的统计分布结果深刻反映了这一点。尽管北京本地青年男女之间的结合仍是新婚人群的主体，但总体上仅占所有夫妇的41%，而迁移人口和流动人口相结合的"外来夫妇"的比重达到23.3%。具体来看，本地人口与外来人口的夫妇组合主要是与流动人口（特别是一次流动人口）的结合，同迁移人口相结合的比重并不高，"本地男+迁移女"和"迁移男+本地女"的组合总体上只占比6.1%；2010年左右随着进京流动人口数量的减少，本地人口之间以及本地人口与迁移人口之间的婚配比重也有所回升。

1. 教育程度的匹配

根据婚姻的同类匹配理论，夫妇双方通常具有相近的教育文化水平。表4-22基于夫妇匹配的视角分别计算了各类人口的配偶的教育程度分布情况，结果印证了这一理论的观点。从表4-20的结果我们已经了解到，就各类人口自身的教育程度分布来说，迁移人口是最为偏向高学历端的，其次为辗转流动人口；结合表4-22可以看到，与迁移人口相结合的各类人口的教育程度分布也最为偏向高学历端（其中尤以"迁移男+迁移女"的组合最为突出），与辗转流动人口相结合者的学历分布情况也类似。

表 4-22　夫妇匹配视角下各类人口的配偶的教育程度分布　　（单位:%）

		小学及以下	初中	技校/职高/中专	高中	专科/本科	研究生
男性	本地男+本地女	0.84	9.17	19.31	10.14	58.00	2.55
	本地男+迁移女	0.27	2.83	5.43	3.36	67.62	20.50
	本地男+流动女	1.28	18.31	20.44	14.27	42.84	2.86
	#本地男+一次流动女	1.30	18.76	20.85	14.50	42.04	2.54
	#本地男+辗转流动女	0.72	7.02	10.19	8.41	62.93	10.73
	迁移男+本地女	0.21	1.35	1.88	1.88	58.33	36.34
	迁移男+迁移女	0.03	0.04	0.09	0.09	35.06	64.69
	迁移男+流动女	0.07	1.36	1.35	2.06	49.06	46.10
	#迁移男+一次流动女	0.08	1.57	1.55	2.37	50.96	43.47
	#迁移男+辗转流动女	0.05	0.22	0.31	0.42	39.00	60.01
	流动男+本地女	3.79	22.14	6.99	10.66	51.61	4.82
	#一次流动男+本地女	4.05	23.74	7.33	11.32	49.72	3.84
	#辗转流动男+本地女	0.82	3.69	3.01	2.97	73.39	16.13
	流动男+迁移女	0.15	1.30	1.08	1.58	69.86	26.03
	#一次流动男+迁移女	0.20	1.69	1.38	2.10	74.50	20.13
	#辗转流动男+迁移女	0.03	0.27	0.30	0.27	57.94	41.19
女性	本地男+本地女	0.86	7.19	18.83	8.75	62.16	2.22
	本地男+迁移女	0.46	3.09	2.28	2.26	57.46	34.45
	本地男+流动女	3.54	26.96	12.06	13.07	42.31	2.06
	#本地男+一次流动女	3.61	27.68	12.27	13.34	41.43	1.67
	#本地男+辗转流动女	1.74	8.75	6.94	6.45	64.37	11.75
	迁移男+本地女	0.15	1.28	5.56	2.35	75.95	14.71
	迁移男+迁移女	0.03	0.05	0.10	0.10	34.02	65.70
	迁移男+流动女	0.27	2.65	3.52	2.93	71.55	19.09
	#迁移男+一次流动女	0.31	3.10	4.02	3.39	74.61	14.58
	#迁移男+辗转流动女	0.04	0.28	0.87	0.50	55.37	42.93
	流动男+本地女	1.96	12.12	15.97	9.88	55.92	4.15
	#一次流动男+本地女	2.09	12.92	16.75	10.40	54.27	3.56
	#辗转流动男+本地女	0.40	2.88	7.00	3.86	74.83	11.03
	流动男+迁移女	0.04	0.40	0.56	0.63	42.58	55.79
	#一次流动男+迁移女	0.04	0.47	0.72	0.79	45.55	52.43
	#辗转流动男+迁移女	0.02	0.24	0.17	0.22	34.95	64.40

值得注意的是，学历分布最为分散的一次流动人口在教育匹配的分布上也趋向了两端——不论男性还是女性，与迁移人口相结合者的学历水平分布都偏向高端，而与本地人口相结合者的学历水平分布都偏向低端。本地人口也表现出类似的"分化"特征，与迁移人口及辗转流动人口相结合者的学历分布偏高，而与一次流动人口相结合者的学历分布偏低。男性中低文化程度比重最高的是与本地女结合的一次流动男，其次是与一次流动女结合的本地男；与之相应，女性中低文化程度比重最高的是与本地男结合的一次流动女，其次是与一次流动男结合的本地女。

2. 职业类别的匹配

在表4-23中，我们基于夫妇匹配的视角分别计算了各类人口的配偶的职业类别分布情况。通常来讲，受教育程度越高的人，职业地位和相应的社会阶层也越高（Blau and Duncan，1967），而表4-23所示的分布特征确实展现出与表4-22高度的一致性。表4-23与表4-20相结合也再次印证了夫妇在职业类别上的"同类匹配"。

表4-23　夫妇匹配视角下各类人口的配偶的职业类型分布（单位:%）

		公务员	专业技术人员	普通办事人员	商业及服务业人员	生产运输操作人员	农林牧渔业从业者	其他
男性	本地男+本地女	6.16	39.32	15.10	4.18	11.52	9.67	14.05
	本地男+迁移女	14.42	50.05	14.56	4.09	4.42	1.02	11.43
	本地男+流动女	3.34	31.64	12.19	5.14	11.00	19.90	16.80
	#本地男+一次流动女	3.19	31.05	12.11	5.19	11.16	20.46	16.84
	#本地男+辗转流动女	7.16	46.52	14.29	3.83	6.93	5.77	15.51
	迁移男+本地女	19.39	48.04	12.13	1.84	3.41	0.23	14.96
	迁移男+迁移女	19.42	47.71	11.71	0.60	1.04	0.01	19.50
	迁移男+流动女	14.34	48.10	13.78	0.97	1.94	0.13	20.74
	#迁移男+一次流动女	14.07	47.56	13.85	1.04	2.07	0.14	21.28

		公务员	专业技术人员	普通办事人员	商业及服务业人员	生产运输操作人员	农林牧渔业从业者	其他
男性	#迁移男+辗转流动女	15.77	50.99	13.43	0.58	1.28	0.08	17.88
	流动男+本地女	2.80	35.71	12.22	6.35	4.78	24.56	13.58
	#一次流动男+本地女	2.46	34.24	12.01	6.64	4.86	26.40	13.39
	#辗转流动男+本地女	6.72	52.67	14.62	3.07	3.87	3.31	15.73
	流动男+迁移女	6.35	57.78	16.59	3.08	1.71	1.76	12.74
	#一次流动男+迁移女	5.69	57.36	17.34	3.75	1.85	2.34	11.67
	#辗转流动男+迁移女	8.04	58.84	14.67	1.37	1.33	0.27	15.47
女性	本地男+本地女	4.10	44.54	16.01	3.84	6.68	10.13	14.70
	本地男+迁移女	13.74	51.39	14.76	3.75	2.15	0.59	13.61
	本地男+流动女	1.59	31.31	11.60	5.26	3.88	30.36	16.00
	#本地男+一次流动女	1.48	30.65	11.46	5.30	3.89	31.33	15.89
	#本地男+辗转流动女	4.37	47.95	15.03	4.12	3.62	6.08	18.82
	迁移男+本地女	11.45	55.26	15.94	2.20	3.06	1.36	10.72
	迁移男+迁移女	16.62	47.47	13.20	0.61	0.91	0.02	21.17
	迁移男+流动女	4.52	53.96	18.65	2.40	1.43	3.70	15.34
	#迁移男+一次流动女	4.23	53.53	19.04	2.61	1.49	4.36	14.75
	#迁移男+辗转流动女	6.05	56.21	16.58	1.30	1.13	0.24	18.49
	流动男+本地女	2.84	39.14	14.38	4.81	4.46	17.25	17.12
	#一次流动男+本地女	2.59	37.97	14.08	4.99	4.55	18.31	17.52
	#辗转流动男+本地女	5.71	52.63	17.87	2.77	3.35	5.10	12.55
	流动男+迁移女	11.34	52.29	17.53	1.23	1.01	0.19	16.40
	#一次流动男+迁移女	10.80	52.57	18.07	1.40	1.12	0.18	15.86
	#辗转流动男+迁移女	12.74	51.58	16.13	0.78	0.75	0.21	17.80

作为职业类别分布最偏向高端序列的迁移人口，其配偶的职业类别也基本分布在高端序列中；辗转流动人口的情形与之相仿，只不过职业类别的分

布略向低端序列偏移。与教育程度的匹配相类似，职业类别分布最为分散的一次流动人口，在职业序列匹配的分布上也趋向了两端——不论男性还是女性，与迁移人口相结合者的职业序列分布都偏向高端，而与本地人口相结合者的职业序列分布都偏向低端。本地人口的情形也与之类似，与迁移人口及辗转流动人口相结合者的职业序列分布偏向高端，而与一次流动人口相结合者的职业序列分布偏向低端。男性中在较低职业序列的分布比重较高的是与本地女结合的一次流动男，以及与一次流动女结合的本地男；与之相应，女性中在较低职业序列的分布比重较高的是与本地男结合的一次流动女，以及与一次流动男结合的本地女。

五、简要结论和启示

近年来，我国人口流动和迁移的规模不断增大且日益年轻化，男女青年的婚姻选择空间也相应扩大，从过去的特定乡村、街道、城区等的小范围交往转换为跨越行政区划界限的择偶，跨地域交往和通婚日趋普遍。异地通婚为人口流动注入活力，人口流动则为异地通婚创造机会，二者互为存在、彼此促进。基于对北京外来人口的婚配特点的分析，一方面可以看到年轻人的大量涌入对本地婚姻市场所造成的影响，另一方面也了解到大城市青年男女在流迁与婚姻决策中所展现出的独特特征。

总体来看，由于外来人口的增多，北京本地的适婚女性在婚姻市场中受到一定的挤压。在人口正常变动的情况下，北京本地适婚男女的数量应该是大致相当的，但通过计算不难看到，近 9 年的北京初婚人口中，本地男的数量超出本地女 10.7 万余人，这意味着大量处于适婚年龄的本地女性尚处于未婚状态。"本地男+流动女"组合的比重高达 21%，仅次于本地男女之间的婚配，而且迁移男同迁移女、流动女相结合的比重也均高于其与本地女相结合的比重。可见在婚姻梯度的作用下，外来人口的流入在给大城市男性带来更多婚姻选择的同时，也对本地女性的婚配形成了挤压。

　　从具体的匹配模式来看，如果说"本地男+本地女"的组合代表了北京市青年男女婚姻匹配的一种平均或者普遍状态，那么外来人口的加入则使最终的婚配状态呈现出不同的"层次"。迁移人口之间以及迁移人口与辗转流动人口之间普遍为"高知"和"高职"的组合，一次流动人口中教育程度和职业序列偏向高端分布的人群也大多与迁移人口结合，而偏向低端分布的人群则大多与本地人口结合。这意味着一次流动人口对北京本地的婚姻市场起到了一定的补充作用，但主要是针对婚配中的弱势人群。有研究指出，教育文化程度越高、职业越稳定的城市新移民，其社会融合程度也越高，并且更可能保持自己原有的文化习惯和价值观念而在移居地很好地生活（张文宏等，2008），再加上北京高度包容的文化，对于高端组合的外来夫妇而言，适应和融入北京当地的生活应该不是大问题。但是对于偏向低端的一次流动人口与北京本地人口的夫妇组合，外来一方因户籍、教育程度、职业稳定性等方面的弱势而可能面临的社会排斥则是值得关注的问题。

　　从婚姻与迁移的互动关系来讲，传统观点通常认为"男主女从"，即婚姻是女性流迁的动力；流迁往往通过其他生命事件（主要是就业）影响男性的婚姻，但对女性而言却是独立于其他生命事件直接影响其婚姻（Aree，2006）。我们针对北京近年初婚人口的分析表明，情况并不尽然。外来人口中的迁移人口和辗转流动人口普遍具有较高的教育文化水平，并且分布在较高的职业类别序列中，这一点并未表现出性别差异，女性迁移人口在"研究生"这一高学历上的分布比重甚至比男性迁移人口还要高出近 6 个百分点。较高的教育水平和职业层级通常也意味着较高的独立自主性，从而在婚姻关系中不致成为"依附"的一方，特别是对已经落户于北京的迁移人口而言。对这一群体来讲，流迁首先源自求学、就业等个人发展方面的因素，婚姻则更多是流迁过程中的人生收获；"借助于同当地人的婚姻而落户北京"的情况在这一人群中应不多见。事实上，从匹配的视角也可看到，迁移人口和辗转流动人口同本地人的婚配比重都不高，更多是外来者之间相互结合（包括迁移人口与较高文化和职业层级的一次流动人口的组合）并逐渐形成了一个

"强强结合"的"外来新移民"家庭群体。

由于在大城市没有常住户口会有诸多不便，婚后很多事务不得不依赖于有户口的一方，因此流动人口在婚配中通常是较为弱势的；而从我们的分析结果来看，新婚人群中男女流动人口的数量相差并不悬殊，"流动男+迁移女"的组合为数不少且比重还在逐年上升。特别是男性辗转流动人口，尽管其绝对数量仍然低于女性辗转流动人口，但数量和比重均呈上升趋势，说明男性亦可以"随爱而动"，为了婚姻和家庭从其他城市再一次迁移。

在我国的青年择偶和婚配过程中，尽管"男主女从"的主流传统观念的影响依然存在，但从北京外来人口的婚配特征来看，男女双方在婚恋与迁移决策中的地位显然更加平等，女性未必是"追随"的一方，这在很大程度上源自较高的教育水平和职业层次所带来的经济独立和地位平衡，从而使双方可以从家庭整体的角度出发做出最有利的决策。

第四节　对通婚距离变化的一个考察

婚姻建立在社会交往的基础之上，因此空间距离是影响婚姻最重要的因素之一；特别是在早年交通和信息均不够发达的情况下，居住地的远近在很大程度上决定了男女双方的交往次数和婚配机会。社会学家 Bossard 就 1931 年美国费城的 5000 份结婚证进行分析，发现超过三分之一的夫妇住在 5 个街区之内，而随着居住距离的增加，结婚的概率开始下降（Bossard，1932）。随着交通条件和信息技术的日益发达，空间上的分离越发不构成婚恋的障碍，跨地域的远距离通婚早已成为普遍现象。然而，在我国现行的户籍制度下，居民的居住地与户口紧密相关，居住地的不同往往意味着收入水平、身份地位、发展机会以及社会认同等方面的差别；人口流动的不断增强固然在一定程度上弱化了户口的约束力，并为跨地域通婚提供了更大的可能性，但婚姻的社会性决定了其不可避免地受到外部大环境和制度、文化等因素的影响。通婚距离的变动在一定程度上折射出婚配模式的变迁及政策制度的影响，并提示我们关注潜在的问题。

一、相关研究回顾和述评

通婚距离通常包含社会距离和地理距离两个测量维度，本研究主要关注地理距离，即夫妇双方在建立婚姻关系之前的空间距离。通婚距离的变化直接反映了地理通婚圈，即通婚的地域范围的变化，它显示了特定地区人口的婚配对象的来源情况，同时也反映了该地区与其他区域之间的社会经济交往状况和社会开放程度，是分析社会结构、测量现代化水平的一个重要角度与指标。

地理通婚圈的变迁一直是婚姻家庭领域的一个热点研究问题，关注视角多集中在微观层面，且以改革开放之后的农村为主。但不同研究的观点和结论并不一致。

一些研究认为，改革开放之后农村的通婚圈在缩小和内卷化。20 世纪 80 年代末针对湖北省麻城市王福店乡 3 个村 356 对夫妇的女性婚嫁距离的计算表明，婚嫁距离在 7.5 公里以内的占绝大多数，且近距离通婚随年龄组的下降而逐渐加强（邱泽奇等，1991）；对福建东南沿海的莆田孙村不同阶段婚入婚出情况的调查显示，通婚的平均距离自新中国成立前至改革开放后再到 90 年代中期呈明显的缩小趋势（吴重庆，1999）；针对山东中部山区的康村和山东济阳县江店乡贾寨村的两项个案研究也显示，村庄的婚嫁距离在几十年中持续缩短，通婚圈在农村经济体制改革后甚至快速内卷（新山，2000；霍宏伟，2002）。

另外一些研究认为，改革开放促进了经济发展和人口流动，因此也带动了农村通婚圈的扩大。针对安徽芜湖市南陵县崔村的个案研究发现，20 世纪 90 年代末期农村人口大量外出务工导致了村庄通婚圈的快速扩大和婚嫁距离的急剧增长（崔燕珍，2007）；与之相对，浙江萧山市后坛村则因自身经济的迅速发展而吸引了大量村外女性前来安家落户（黄佩芳，2004）。一些基于抽样调查的研究也得到了农村通婚圈在扩大的结论，基于 1989 年对湖北省五县市农村 3177 名妇女的问卷调查、以婚嫁区域和距离作为指标的分析显示，农村通婚圈呈缓慢扩大趋势（刘传江，1991）；另一项基于 2011 年全国流动人口动态监测数据中 48697 份青年农民工样本数据的研究发现，青年农民工的通婚圈相比其父辈有了显著扩大，跨省婚姻日益增多（宋月萍等，2012）。

当然，也有一些研究认为农村通婚圈在改革开放之后的变化并不大。比如一项于 1987—1988 年对全国 6 个省市 279 位农村居民进行的夫妇婚前双方家庭距离的调查显示，近距离通婚较为普遍且各年龄组的通婚圈大致相同，因此通婚圈的变化不大（雷洁琼，1994）；另一项针对湖北西南山区坪村的个案研究认为，在打工潮的冲击下，村庄传统的通婚圈逐渐解体的同时也使婚姻资源的配置更加不平等，这使得村庄的通婚圈呈现出一种伸缩并存的变迁图景（田先红，2009）。

上述各研究看似相互矛盾的结论事实上有其内在的合理性，这些研究或者开展的时间不同，或者地点和对象不同，或者调查的范围不同，或者分析的视角和侧重点不同，因此得出的结论自然也有所不同，而这也恰恰反映了我国地域广大、国情复杂的现实状况。不同的研究发现有助于我们深刻认识到通婚圈变化所具有的地域性特征，但遗憾的是难以对整体的发展趋势有所把握。针对较小区域的个案研究往往专注于在原有通婚圈范围内的通婚距离的自然延伸，而对没有地域连接的分散婚姻所导致的婚嫁距离的扩展有所忽视；基于抽样调查的大样本量化分析在关注范围上有了一定的扩展，但由于针对人群、数据规模等的差异，各研究具有典型性但不足以推断总体。此外，针对通婚圈的研究大多关注农村地区和人口，对于作为人口流入地的城市则鲜有涉及。

一些基于人口普查数据的研究在一定程度上弥补了上述不足，使我们有可能对更大范围的整体情况有所了解。杨云彦和谭琳分别利用 1987 年全国 1%人口抽样调查数据和 1990 年的人口普查数据，从婚姻迁移的视角对省区一级的跨地域通婚情况做了总体分析，指出婚姻迁移已成为波及全国的社会流动，但各地在"婚入婚出"的比例上明显处于非平衡状态（杨云彦，1992；谭琳等，1998）；周皓等基于 2000 年全国人口普查数据匹配出 303866 对夫妇，并据此对全国各个省区的地理通婚圈的大小及其变化进行了分类和对比，发现多数地区的异地通婚比例都在增加，通婚圈不断扩大（周皓等，2009）。

　　对于通婚距离的测度，微观层面（比如小范围农村社区、少数族群、遥远部落等）的研究通常以一个地区婚入或婚出女性的婚嫁距离作为考察通婚圈大小的指标（唐利平，2005），但对于大范围的抽样调查或基于人口数据的分析，这一方式往往很难操作，因此宏观层面的研究往往以"远距离夫妇组合（以双方是否来自不同行政省区界定）在所有婚姻单元中所占比例的变化"作为测度通婚圈变动的指标，总婚姻单元中远距离婚姻的增加便意味着通婚圈的扩大和平均通婚距离的延长（周皓等，2009）。这种替代性的衡量方式避免了对距离的直接测算，相对简易而且也能够提供比较充足的信息量，使我们对宏观层面通婚圈的历史变化有所认知，但因无法对"远距离"进行细致的区分而牺牲了一定的精确性，因为跨省区通婚的实际空间距离可能非常不同，比如北京人与广东人的通婚距离要远远大于北京人与河北人的组合，又比如两个省区边界地区的跨地界通婚可能实际的通婚距离并不远。这些因素对于大数量级的量化分析来说影响并不大，但是如果能稍作一些具体估算，无疑有助于我们对特定地区的通婚距离变动及其特点、趋势有更为确切的把握。

　　进入 21 世纪以来，我国的经济、社会和文化经历着巨大的变迁，人口流动更是规模空前，这些因素必然在潜移默化之中影响到人们的婚配行为和模式，但是对于近年来的通婚距离的总体变动情况，基于大样本数据的深入分析非常鲜见，针对北京市通婚状况的实证研究或可补此不足。北京市作为一个外来人口大规模流入的特大城市，其通婚圈早已不局限于本地人之间的结合，"移民家庭"数量众多；北京市近年新婚人群的通婚距离的变动模式和发展趋势在一定程度上反映了我国大都市通婚圈的总体状况，对于了解我国整体的人口流迁特征亦具有重要的前沿意义。

二、通婚距离测算方法说明

本节研究所使用的数据为 2004 年 1 月 1 日至 2012 年 12 月 31 日期间全部 9 年的婚姻登记相关信息。对于"通婚距离"的刻画，本研究一方面使用"跨地域通婚的夫妇所占比例"这一指标进行总体描述，另一方面也尝试借用地区之间的铁路里程对夫妇居住地之间距离的具体数值进行测算，力图对通婚距离及其变动有一个进一步的量化把握。

基于数据库中的夫妇双方"身份证号码前 6 位"和登记时夫妇双方的"户口所在地"这两个字段，我们可以分别从出生地/居住地和户口所在地两个角度对跨地域通婚加以界定并对通婚距离进行测算。根据夫妇双方的原籍/户口所在地，可以组合出若干种不同的情况。严格来讲，除了夫妇双方均为北京本地人，其余各种组合均可视为"跨地域通婚"，比如原籍均为江苏南京的一对迁移夫妇，尽管二者的出生地或婚前居住地是相同的，但在结婚前还是分别经历了一次从南京到北京的跨地域迁移。

对于通婚距离的测算，我们从个体和夫妇两个层面展开。首先对于原籍非北京的新婚人口，我们计算其原籍所在地①与北京之间的距离，对于辗转流动人口来说，这个距离是其原籍所在地到户口所在地②再到北京的距离之和；其次对于非北京本地人组合的新婚夫妇，我们计算双方原籍所在地之间的距离作为通婚距离。考虑到铁路是我国目前远距离出行最常用的交通方

---

① 根据身份证号码的前 4 位细化到地、市这一层级，本研究所涉及的人群分布在全国335 个地级行政区。

② 由于数据库中对于"户口所在地"只登记到省区一级，因此计算时我们以省会城市作为计算依据，这样共涉及 31 个城市。

式，我们将距离定义为"两地之间的最短铁路里程"；计算主要依据最新的铁路站点分布表①，采用图论 Dijkstra 算法作为基础算法，去除回路循环的同时加入地级行政区的经纬度，在起始地点的经纬度适度外延的区域内进行模糊判断以控制无向图的延伸区域，对于两地直线间跨越境外国家和两地间仅有环形铁路的情形，加入特殊中转站来改进之前的区域模糊判断，以尽可能准确计算地区间的最短铁路距离。相对而言，"两地之间的直线距离"更易计算且更准确，但铁路里程中往往蕴含了更多的地理和经济社会发展方面的因素，也较为实际地反映了人们出行和交往的便利程度，因此我们最终采取了这一定义方式。

三、跨地域通婚的总体情况

作为"人口流入"大市，北京市的外来人口（包括迁移人口和流动人口）一直在总人口中占有较高的比重；而近年来北京市的新婚人群亦表现出了同样的结构性特征。

流动人口中以一次流动者为绝对主体，但辗转流动者的比重呈上升趋势。就本数据库所涉及的人群来说，辗转流动很可能的情形是，曾经因就业从原籍落户于京外其他地区，然后因结婚又来到北京②；这表明每年还是有一定数量的年轻人放弃了已经相对稳定的工作和生活，在婚姻决策中选择来到另一半所在的北京开始新的生活（人们通常会选择到准备定居下来的城市登记结婚）。

从迁移人口和流动人口的原籍/户口在全国不同省区的分布比例来看，

---

① 数据来源为"极品时刻表"网站中的相关信息，参见 http：//www. jpskb. com/；同时参照中国地图出版社 2013 年 7 月出版的《中国交通地图册》中的铁路里程信息。

② 就业、婚迁和随父母迁移是户口发生地区转移的三条最主要途径，由于本数据库记录的是结婚这一时点（且本研究考虑的是初婚人群）的户籍状态，因此排除了婚迁的可能性；又由于本数据库的人群按照出生年代来讲应当是在年满 16 周岁时办理的身份证（据此确定原籍，即最初的户口所在地），而在 16 岁至结婚期间随父母迁移的可能性也极小。同理，迁移人口的户口入京也基本因就业而发生。

不论男性还是女性，外来人口中来自河北、山东两地的比例最高，其次为河南、山西及东北三省，可见地域上的邻近是促成跨地域通婚的一个重要因素，毕竟较低的返乡探望成本、相近的语言和文化习俗等更易使人做出迁移和定居决策。

辗转流动人口的情况比较有趣，参照表4-17，对比其原籍所在地和户口所在地可以看到，二者的分布具有明显的不同，后者的集中度相对更高；在户口所在地中，天津、河北、上海、广东均占有很高比重，而辽宁、江苏、浙江相比于其在原籍所在地中的比重也有了较大的提升，而这几个省区恰好位于发展水平较高的几个经济带（珠三角、长三角和环渤海）。就中国目前的现实情况来看，越是发达的地区其户口也越具价值，而通常较为稳定、保障性高的工作和相对高端的岗位层级才会涉及户口迁移；这一结果进一步表明，辗转流动者很可能为婚姻而在事业上做出让步。

表4-24显示了基于"最短铁路距离"计算的京外人口到北京的平均流迁距离。相对来看，男性比女性的平均流迁距离略长；迁移人口的流迁距离要大于一次流动人口，前者的平均值大致相当于长春到北京的铁路距离，后者大致相当于沈阳经唐山、天津到北京的距离；辗转流动人口因从原籍到户口所在地再到北京而经历了最长距离的住地转换，近似于一次性从西宁到北京的铁路距离。

从时序角度看，尽管各年之间平均流迁距离的变动并不是非常大，但递减的趋势还是很显著的，特别是迁移人口，几乎从2004年开始平均迁移距离就在逐渐减小，且男性比女性的距离缩减幅度相对更大。男性一次流动人口和辗转流动人口的平均迁移距离分别在2006年和2007年达到峰值，然后开始逐年下降；女性方面，流动人口的平均迁移距离则表现为波动中下降的趋势。

表 4-24　京外人口的平均流迁距离　　　　（单位：公里）

人口类型 年份	男性			女性		
	迁移人口	一次流动 人口	辗转流动 人口	迁移人口	一次流动 人口	辗转流动 人口
2004	1097.38	886.57	2025.11	1085.18	852.05	1988.89
2005	1098.32	897.92	2098.16	1088.38	838.46	1965.38
2006	1087.72	922.28	2161.00	1079.12	853.86	2071.76
2007	1072.77	896.32	2244.53	1062.99	846.35	2126.21
2008	1063.20	892.84	2209.82	1054.40	852.33	2067.46
2009	1050.85	883.32	2150.97	1032.97	852.05	2092.38
2010	1029.95	876.98	2159.12	1034.28	850.38	2086.28
2011	1022.54	862.57	2138.73	1027.75	848.55	2032.27
2012	1008.89	868.29	2124.90	1013.19	834.53	2012.79
总体	1051.66	885.70	2158.18	1046.43	847.93	2085.33

京外人口平均流迁距离下降，很可能的一个原因就是近京地区的流入人口增多而远京地区的流入人口减少。简约起见，我们按照统计年鉴通用的分类方式将全国 31 个省区划为华北、华东、东北、华中、华南、西南和西北共 7 个大区，分别计算了 2004 年以来男性和女性的京外人口的原籍和户口在各大区的分布情况①，具体结果如表 4-25 所示；表中数据印证了我们对于平均流迁距离下降原因的推断。

---

　① 鉴于辗转流动人口是从户口所在地赴京登记结婚的，对于辗转流动人口我们只考察了其户口所在地的分布情况。

表 4-25　京外人口在全国各大地理分区的分布情况　（单位:%）

			2004	2005	2006	2007	2008	2009	2010	2011	2012	总体
初婚男性	迁移人口原籍所在地	华北	24.01	24.62	24.93	25.64	26.09	26.38	27.68	27.09	27.72	26.29
		华东	20.87	20.39	21.06	21.67	22.23	22.38	23.69	23.89	24.09	22.55
		东北	18.90	18.29	18.91	17.49	16.28	16.09	13.54	14.23	13.55	15.95
		华中	18.42	19.11	18.58	19.20	19.45	19.94	19.92	20.16	20.33	19.59
		华南	2.77	2.85	2.96	3.23	3.27	3.16	2.93	2.86	2.82	2.98
		西南	6.27	5.99	5.52	5.26	5.31	4.95	4.90	4.86	4.62	5.18
		西北	8.76	8.74	8.04	7.51	7.38	7.10	7.34	6.91	6.87	7.46
	一次流动人口原籍/户口所在地	华北	36.37	36.19	34.01	36.04	36.41	36.61	37.38	36.92	36.32	36.28
		华东	20.70	19.28	19.73	18.62	18.42	18.02	18.10	18.57	18.42	18.75
		东北	16.21	17.06	18.43	18.87	19.02	20.22	19.57	20.04	20.44	19.17
		华中	13.66	13.96	14.07	13.90	13.57	13.32	13.51	13.59	13.30	13.61
		华南	3.07	3.06	3.33	3.05	3.03	2.76	2.90	3.10	2.89	3.01
		西南	3.66	3.67	3.46	3.22	3.24	3.04	2.73	2.73	3.34	3.18
		西北	6.33	6.77	6.97	6.30	6.30	6.04	5.80	5.05	5.29	6.01
	辗转流动人口户口所在地	华北	23.53	22.07	22.30	22.60	24.54	28.13	31.87	34.45	37.84	28.74
		华东	25.65	28.38	28.63	27.67	26.85	25.13	21.98	20.61	18.46	24.16
		东北	9.55	9.96	9.57	10.26	10.80	10.28	9.59	8.96	9.25	9.75
		华中	8.94	7.55	7.97	7.92	6.53	7.28	6.99	6.74	6.29	7.19
		华南	19.65	18.42	18.28	18.66	18.52	17.98	17.57	18.62	17.65	18.27
		西南	7.37	9.96	8.23	8.46	7.51	6.10	6.43	5.83	6.01	6.98
		西北	5.32	3.65	5.02	4.44	5.25	5.11	5.57	4.78	4.50	4.90

续表

			2004	2005	2006	2007	2008	2009	2010	2011	2012	总体
初婚女性	迁移人口原籍所在地	华北	29.34	28.14	28.00	29.82	29.66	31.10	31.27	31.16	31.11	30.13
		华东	16.03	16.45	16.50	16.91	17.00	17.71	18.35	18.81	19.59	17.68
		东北	22.29	22.86	23.19	20.76	21.23	19.02	17.33	17.43	16.96	19.76
		华中	15.53	15.53	15.95	16.34	16.52	17.06	17.57	17.29	17.79	16.76
		华南	2.66	2.55	2.46	2.85	2.60	2.84	2.87	2.87	2.45	2.68
		西南	5.62	5.56	5.70	6.00	5.64	5.37	5.43	5.24	4.87	5.45
		西北	8.52	8.92	8.21	7.33	7.35	6.91	7.19	7.20	7.23	7.53
	一次流动人口原籍/户口所在地	华北	41.29	42.64	40.72	41.07	40.49	40.26	40.61	39.19	39.55	40.50
		华东	15.89	15.02	15.33	15.71	15.75	15.51	15.78	16.49	16.48	15.81
		东北	15.38	15.48	17.46	16.40	16.63	16.92	16.11	16.63	16.56	16.49
		华中	14.70	14.88	14.30	14.72	15.00	15.29	15.18	15.66	16.17	15.15
		华南	2.07	1.89	2.21	2.18	2.12	2.26	2.18	2.27	1.96	2.14
		西南	5.56	4.93	4.71	4.72	4.73	4.51	4.73	4.90	4.73	4.80
		西北	5.11	5.15	5.26	5.19	5.27	5.25	5.41	4.86	4.55	5.11
	辗转流动人口户口所在地	华北	25.35	26.13	27.09	26.19	29.17	32.35	34.06	40.03	44.56	32.81
		华东	19.07	21.45	19.45	20.47	18.75	17.73	17.48	16.18	16.37	18.19
		东北	8.69	7.36	9.54	9.20	9.93	10.80	10.05	9.28	8.06	9.37
		华中	7.87	7.59	7.98	7.38	7.59	7.55	7.99	7.15	6.14	7.42
		华南	14.11	11.75	12.58	14.30	13.75	14.29	14.28	14.40	12.96	13.69
		西南	21.35	21.79	19.04	17.53	16.10	12.62	11.70	8.73	8.36	14.23
		西北	3.55	3.94	4.32	4.93	4.72	4.66	4.45	4.24	3.54	4.29

男女迁移人口中，来自华北、华东和华中地区的人口比重在提高，而来自东北、西南和西北地区的人口比重在下降；一次流动人口的地区分布变化比较小，男性方面来自华东地区的比重减少而来自东北地区的比重增多，女性方面来自华北地区的比重减少而来自华东和华中地区的比重增多，男女流动人口来自西北地区的比重均在减少；辗转流动人口户口所在地分布的时序

变动比较显著①，来自华北地区的人口比重有了大幅度的上升而其他地区的比重均表现出波动中下降的趋势。

四、跨地域通婚的距离测算和分析

婚后居住地的选择是跨地域通婚的夫妇无法回避的问题，因婚姻而发生的迁移往往是夫妇双方共同决策的结果，涉及对不同城市的综合比较；这里我们进一步从夫妇的视角对跨地域通婚及相关距离的变动情况进行测算。

表 4-26　初婚夫妇按户口及原籍所在地的不同组合类型分布 （单位:%）

	2004	2005	2006	2007	2008	2009	2010	2011	2012	总体
本地男+本地女	45.35	40.99	45.92	39.33	39.25	40.29	37.74	39.08	40.62	40.95
本地男+迁移女	3.79	2.58	2.89	2.56	2.44	2.37	2.16	2.48	2.54	2.62
本地女+迁移男	4.55	3.65	4.03	3.52	3.14	3.09	3.17	3.40	3.36	3.51
本地男+流动女	21.16	24.95	20.12	22.96	21.96	20.85	21.65	19.25	18.18	20.88
本地女+流动男	8.08	9.30	8.03	9.35	9.12	8.96	9.28	8.61	8.09	8.70
迁移男+迁移女	7.30	7.58	8.95	8.79	8.76	8.40	7.92	8.66	8.80	8.42
#原籍同省	30.73	30.18	30.21	31.31	32.47	33.14	33.31	33.32	32.60	32.09
#原籍不同省	69.27	69.82	69.79	68.69	67.53	66.86	66.69	66.68	67.40	67.91
迁移男+流动女	6.78	7.45	6.79	9.09	10.38	10.77	12.88	12.90	12.58	10.22
#迁移男+一次流动女	83.91	83.94	83.89	82.67	83.31	82.84	84.28	84.80	85.69	84.08
##原籍同省	35.83	37.46	35.40	39.17	39.85	42.20	45.17	45.69	47.16	42.32
##原籍不同省	64.17	62.54	64.60	60.83	60.15	57.80	54.83	54.31	52.84	57.68
#迁移男+辗转流动女	16.09	16.06	16.11	17.33	16.69	17.16	15.72	15.20	14.31	15.92
##原籍同省	29.94	33.54	32.61	37.27	36.60	36.67	37.99	38.02	35.18	35.95
##原籍与户口同省	13.99	11.71	11.28	9.18	9.79	10.68	8.30	8.99	10.21	10.11
##均不同省	56.07	54.75	56.11	53.55	53.61	52.65	53.71	52.99	54.61	53.94
迁移女+流动男	3.01	3.50	3.28	4.40	4.94	5.26	5.19	5.62	5.83	4.68
#迁移女+一次流动男	69.43	70.75	71.94	72.64	71.56	72.05	72.19	72.35	72.55	71.95

① 西南地区比重的变化主要是在重庆被列为直辖市之后，人口户籍从四川到重庆的转换所导致的，这里可以忽略。

续表

	2004	2005	2006	2007	2008	2009	2010	2011	2012	总体
##原籍同省	42.58	44.73	41.57	43.07	44.57	44.44	43.99	44.67	44.39	43.97
##原籍不同省	57.42	55.27	58.43	56.93	55.43	55.56	56.01	55.33	55.61	56.03
#迁移女+辗转流动男	30.57	29.25	28.06	27.36	28.44	27.95	27.81	27.65	27.45	28.05
##原籍同省	30.65	34.01	31.37	37.58	36.74	37.59	38.26	37.70	38.25	36.49
##原籍与户口同省	16.24	8.21	11.27	8.18	8.77	8.16	7.32	8.67	8.06	9.01
##均不同省	53.11	57.78	57.37	54.24	54.49	54.25	54.41	53.62	53.69	54.51
合计（频数）	89146	67755	125530	82311	107844	136799	101155	130568	129440	970548

说明：为简化表式，仅在"合计"一行给出了频数，其余各行均为列向百分比的数值，具体的频数可通过计算得到。

在表4-26中，我们按照初婚夫妇双方各自的原籍及户口所在地的情况进行组合，得到了一系列的组合类型。从分布结果可以看出，本地人口之间的结合只占近9年来北京初婚夫妇的40%左右，其余各类组合都在某种程度上涉及跨地域的流迁问题。对于与本地人结合的京外人口来讲，需要从原籍或户口所在地来到北京；双京外人口的组合则是夫妇双双从各自的家乡或曾经落户的地区来到北京，特别是那些原籍不同的京外夫妇，相当于落户在"第三个"城市的"双移民夫妇"，而数据库中这样的情况绝不在少数。如果我们将本地人口与京外人口的组合、原籍不同省的迁移人口组合、原籍和户口所在地均无重合的迁移人口与流动人口的组合视为跨地域通婚，计算显示2004年以来其比例一直在50%上下小幅波动，可见跨地域通婚在北京是相当普遍的现象。

表 4-27　按原籍计算的初婚夫妇的平均通婚距离　　（单位：公里）

	2004	2005	2006	2007	2008	2009	2010	2011	2012
本地男+迁移女	1123.84	1114.43	1103.60	1071.81	1080.58	1051.79	1023.27	1023.37	998.52
本地男+流动女	824.99	805.68	823.55	817.90	828.25	829.21	824.02	823.92	819.06
#本地男+一次流动女	801.42	785.93	801.91	795.99	809.26	811.87	807.02	805.62	800.37
#本地男+辗转流动女	1372.81	1345.74	1366.03	1419.58	1318.59	1282.76	1288.72	1275.30	1271.78
迁移男+本地女	1149.79	1094.85	1068.25	1066.63	1061.60	1037.78	1005.76	978.71	979.94
迁移男+迁移女	1156.09	1160.26	1151.53	1131.24	1108.01	1090.89	1046.28	1047.00	1049.03
迁移男+流动女	1085.91	1058.05	1095.22	1012.84	979.41	955.08	880.94	877.41	849.58
#迁移男+一次流动女	1068.29	1052.38	1079.39	1006.36	967.27	932.45	860.43	850.05	811.35
#迁移男+辗转流动女	1178.23	1087.80	1177.33	1043.86	1040.09	1064.12	991.30	1030.22	1078.67
流动男+本地女	955.46	951.18	981.09	953.76	966.13	948.05	945.12	917.96	915.28
#一次流动男+本地女	932.41	933.43	963.71	933.20	948.32	926.33	929.99	897.12	895.92
#辗转流动男+本地女	1228.99	1183.09	1193.61	1217.12	1189.95	1200.64	1118.38	1133.96	1106.40
流动男+迁移女	1042.44	1039.74	1050.58	968.68	967.47	957.50	954.32	920.89	919.94
#一次流动男+迁移女	971.44	988.44	1018.36	951.88	946.80	913.90	922.65	897.25	885.67
#辗转流动男+迁移女	1105.10	1164.37	1132.87	1013.10	1019.29	1033.97	1036.41	982.70	990.44

　　考虑到原籍更可能代表一个人的婚前居住地及其父母所在地，从而对于婚后的姻亲家庭之间的照料更有意义，我们基于夫妇双方的原籍所在地（具体到地、市一级）计算了夫妇之间的平均通婚距离，结果如表4-27所示。对比来看，本地人口与一次流动人口的夫妇通婚距离相对较近，而包含有辗转流动人口的夫妇组合的通婚距离都比较远；但各类组合表现出一个共同的趋势，即夫妇间的通婚距离都在逐渐缩短，尽管有一些是波动中的变化且总体来看缩减的距离不是很大。相对而言，通婚距离在2010年和2011年左右出现了比较明显的下降。

表 4-28 按原籍计算的京外夫妇组合的平均"探亲"距离 （单位：公里）

年份	2004	2005	2006	2007	2008	2009	2010	2011	2012
迁移男+迁移女	3926.80	3860.75	3858.93	3863.07	3849.29	3811.08	3750.09	3753.70	3731.56
迁移男+流动女	3912.43	3901.88	3919.79	3851.39	3825.31	3783.27	3730.34	3706.13	3653.81
#迁移男+一次流动女	3899.91	3897.55	3882.94	3839.44	3789.47	3737.29	3694.94	3660.33	3605.08
#迁移男+辗转流动女	3973.37	3923.99	4107.91	3909.85	4005.88	3994.60	3908.05	3935.69	3903.22
流动男+迁移女	3829.39	3972.35	3906.21	3826.63	3813.88	3779.44	3727.68	3711.57	3710.66
#一次流动男+迁移女	3874.03	3960.68	3940.98	3822.24	3808.95	3742.89	3761.88	3700.77	3668.47
#辗转流动男+迁移女	3741.58	3998.15	3825.65	3838.13	3826.07	3869.38	3927.50	3739.27	3724.70

对于京外且原籍不同的夫妇组合，相当于夫妇双方和各自的父母分居在三地，在无法将父母接到北京同住的情况下（近年来由于北京的房屋限购政策，这一点更加难以实现），每逢节假日的探亲走访就成了无法回避的问题。如果双方父母都不在北京且都要去探望，就需要经过一个"北京→一方老家→另一方老家→北京"的"长途奔袭"，我们针对数据库中原籍不同的京外夫妇组合测算了探亲一次的平均距离（仍然按最短铁路距离计算）。从表 4-28 显示的结果来看，平均探亲距离分布在 3600 余公里至 4100 余公里之间，数值还是相当可观的。类似的，表 4-28 的测算结果在时序上也显示出了同样的距离缩减趋势，且在 2010 年和 2011 年的变动较为明显。

五、主要发现及讨论

本研究对北京近年初婚夫妇的通婚距离（以两地之间的最短铁路里程计）变动情况进行了估算和分析。结果表明，北京 2004 年以来的跨省区通婚比重并无太大变化，而是在 50% 上下波动；但我们尝试测算通婚距离的具体数值时则发现，不论是京外人口的个体迁移里程，还是跨地区通婚夫妇的原籍之间的距离，以及京外且原籍不同夫妇的三地间的"探亲"距离，都在时序上表现出了逐渐缩短的趋势，2010 年和 2011 年左右的变化尤为显著。

在不进行地区间横向对比的情况下，通婚距离的绝对数值本质上并无太大意义，100 公里左右的平均距离的缩短也并不能够得出通婚圈缩小的结论，但既然是不同类别的京外初婚人群（包括迁移人口和流动人口）总体上所表现出的趋势性特征，说明引致这一变化的决策和行动还是具有相当普遍性的，值得我们关注和思考。

从宏观的层面分析，本数据库所涉及的京外人群实际上是整体流动和迁移人口的一部分，因此其行为特点是对我国近年来人口流动总体特点的一个折射。个体到北京的平均迁移和流动距离的缩短不外乎两方面的原因：一是其他地区的"拉力"，即各大地理分区都会有一些中心城市（比如华南的广州、深圳，华东的上海，西北的西安，华中的武汉等等），这些城市因其较强的综合实力和良好的发展势头而同样具备对外来人口的吸引力，进而分流了部分进京人口；二是北京的"推力"，即北京近年来日益提高的进京落户门槛和不断攀升的居住和生活成本确实给外来人口带来了很大的压力，而相关的人口控制政策也会影响到潜在入京者的决策和预期。在拉力和推力的共同作用下，同时权衡外迁的成本和收益，远京地区的人口显然更易做出迁入其他地区的选择。

从微观的视角考虑，涉及婚姻的迁移与基于个人发展的迁移最大的区别就在于前者要考虑双方的家庭照料、婚后生活的适应以至未来的幼儿协助照管等问题；特别是在夫妇双方原籍不同、户口所在地也不同的情况下（迁移人口和辗转流动人口的组合就有不少类似情况），婚后居住地的选择更可谓是重大决策。本数据库所涉及的初婚人群绝大多数出生于 20 世纪 70 年代末和 80 年代，可以说是"独生子女一代"；在我国社会保障制度尚不完善、社会中层组织亦不发达的现状之下，姻亲家庭间的支持和婚姻交往对养老等愈发显得意义重大，而较近的通婚距离和婚姻迁移距离对于降低探亲成本、提高家庭照料的便利性等无疑是有帮助的。此外，跨地域通婚（特别是远距离通婚）的夫妇常常因两地生活习惯、风俗文化等的差异而产生矛盾，近年来不少热播的影视剧都对此有所反映；或许这一现象也在潜移默化之中影响着年轻人的择偶观念和婚嫁行为，为了更加和谐的婚后生活而选择地域风俗上更为接近的伴侣。当然，以上仅是一种推断，现实情况还有待开展婚姻家庭方面的深入调查然后做更进一步的分析和探索。

最后就政策和管理层面来讲，通婚圈的扩大、远距离通婚的增多一方面是经济不断发展、社会更加开放的标志，但另一方面也确实给公共管理及服务带来了巨大的压力，特别是对人口不断涌入的大城市而言。近年来北京市初婚人群平均通婚距离的缩短趋势也在一定程度上说明我们在城市管理、社会保障、远程交通、公共资源配置、基础设施建设等方面尚有很大改进空间，如果大环境能够持续改善，或许年轻人的婚姻决策在爱情之外就可以少一些对现实问题的顾虑，而通婚距离的变迁很可能会是另外一种图景。

第五节　涉外婚姻

改革开放以来相当长的一段时期里，涉外通婚都被视作特定群体的"小众行为"；涉外婚姻曾经被贴上"宾馆夫妻""跳板婚姻"等种种负面标签，外嫁的女性也大多背负着"以青春换金钱""崇洋媚外爱慕虚荣"之类的歧视性评价。如今，随着我国对外经济和文化交流的日趋频繁以及社会开放度的不断提高，涉外婚姻作为中外交往家庭化的一种表现形式已不再神秘和另类，人们正在用日益宽容和理性的态度来看待这种跨越种族和文化的联姻，我国涉外婚姻的模式和特点也必然随经济社会的变迁而发生改变。

我国地域辽阔，不同地区的涉外婚姻有其独特的历史文化渊源；因此，针对特定地区的研究相对于全国总体水平的分析更有意义。北京作为我国的政治文化中心和国际化大都市，具有很高的社会开放度，涉外婚姻的发展也相当迅速；本研究将就北京近年来的涉外婚姻状况进行分析，揭示其特点和发展趋向。

一、研究背景及相关研究述评

涉外婚姻即中国公民与外国公民之间的婚姻，又称跨国婚姻；广义的涉外婚姻还包括中国内地公民与华侨及港澳台地区的公民之间的通婚。从法律的角度讲，涉外婚姻的缔结地可以在夫妇双方任何一方所在的国家，也可以在第三地，但国际私法和中国民法均尊重和承认婚姻缔结地的法律（郭玉军，2001）；因此，本研究主要关注在中国内地登记的涉外婚姻。

目前针对我国涉外婚姻的研究并不是很多，较为吸引研究者注意力的包括广东、福建等地的侨乡和广西、云南、东北等地的民族边境地区，以及经济发展迅速的对外开放城市上海和广州等。这些地区的涉外婚姻有其各自的渊源和特点，也反映了促成涉外婚姻的不同要素。

亲密交往和文化认同是涉外婚姻形成和发展的两个基本条件，交往机会的多少又与空间距离密切相关；这样，地域上的毗邻和接近，以及相通的语言、文化和风俗便成为促成跨境通婚的有利条件。延边朝鲜族自治州是我国朝鲜族居住最集中的地区，绝大多数的涉外婚姻都是与韩国间的通婚（姜海顺，1999；全信子，2004；林明鲜等，2006）；处于中缅、中越边境的广西和云南少数民族地区，与越南、老挝和缅甸的通婚比例相当高（李娟等，2008；李小辉等，2012）；而在与台湾隔海相望的福建沿海地区，与台胞的通婚则是其涉外婚姻的主体（叶文振等，1996；耿羽，2011）。不过这样一种特点和趋势近年来也有所转变。有研究发现，2014年中国女性与韩国男性的跨国婚姻数量占当年跨国婚姻总量的23.5%，此比例在2006年曾达到37.6%（崔金海，2017）。

如果说地域的邻接和语言文化的相近是有利于跨境通婚的"先天"自然条件，那么对外开放、经济合作和文化交流便是促进涉外婚姻的重要的"后天"社会条件。我国涉外婚姻最为密集的广东、福建和上海三地均是最早实行对外开放的地区，广东的涉外婚姻即起步于与香港、澳门等地区的密切经济往来（陈云嫦等，1983；张国雄，1996）；福建省的涉外婚姻集中在开放最早的 4 个城市——福州、厦门、泉州和漳州，通婚对象多为经济文化交流最为频繁的台胞和华侨（叶文振等，1996）；作为国际化程度最高的都市，上海涉外婚姻中的外方人员的国籍分布相对较广，但比重最高的还是与其经济文化往来最为密切的日本（陆斌等，2003；丁金宏等，2004）。此外，独特的旅游和文化资源也是对外开放的有利条件，在促进中外交流的同时也为涉外婚姻创造了机会，比如历史文化名城和旅游胜地桂林，便是广西涉外婚姻最集中的地区（张国钦，1994）。

尽管各有特色，但自改革开放以来至 21 世纪初，各地的涉外婚姻还是表现出了一些共性特征，可以概括为 3 个"不平衡"。首先是"嫁出"和"娶入"的不平衡，即各地的涉外婚姻均以内地女性的外嫁婚为主，而且比例几乎都在 90% 以上；其次是年龄上的不平衡，即夫妇年龄差距大，外籍丈夫比内地妻子大一二十岁的情况相当普遍；最后是婚次状态的不平衡，即相对于内地婚配，涉外通婚的人群中以再婚者居多，外籍的一方尤甚。

进入 21 世纪以来，我国的经济实力日益强大，社会文化和对外关系也经历着巨大的变迁，涉外婚姻必然随之表现出新的模式特点和发展趋向。但是对于近年来的涉外婚姻状况，除了偶有针对典型地区的案例研究（李娟等，2008；耿羽，2011；李小辉，2012），基于大样本数据的深入分析则很鲜见，从而使我们难以对总体现状有所把握，针对北京市婚姻登记数据的分析或可补此不足。与广东、上海等地相比，北京一直以来都不是我国涉外婚姻的热点地区，既有的涉外婚姻相关文献中也极少论及北京的情况。事实上，集首都、历史文化名城、政治经济文化中心等多种身份于一体、以建设世界城市为目标的北京，本身具备丰富的涉外婚姻形成和发展的资源条件；了解北京涉外婚姻的特点和发展趋向，对于认识我国的现代化进程和社会开放性具有重要的前沿意义。

二、北京涉外婚姻的总体情况

为了从总体上对北京市的涉外婚姻数量和特征有所把握，同时考虑到数据的可得性和涉外婚姻数据的完整性，我们系统梳理了婚登数据库中2004—2010年的数据，并将其与相应年份的涉外婚姻宏观统计数据进行比较，具体结果如表4-29所示。

北京市2004年以来的涉外结婚量大致在每年1000对的水平上下波动，相应的，涉外结婚占结婚总量的比重在0.7%左右变化。而就全国平均水平来看，涉外结婚的比重一直低于北京市且表现出下降趋势；另一方面，北京市涉外结婚占全国涉外结婚的比重呈上升态势，其涉外结婚占结婚总量比重的排名也从中上游的位置逐步跻身前五名的行列，仅次于福建、上海等典型地区，可见北京也逐渐成为我国涉外婚姻较为密集的代表性城市。

表4-29　北京涉外婚姻的总体时序变化情况（2004—2010）

指标 ＼ 年份	2004	2005	2006	2007	2008	2009	2010
涉外结婚总量（对）	974	937	1172	991	1165	1176	1085
占全国涉外结婚的比重（%）	1.53	1.46	1.72	1.94	2.29	2.39	2.37
结婚中涉外结婚所占比重（%）	0.77	0.97	0.72	0.84	0.79	0.65	0.79
全国结婚中涉外结婚所占比重（%）	0.73	0.78	0.68	0.52	0.46	0.41	0.40
涉外结婚比重的全国排名	11	10	10	6	7	8	5
涉外结婚比重排名1—5的省市	福建 海南 上海 广东 黑龙江	福建 海南 上海 广东 广西	福建 海南 广东 上海 黑龙江	海南 福建 上海 广东 辽宁	福建 上海 海南 广东 黑龙江	福建 上海 黑龙江 广东 海南	福建 上海 黑龙江 海南 北京
涉外结婚中的外嫁婚比重（%）	72.07	72.68	73.29	70.84	71.16	68.62	66.27

续表

年份\指标	2004	2005	2006	2007	2008	2009	2010
全国涉外结婚中的外嫁婚比重（%）	84.98	67.20	74.31	83.35	82.65	82.23	81.35
外嫁婚比重的全国排名	27	22	23	26	26	27	26

数据来源及说明：涉外结婚总量的数据来自《中国民政统计年鉴》（2005—2011）的"结婚登记"，比重和排名等指标基于全国及各地区相应数据计算和比较得到。另外，民政统计数据中的"涉外婚姻"不包含与出国人员通婚的情况，这一点与婚姻登记数据库的定义有所不同，因此二者在统计结果上也略有差异。

就涉外婚姻的组合方式来看，有内地女性与外方男性结合的"外嫁婚"，也有内地男性与外方女性结合的"外娶婚"。一直以来我国的涉外婚姻都以外嫁婚为绝对主体，广州市 20 世纪 80 年代初的外嫁婚占到涉外婚姻的 95%以上（陈云嫦等，1983），福建省 80 年代中期至 90 年代中期的外嫁婚比重一直保持在 90%以上（叶文振等，1996），上海市 1996—2002 年的涉外婚姻中，外嫁婚的比重仍高达 88.9%（丁金宏等，2004）。2004 年以来，全国层面的外嫁婚比重基本维持在 80%左右的水平，北京市的涉外婚姻虽然也以外嫁婚为主，但比重明显低于全国平均水平，且表现出递减趋势；就地区排名来看，北京的外嫁婚比重在全国始终处于偏末端的位次，这意味着北京涉外婚姻中的外娶婚在各地区中表现相对突出，"嫁出"和"娶入"相对更加平衡。

如果说涉外婚姻的数量反映了特定地区的社会开放程度，那么涉外婚姻所涉及的国家和地区的数量则更进一步反映了该地区对外联系的广度。基于北京婚姻登记数据的统计，2004—2011 年北京市 7011 例涉外婚姻共涉及 108 个国家和地区[①]，其中 5243 例外嫁婚中的外方男性分布在 107 个国家和地区，1768 例外娶婚中的外方女性分布在 69 个国家和地区。

---

① 在数据库定义的 8198 例涉外婚姻中，有 1187 例属于同华侨及出国人员通婚的情况（其中外嫁婚 800 例，外娶婚 387 例）。为了便于对涉外国家和地区的分析，本书没有将其列入分析对象。另外香港、澳门和台湾统一作"港澳台地区"，下同。

表 4-30 涉外婚姻在不同类型国家和地区的分布情况

分类依据	国家类型	外嫁婚中的外方男性		外娶婚中的外方女性	
		频数	百分比	频数	百分比
经济发展水平	发达国家	4407	84.05	1337	75.62
	新型工业化国家	645	12.30	274	15.50
	欠发达国家	191	3.64	157	8.88
地理位置	欧洲和北美	3066	58.48	557	31.50
	亚洲和太平洋地区	2043	38.97	1195	67.59
	拉丁美洲和加勒比地区	54	1.03	11	0.62
	撒哈拉以南非洲	50	0.95	3	0.17
	阿拉伯国家	30	0.57	2	0.11
合计		5243	100	1768	100

数据来源及说明：依据经济发展水平对国家的分类标准参考了 UNDP 的《2010 年人类发展报告》（p.235）和 Pawe Bo yk 的文章（Pawel，2006）；依据地理位置对国家的分类标准参考了 UNDP 的《2011 年人类发展报告》（p.180）。

在表 4-31 中，我们将涉外婚姻所涉及的国家和地区按照地理位置和经济发展水平分别进行了适当归并，然后考察外方人士在不同类型国家和地区的分布情况。

表 4-31 涉外通婚量的国家和地区排名

排序	外嫁婚中的外方男性			外娶婚中的外方女性		
	国家/地区	频数	百分比	国家/地区	频数	百分比
1	美国	1092	20.83	港澳台地区	369	20.88
2	港澳台地区	737	14.06	日本	253	14.31
3	加拿大	654	12.47	澳大利亚	196	11.09
4	日本	412	7.86	美国	181	10.24
5	澳大利亚	381	7.27	加拿大	176	9.95

排序	外嫁婚中的外方男性			外娶婚中的外方女性		
	国家/地区	频数	百分比	国家/地区	频数	百分比
6	英国	317	6.05	韩国	129	7.30
7	法国	244	4.65	马来西亚	49	2.77
8	德国	222	4.23	俄罗斯	42	2.38
9	韩国	221	4.22	新西兰	37	2.09
10	马来西亚	83	1.58	新加坡	36	2.04
11	意大利	73	1.39	越南	32	1.81
12	新西兰	69	1.32	泰国	31	1.75
13	荷兰	68	1.30	法国	27	1.53
14	瑞典	63	1.20	德国	26	1.47
15	新加坡	48	0.92	英国	26	1.47
—	其他地区	559	10.65	其他地区	158	8.92
合计		5243	100		1768	100

依据通婚量的大小，表4-31进一步将涉外婚姻中的外方男性和女性的所在地分别做了统计和排序，并截取了排名在前15位的国家和地区。

综合表4-30和表4-31的统计结果可见，北京市涉外婚姻所反映出的对外联系体现了"分散与集中并存"的特点。一方面，不论从经济发展还是地理位置的角度，涉外婚姻所涉及的国家和地区均分布广泛，特别是外嫁婚；另一方面，通婚对象集中于欧洲、北美和亚太地区，且以与发达国家的通婚为主。就具体的国家和地区来看，与排位前15的国家和地区的涉外通婚量分别占到外嫁婚和外娶婚的89.35%和91.18%，特别是港澳台地区，以及美国、加拿大、日本和澳大利亚四国，北京与上述5地之间的通婚量占涉外婚姻的比重达63.5%。当然，外嫁婚和外娶婚也表现出一定的差异性，前者的通婚地偏重于欧洲和北美，后者则更多地集中在亚太地区，而且外娶婚中与非发达国家通婚的比重要明显高于外嫁婚。

尽管从国家分类的角度讲，我国仍处于"新型工业化国家"之列，但北京的很多经济社会发展指标已经逐步达到中上等发达国家水平；从这个角度来讲，北京涉外婚姻的变动趋势和通婚区域的分布特点是符合同类婚原则和婚姻梯度理论的预期的。

三、北京涉外婚姻的匹配特点

婚姻的本质是一种以感情为基础的匹配行为。在我国改革开放之初、各方面发展状况都还比较落后的情况下，涉外婚姻一度充满了功利色彩和交易意味，因此出现了不少匹配失衡的畸形婚姻。2000年以来，随着我国国力的强盛，这一状况也在慢慢改观。通过对北京市婚姻登记数据中涉外婚姻和国内通婚的对比分析，可以看到北京近年的涉外婚姻表现出如下特点。

1. 从婚次状况看，涉外婚姻中再婚者所占比重较高

在北京涉外婚姻的婚次状况构成中，再婚者所占的比重相当高。由表4-32可见，外嫁婚中的外方男性有超过四成的人为再婚，外娶婚中的再婚外方女性也超过了三成；而在国内婚中，内地男女再婚者的比重均不足其一半。不过从时序上看，外方再婚者的比重表现出较为明显的递减趋势。

表 4-32　涉外通婚与国内通婚中的再婚者所占比重（单位:%）

年份	外娶婚		外嫁婚		国内婚	
	内地男性	外方女性	外方男性	内地女性	内地男性	内地女性
2004	33.30	30.74	42.01	28.37	15.01	13.22
2005	30.81	30.91	42.68	35.18	18.74	17.02
2006	34.22	34.22	42.76	30.78	14.27	12.46
2007	34.98	33.96	42.63	35.13	18.71	16.53
2008	31.72	29.07	40.19	30.57	17.15	15.19
2009	30.12	28.57	39.33	32.93	16.20	14.30

续表

年份	外娶婚		外嫁婚		国内婚	
	内地男性	外方女性	外方男性	内地女性	内地男性	内地女性
2010	34.31	28.47	37.21	30.59	20.18	18.03
2011	32.32	28.05	37.11	29.11	17.78	15.55
总体	33.31	30.37	40.69	31.53	17.10	15.12

　　从表4-32还可看到，涉外婚姻中内地男女的再婚比重也非常高，外嫁婚中的内地女性再婚比重甚至高于外方女性，外娶婚中内地男性的再婚比重也一直保持在30%以上。再由表4-33所示的涉外婚与国内婚的婚次匹配分布的对比情况可以看出，涉外婚姻中的初婚结合率大大低于国内婚，而再婚组合则相对普遍；另外，涉外婚中非初婚男性与初婚女性组合的比重均高于相反的组合情形，表明非初婚的女性相对于男性在涉外婚姻市场中依然处于不利地位。

　　涉外婚姻中再婚情况偏多可以从客观和主观两个角度理解。一方面，涉外婚姻中通常至少有一方会经历长期的境外工作或生活，分居两地无疑会使其婚姻解体的概率增大（在其为已婚的情况下）；另一方面，能够接受涉外婚姻的人通常在观念上也更加开放，因此也不排除一些人在利益驱动下抛弃既有家庭转向涉外婚姻的可能。再有就是，我国的文化观念和舆论氛围对于离婚者多少存有偏见（特别是对女性），而倡导婚姻自由平等的国际主流文化对此则相对包容很多，因此在条件具备的情况下，内地的失婚者转向涉外婚姻也不失为重获家庭幸福的有效途径。

表 4-33　涉外通婚与国内通婚的婚次匹配分布情况　　　（单位:%）

婚次匹配类型	外娶婚		外嫁婚		国内婚	
	频次	比重	频次	比重	频次	比重
男女均初婚	1006	56.90	2663	50.77	898510	79.04
男初婚女非初婚	173	9.79	446	8.54	44072	3.88
男非初婚女初婚	225	12.73	928	17.69	66712	5.87
男女均非初婚	364	20.59	1206	22.99	127555	11.22
总计	1768	100	5243	100	1136849	100

从比较的视角看，尽管北京近年的涉外婚姻在婚次匹配方面依然延续了"再婚者偏多"的特点，但是相对于 2002 年上海涉外婚姻中男性 45.1%、女性 50.3%的再婚比重（丁金宏等，2004），北京近年的情形已经有了很大程度的转变。

2. 从教育水平看，涉外婚姻者的文化程度普遍较高，"高知组合"占有较大比重

在表 4-34 中，我们分别计算了涉外通婚和国内通婚人群的学历分布情况；通过对不同文化程度赋值（1——小学及以下，2——初中，3——高中/中专/职高/技校，4——大专/本科，5——研究生）具体计算了各类人群的平均学历等级及夫妇间的学历差距。从计算结果可以看出，无论男女，涉外婚姻者的文化程度普遍较高，其中外嫁婚中的外方男性平均学历等级最高，几乎 90%的人都具有大专/本科及以上的文化程度。

表 4-34　涉外通婚与国内通婚人群的学历分布情况　　（单位：%）

文化程度	外娶婚		外嫁婚		国内婚	
	内地男性	外方女性	外方男性	内地女性	内地男性	内地女性
小学及以下	0.11	0.17	0.15	0.08	1.87	2.34
初中	2.78	1.36	0.82	1.69	13.85	14.25
高中/中专/职高/技校	11.76	9.96	9.30	9.46	22.90	21.85
大专/本科	59.26	63.78	59.46	65.26	48.18	50.43
研究生	26.08	24.73	30.27	23.52	13.20	11.14
总计	100	100	100	100	100	100

　　基于夫妇组合的计算显示，涉外婚姻中双方均为研究生学历的夫妇占比 13.18%，至少一方为研究生学历的夫妇占比 39.26%；而在国内婚中，上述比重分别只有 6.92% 和 17.03%。

　　从教育匹配的角度看，总体上外娶婚是"男低女高"而外嫁婚和国内婚是"男高女低"，且外嫁婚的夫妇学历差距相对更大一些。但是从表 4-35 所示的时序变动情况不难看出，三种婚配类型下的夫妇学历差距都表现出逐渐缩小的趋势，这与近年来内地男性和女性（特别是女性）的平均学历等级显著升高密切相关。

　　北京的涉外婚姻以"高学历阶层"为主体，反映了其对于参与者文化素质的内在要求和选择性，一方面，跨文化的亲密交往是涉外婚姻的重要前提，因此较强的语言交流能力是必要的；另一方面，步入涉外婚姻往往需要有足够的心理包容力和国际化的视野，而这些通常都是在接受了较多的教育之后才具备的。从外在条件的角度讲，北京不仅是中国高学历人才最为集中的城市之一，而且作为拥有全国最多高校和科研院所的城市，北京还集中了数量相当可观的世界各地的留学生和访问学者，这也为成就高学历的涉外婚姻组合提供了客观上的可能性。

表 4-35　涉外通婚与国内通婚人群的平均学历等级及夫妇差距

年份	外娶婚			外嫁婚			国内婚		
	内地男性	外方女性	学历差	外方男性	内地女性	学历差	内地男性	内地女性	学历差
2004	3.98	4.16	-0.19	4.13	3.95	0.19	3.36	3.28	0.08
2005	4.01	4.06	-0.05	4.13	4.01	0.13	3.34	3.27	0.07
2006	4.03	4.06	-0.04	4.21	4.07	0.14	3.55	3.50	0.05
2007	4.05	4.05	0.00	4.21	4.11	0.10	3.53	3.49	0.04
2008	4.11	4.15	-0.04	4.20	4.14	0.06	3.60	3.57	0.03
2009	4.14	4.18	-0.04	4.18	4.15	0.03	3.67	3.65	0.02
2010	4.16	4.16	0.00	4.20	4.19	0.01	3.60	3.60	0.00
2011	4.17	4.18	-0.01	4.27	4.26	0.01	3.75	3.75	0.00
总体	4.09	4.13	-0.04	4.19	4.11	0.08	3.57	3.54	0.03

3. 从年龄看，涉外婚姻者平均结婚年龄较大，外嫁婚的夫妇年龄差偏高

对于涉外婚姻，人们常常持有"妙龄女傍大叔"等刻板印象，而表 4-36 的计算结果对此形成了一定的冲击。通过对比不难看出，不论男性还是女性，涉外婚姻的平均结婚年龄均明显高于国内通婚的情况；外嫁婚中的外方男性的总体平均结婚年龄甚至超过 40 岁。当然，这一结果同"涉外婚姻中再婚者所占比重较高"的特点是直接相关的。

表 4-36　涉外通婚与国内通婚人群的平均结婚年龄及夫妇年龄差

婚次匹配 / 年份	外娶婚			外嫁婚			国内婚		
	内地男性	外方女性	年龄差	外方男性	内地女性	年龄差	内地男性	内地女性	年龄差
2004	36.1	34.5	1.6	40.8	31.9	8.9	30.2	27.5	2.7
2005	35.7	34.4	1.3	40.5	32.6	7.9	30.9	28.1	2.8
2006	35.6	34.1	1.5	40.4	32.6	7.8	29.9	27.5	2.4
2007	35.5	33.9	1.6	40.4	32.7	7.7	30.7	28.2	2.5

续表

婚次匹配 / 年份	外娶婚			外嫁婚			国内婚		
	内地男性	外方女性	年龄差	外方男性	内地女性	年龄差	内地男性	内地女性	年龄差
2008	34.9	33.0	1.9	39.8	32.4	7.4	30.6	28.2	2.4
2009	35.5	33.2	2.3	39.8	33.1	6.7	30.3	28.1	2.2
2010	35.4	33.0	2.4	39.7	33.0	6.7	31.0	28.8	2.2
2011	35.5	32.8	2.7	39.6	33.5	6.1	30.7	28.6	2.1
初婚夫妇	30.7	29.3	1.4	32.9	28.3	4.6	27.7	26.0	1.7
男初女再	35.3	37.5	-2.2	40.0	36.2	3.8	34.2	34.1	0.1
男再女初	41.3	35.0	6.3	44.6	31.7	12.9	37.4	29.5	7.9
再婚夫妇	46.1	43.6	2.5	52.6	41.8	10.8	44.9	40.6	4.3
总体	35.7	33.7	2.0	40.1	32.7	7.4	30.5	28.1	2.4

不过，即使剔除了婚次状况的因素，涉外婚姻的结婚年龄依然高于国内通婚。在双方均为初婚的情况下，国内婚中的内地男性和内地女性的平均结婚年龄分别为 27.7 岁和 26.0 岁，而涉外婚中相应的年龄分别为 30.7 和 28.3 岁，外方男性和外方女性的平均年龄更大一些，分别达到 32.9 岁和 29.3 岁；在其余各种婚次匹配的情形下，男女平均结婚年龄的相对位次完全相同。考虑到北京的涉外婚姻者的文化程度普遍较高，这一结果便不难理解；跨文化的实证研究表明，结婚年龄与受教育程度之间具有很强的正相关性（Kahn，1998；谭琳，1992）。

从匹配的角度看，年龄上不平衡的特点在北京的涉外婚姻中依然存在，即外嫁婚的夫妇年龄差在 3 种婚配形式中是最大的，总体平均为 7.4 岁。不过由于外方男性的结婚年龄逐年提前（这一变化与外方男性中再婚者比重下降的趋势相一致）而内地女性的结婚年龄逐年推迟，双方的年龄在逐步趋近，从 2004 年至 2011 年的 8 年间缩小了 2.8 岁。相比改革开放之初、外方男性动辄比内地女性大一二十岁的情形，北京近年的情况已经有了相当大的转变。与外嫁婚相比，外娶婚的夫妇年龄差表现出相反的变动趋势，在内地男性结婚年龄基本保持稳定的情况下，外方女性的结婚年龄有所下降，因此夫妇年龄差在逐年增大，从 2009 年开始已经超过了国内婚的相应水平。

4. 从婚姻稳定性来看，涉外离婚有增多趋势，但"闪离"情况并不普遍

社会变迁对于婚姻关系产生的一个重要影响就是婚姻稳定性的下降。正如古德所说，所有现代化的力量都会促使婚姻关系紧张，而通过离婚可以减少这种紧张关系，离婚率的上升或趋向中值将是世界范围内的一个趋向（Goode，1982）。

根据表 4-37 所示的离婚量和离结率（离婚对数占结婚对数的比重）等信息，可以看到北京近年的涉外离婚量及其占全国涉外离婚的比重均呈快速上升的趋势；另外，尽管北京涉外婚的离结率也表现出明显的上升趋势，但始终大大低于国内婚的离结率，与全国平均的涉外婚离结率相比，北京也处于相对较低的水平，直到 2009 年才和全国水平相当。

表 4-37　北京近年涉外离婚的总体情况及变动

指标 ＼ 年份	2004	2005	2006	2007	2008	2009	2010
涉外登记离婚总量（对）	40	61	50	71	88	141	156
占全国涉外离婚的比重（%）	0.69	0.74	0.59	0.80	0.93	2.45	2.70
涉外婚的离结率（%）	4.11	6.51	4.27	7.16	7.55	11.99	14.38
国内婚的离结率（%）	16.72	25.02	14.64	22.54	18.58	16.53	23.67
全国涉外婚的离结率（%）	9.17	12.86	12.34	17.31	18.59	11.69	11.79

数据来源及说明：涉外登记离婚总量的数据来自《中国民政统计年鉴（2005—2011）》的"离婚登记"，比重和离结率等指标基于"离婚登记"和"结婚登记"中全国和北京的相应数据计算得到。表中的"离婚"指在民政部门的登记离婚，不包含在法院诉讼离婚的情况；"涉外离婚"中也不包含与出国人员离婚的情况。

表 4-38 进一步就三类婚姻的离结率和婚姻维系时间①两个特征进行了对比。以离结率来衡量，可见总体上涉外婚相对国内婚要稳定一些，特别是外嫁婚，但涉外婚离结率的上升势头也是非常明显的。再看婚姻维系时间，国内婚较为稳定地保持在 10.5 年左右，涉外婚则出现了较大的波动，外娶婚和外嫁婚的平均婚姻维系时间分别为 6.02 年和 5.56 年。

由于我国早期的涉外婚姻不乏目的性很强的"跳板婚姻"以及缺乏深入交往的"儿戏婚姻"，买卖婚姻亦不鲜见，因此人们通常对于涉外婚姻的持久性并不看好；而从表 4-38 所示的平均婚姻维系时间来看，情况并不悲观。通过进一步统计计算我们还发现，涉外离婚中婚姻维系时间不足一年和半年的情况分别占比 7.5% 和 2.1%（国内离婚中上述情形分别占比 9.1% 和 4.5%），可见"闪离"情况并不普遍，北京的涉外婚姻是相对成熟和理性的。

表 4-38　北京涉外离婚及国内离婚的特征比较

年份 \ 指标		2004	2005	2006	2007	2008	2009	2010	2011	总体
登记离结率（%）	外娶婚	4.23	6.80	4.96	8.87	11.89	14.67	15.33	16.46	11.03
	外嫁婚	3.24	3.75	2.37	5.56	4.94	10.13	11.53	12.22	7.08
	国内婚	16.72	25.02	14.64	22.54	18.58	16.53	23.67	19.09	19.01
婚姻维系时间（年）	外娶婚	6.72	5.62	4.30	3.40	4.79	6.80	6.09	5.37	6.02
	外嫁婚	3.58	4.39	5.19	4.95	3.34	5.51	5.12	5.93	5.56
	国内婚	10.90	10.80	10.54	10.57	10.35	10.65	10.66	10.61	10.53

数据来源及说明：涉外婚的分析对象为 566 例，即未将"与华侨及出国人员的离婚（共计 73 例）"列入。

---

①　基于数据库中的离婚登记日期和离婚夫妇的结婚日期这两个字段可以计算出每一对离婚夫妇的婚姻维系时间，我们在计算时以"月"为单位然后折算成"年"。

四、主要结论

本研究基于涉外婚姻的宏观统计数据和北京市婚姻登记数据库，从宏观和微观两个层面对北京近年来涉外婚姻的特点进行了分析。

2004 年以来，北京的涉外结婚数量及其占全国的比重均表现出了一定的上升趋势，北京也逐渐跻身涉外婚姻密集地区之列。就婚姻组合方式而言，尽管北京的涉外婚姻仍然以外嫁婚居多，但外娶婚的比重远高于全国平均水平，并逐步趋向"嫁娶相当"的平衡结构。北京的涉外婚姻涉及全世界范围的 108 个国家和地区，覆盖了各大地理分区和不同的经济发展水平国家，显示了其相当广泛的对外联系和高度的社会开放性。

针对匹配特点的分析显示，尽管在婚次和年龄上，北京近年的涉外婚姻依然保有中国早期涉外婚姻所表现出的再婚者比例偏高、外嫁婚夫妇年龄差偏大等特点，但就不平衡的程度而言已经有了很大的转变，也就是说，涉外婚与国内婚在婚次和年龄匹配方面所表现出的结构性差异正在逐渐缩小。此外，在北京的涉外婚姻中，高学历者和高知组合均占有较大比重，这一方面体现了正常涉外婚姻的内在要求，另一方面也与北京所具备的高级人才密集、高层次科技文化交流频繁等外在条件密切相关。

通过对涉外离婚和国内离婚的对比分析我们发现，涉外婚姻并非通常印象中那般脆弱。尽管涉外离婚的数量和离结率均表现出显著的上升势头，但这与社会和时代变迁的总体趋势是一致的；外嫁婚和外娶婚的离结率均大大低于国内婚，同时"闪离"现象在涉外离婚中也并不普遍，从这个意义上讲，涉外婚比国内婚相对还要稳定。一项针对中越边境地区涉外婚的研究给出了另一个视角的解释。在中越边境，普遍存在一种因国内婚姻挤压过剩男性与越南婚姻市场上过剩女性进行婚姻匹配模式，这种婚姻现象有效地解决了我国国内婚姻资源配置失衡和越南女性资源供应过旺的问题，形成婚姻资源配置的互补；而这种现象正是以中越边境地区的地域婚俗文化类同为基础，依托社会结构性力量为庇护，以实现婚姻价值和圆满人生意义为目标，从而形成了比较稳定的婚姻生活（陈讯，2017）。

总体而言，北京近年涉外婚姻的特点显示出了更多正面的信息和积极的变动趋势，表明中国与世界的"社会距离"正在拉近，也从侧面反映了北京和中国在世界政治和经济舞台上的地位的稳步提升。

尽管婚姻是两性个体之间的事情，但任何婚姻都无可避免地带有时代的烙印并受到社会的影响和干预，跨越空间的涉外婚姻更是如此。就地理位置和历史文化特点而言，北京并不具备"邻国通婚"（如广西、云南的中越、中缅通婚）和"同源民族通婚"（如东北的朝鲜族地区与韩国的通婚）的条件，但对外开放的不断扩大、经济实力的持续增强和对外科技文化的频繁交流依然为涉外婚姻创造了良好的条件，而这些条件显然更有利于理性、平等和持久婚姻的建立。伴随着不可逆转的全球化进程，我国各地区将进一步走向开放和发展，相应的，涉外婚姻在日益普遍的同时也将更加平等和规范。

第五章 婚姻的解体与重构

婚姻家庭的稳定是社会稳定、少年儿童身心健康发育的必备条件之一。然而，婚姻更应当是男女双方相互愉悦前提下的爱情、性关系与物质生活三者的高度统一，每个人都有权对自己的情感生活方式做出选择。特别是改革开放以来，我国几千年沿袭下来的"以家族为本位"的传统文化慢慢失去了强势约束，越来越多的人开始接受这样一个事实——婚姻的解体与重构是一种正常的社会现象，舆论的宽容则使更多的夫妇鼓起勇气迈出离婚和再婚的脚步。

另外，婚姻与家庭是紧密捆绑在一起的，而很多与经济相关的政策都与家庭和个人的利益高度相关，于是婚姻关系渐渐成为一种"利益关系"，甚至成为某些人和家庭攫取利益的工具；近年来颇为壮观的"假离婚"现象就深刻反映了这一问题。本研究主要关注婚姻的解体与重构，并针对"假离婚"现象做出分析，进一步探讨政策设定对于婚姻和家庭决策的影响。

第一节 离婚分析

作为婚姻家庭制度的重要组成部分，离婚问题正日益为社会各界所关注，有关离婚率、离婚群体特点等的相关报道时常见诸媒体，但是缺乏规范和准确数据支持，同时又对关键指标阐释不足的报道极易形成误导，造成人们对当前离婚状况的错误认识，甚至对稳定的婚姻失去信心。

我国有关离婚的统计数据相对匮乏，既有的研究大多是基于人口普查或抽样调查数据的分析，且基本上是 20 世纪 90 年代及之前的情况；对于近年来的离婚态势，我们通常只能通过年鉴和统计公报的汇总数据了解到一些非常宏观的情况，至于分性别和不同年龄段人群的离婚率、婚姻维系时间的变动等等，则鲜有基于翔实数据的深入探讨。2000 年以来，我国的经济、社会和文化观念等均经历着巨大的变化，大都市的变化尤为显著，人们的婚配行为必然在潜移默化之中受到影响；而 2001 年 4 月颁布施行的《中国婚姻法（修正案）》对于"感情破裂"的具体标准给予进一步明确，2003 年 10 月开始实施的《婚姻登记条例》对在民政部门办理离婚手续进行大大简化，这些婚姻立法层面的变化也无疑会对夫妇的离婚决策产生重要影响。

有鉴于此，本研究以首都北京为背景对近年来的离婚现象进行考察和分析，首先从宏观角度对北京近年的离婚数量和离婚率等进行梳理和计算，以了解其变动趋势和特点，然后基于北京市民政系统 2004—2011 年的婚姻登记数据对离婚夫妇的年龄分布、婚姻维系时间等问题加以详细分析。

一、北京市近年离婚水平的总体情况

为了从总体上对北京市的离婚水平有所把握，我们系统梳理了自 2004 年以来的与离婚相关的宏观统计数据，在考察北京市离婚水平的变动趋势的同时，也通过对各省区的粗离婚率、离结率等指标的计算和比较，了解北京市的离婚水平在全国的相对位置，具体结果如表 5-1 所示。

首先从总量上看，尽管北京市的离婚总量在逐年上升，从 2004 年到 2010 年的 7 年间增长了 11000 余对，但占全国的比重却逐年下降，可见全国其他省区离婚数量的上升势头更强。

表 5-1　北京市近年离婚水平的总体变动情况

指标 ＼ 年份	2004	2005	2006	2007	2008	2009	2010
离婚总量（对）	32657	34244	35505	36622	37619	41299	43970
占全国的比重（%）	1.96	1.92	1.86	1.75	1.66	1.67	1.64
粗离婚率（‰）	2.19	2.23	2.25	2.24	2.22	2.35	2.37
全国粗离婚率（‰）	1.28	1.37	1.46	1.59	1.71	1.85	2.00
粗离婚率的全国排名	6	6	7	7	7	7	9
离结率（%）	25.83	35.45	20.73	31.06	25.50	22.72	31.84
全国离结率（%）	19.20	21.69	20.24	21.17	20.66	20.36	21.58
离结率的全国排名	9	7	12	8	10	12	8
登记离婚量（对）	21013	23991	24954	26432	27277	29998	32595
占全国的比重（%）	2.01	2.03	1.93	1.81	1.69	1.66	1.62
登记离婚占离婚总量的比重（%）	64.34	70.06	70.28	72.18	72.51	72.64	74.13
登记离婚量比重的全国排名	14	12	12	11	12	17	16

数据来源：离婚总量、登记离婚量及结婚量的数据来自《中国民政统计年鉴（2005—2011）》，全国粗离婚率来自《中国统计年鉴（2005—2011）》，其余指标为基于全国各省区相应数据的计算和比较所得，计算粗离婚率所需的各地人口数据来自《中国人口统计年鉴（2005—2011）》。

　　再从相对指标来看，粗离婚率是相对最容易获取和计算的离婚指标，即特定年份中离婚夫妇的总对数占当年总人口数的比重，通常以每千人中的离婚夫妇对数来表示。北京市的粗离婚率显示出了同全国一样的递增趋势，但递增速度相对平缓；而且就其在全国的排名来看，显然不是"高居榜首"，而是处于中等偏上的位置。根据本研究计算和比较的结果，7 年来粗离婚率一直居于首位的是新疆，而且高出全国平均水平很多，这与当地宗教教义和规范习俗的深刻影响密不可分（徐安琪等，2001）；在其他地区，东北三省和四川、重庆的粗离婚率也相对较高，而一直被媒体宣称为离婚"高发地"的北京、上海、天津基本排在 6—10 名的位置。

　　粗离婚率作为衡量指标具有一定的局限性，因为作为分母的总人口中包含了处于未婚状态的青少年以及处于丧偶状态的、并不具备离婚风险的老年

人，不同地区和时期的总人口中此类人群所占的比例不同，会直接影响到粗
离婚率对真实离婚水平的反映。一个改进的指标是一般离婚率，即特定年份
中的离婚夫妇的总对数除以该年已婚夫妇的总对数；但是我国目前只有在人
口普查的年份才有已婚夫妇数量的数据，因此在连续的时序分析中我们无法
计算这一指标。

　　另一个常用的指标是离婚数与结婚数之比，又称离结率，这一指标相
对容易计算。表5-1的结果显示，我国近年的离结率基本稳定在20%左右
的水平，即每有5对夫妇结婚就有1对夫妇离婚；北京的离结率一直高于
全国平均水平，且仍然处于中等偏上的位置。但在这一指标下，北京的排
位相对靠后，其他地区的排序也略有变化，东北三省位居前3位，新疆、
四川和重庆紧随其后，上海和天津的排位均有所提高。不过，离结率虽然
排除了不具离婚风险的群体的影响，但受结婚水平的影响较大，如果特定
年份中结婚夫妇数下降，那么这一指标很可能会高估了当年的离婚水平。
事实上，北京市近年的离结率数值波动起伏明显，已经充分说明了这
一点①。

　　北京市近年的登记离婚量，即在民政部门通过行政程序办理的协议离婚
的数量增加很快，而且登记离婚量占总离婚量的比重也持续上升，在7年中
提高了近10%；另一方面，北京市登记离婚量占全国总登记离婚量的比重却
在下降，排序也是稳中有降，表明从全国范围看，有更多的离婚夫妇选择登
记离婚而不是诉讼离婚。

　　2003年8月，国务院颁布的新的《婚姻登记条例》大大简化了在民政
部门办理登记协议离婚的手续——自愿离婚的当事人不再需持本人所在单

---

　　① 通过对北京市婚姻登记数据库中"结婚登记日期"这一变量的统计分析发现，2005
年（农历鸡年）北京市的结婚登记量为96701对，远低于2004年的120247对和2006年的
171302对，而且2004年12月（农历猴年岁末）和2006年3月（农历狗年岁初）均出现了
结婚登记量的"井喷"，或许是"鸡年无春"及"无春年即寡妇年"的民间俗信对人们的婚
期选择行为产生了较大影响，可见结婚数量具有相当的不稳定性。

位或村民委员会、居民委员会出具的介绍信，也不再需要经历一个月以内的审查期限，双方只需出具共同签署的离婚协议书及相关证件即可进行登记离婚；婚姻登记员对符合登记离婚条件的当事人予以当场登记并发放离婚证。上述新规不仅节约了经济成本和时间成本，也提高了办理离婚的效率，而且使离婚当事人的隐私得到了充分保护，因此我们预期离婚夫妇将会越来越趋向于到民政部门登记离婚。当然，离婚制度的改变在弱化传统社会机制控制功能的同时也使个人的离婚自主性越来越高，从而很可能导致大量草率离婚案例的上升，比如近年来颇令社会关注的"闪离"现象。为了对此状况有所把握，本研究以北京市2004—2011年间的登记离婚夫妇为研究对象，就离婚夫妇的年龄结构、婚姻维系时间等问题展开深入分析。

二、离婚年龄及婚姻维系时间的分布

1. 离婚夫妇的年龄变动情况

基于登记日期和登记者的出生日期这两个字段，我们可以计算出夫妇双方在登记离婚时的年龄①。为了更加清晰地看出离婚夫妇的年龄变动情况，我们在计算平均离婚年龄的同时，还分别统计了各年份中离婚男性和女性在不同年龄段的分布，具体结果如表5-2所示。

---

① 对离婚年龄我们统一采用"登记年份—出生年份"进行计算，即没有细化到月，这种计算方式大体符合民间习惯；另外，由于数据库中没有记录离婚当事人是否为初次离婚，我们也就没有对初次离婚者和再婚离婚者做进一步区分。

表 5-2 北京市近年离婚夫妇的平均年龄及年龄组分布   （单位:%）

性别/年龄	年份	2004	2005	2006	2007	2008	2009	2010	2011	总体
男性	平均离婚年龄	39.72	39.57	39.80	39.70	39.49	39.80	40.14	39.66	39.75
	22—24	1.01	1.37	1.32	1.30	1.16	1.32	1.51	1.58	1.36
	25—29	8.71	10.09	11.80	14.03	15.75	14.69	14.64	15.97	13.62
	30—34	22.13	22.13	20.23	19.15	19.26	18.68	18.04	17.61	19.72
	35—39	22.15	20.71	20.65	20.31	19.03	19.38	18.99	17.35	19.50
	40—44	20.03	19.04	18.47	16.58	15.08	14.95	14.86	14.52	16.35
	45—49	13.04	12.84	12.79	12.95	14.04	14.15	13.41	13.37	13.51
	50—54	6.56	7.66	8.13	8.51	8.58	8.91	9.12	9.78	8.31
	55—59	2.69	2.90	3.30	3.75	3.79	4.50	5.43	5.69	4.04
	60—64	1.39	1.29	1.46	1.46	1.53	1.61	2.09	2.11	1.66
	65 岁及以上	2.29	1.97	1.85	1.96	1.78	1.81	1.91	2.02	1.94
女性	平均离婚年龄	37.29	37.04	37.29	37.21	37.06	37.40	37.74	37.24	37.30
	20—24	3.56	4.32	3.97	3.55	3.83	3.58	3.83	3.91	3.82
	25—29	15.83	17.71	19.03	20.24	20.95	21.17	21.69	22.22	19.93
	30—34	25.26	23.50	22.01	21.44	20.49	20.22	20.36	20.13	21.75
	35—39	20.51	19.35	18.49	18.15	18.28	18.06	16.14	15.59	18.06
	40—44	15.03	14.97	15.48	13.86	13.85	12.88	12.46	12.58	13.99
	45—49	10.50	10.30	10.11	11.58	11.16	11.82	11.57	10.38	10.72
	50—54	5.98	6.11	6.69	6.79	6.75	7.08	7.39	8.09	6.68
	55—59	1.86	2.08	2.49	2.61	2.92	3.29	4.30	4.56	3.11
	60—64	0.75	0.87	0.92	0.96	0.99	1.12	1.40	1.59	1.11
	65 岁及以上	0.72	0.79	0.81	0.82	0.78	0.78	0.86	0.95	0.83

就总体来看，近 8 年来男性和女性的平均离婚年龄分别为 39.7 岁和 37.3 岁，而且在时序上表现出相当高的稳定性。根据已有的基于人口普查和抽样调查数据的研究结果，从 20 世纪 80 年代前期到 80 年代末 90 年代初，

男女的平均离婚年龄分别从 34.4 岁和 31.2 岁提高到了 35.8 岁和 33.2 岁（曾毅等，1995），相比之下，近年来的离婚年龄又有了很大幅度的推迟。

再从具体的年龄结构来看，第四次人口普查的结果显示，离婚年龄集中在 30—39 岁，比 80 年代向后推迟了 5—10 岁，多为中青年（张敏杰，1997）；年龄在 35 岁以下的若干组离婚人数只占离婚总数的 31.6%，而年龄为 35 岁至 44 岁的两组离婚人口已占 24.5%，35—39 岁为离婚的高峰年龄组，比重达到 13.6%（曾毅等，1995）；还有研究指出，自 20 世纪 90 年代以来，30 岁以下年龄组的离婚情况变动不大，而 30—54 岁年龄组则呈现了较大的变动（陆杰华，2013）；进入 21 世纪以来，离婚率从 25—29 岁年龄组开始明显上升，离婚的峰值年龄则由 30—44 岁向 30—54 岁不断延伸（张华，2015）。根据本研究的计算结果，近 8 年中北京市离婚者的年龄峰值为男性 35 岁（占比 4.06%），女性 29 岁（占比 4.91%）。再从年龄分组来看，30—44 岁的男性和 25—39 岁的女性为离婚较为集中的群体，二者分别占离婚总量的 55.6% 和 59.7%。这一结果同 90 年代初期相比变化不是很大。

表 5-3　北京市近年男女年龄别离婚率　　　　（单位：‰）

性别/年龄分组 \ 年份	2004	2005	2006	2007	2008	2009	2010
20—24	0.28	0.42	0.41	0.40	0.37	0.40	0.36
25—29	2.91	3.89	4.05	4.20	4.22	4.10	4.51
30—34	7.06	7.13	7.03	6.77	6.74	6.40	6.51
35—39	7.43	6.99	7.12	7.10	6.87	6.88	5.99
男性　40—44	5.75	5.77	5.95	5.58	5.50	5.41	5.47
45—49	3.64	4.57	5.20	5.24	5.25	5.69	5.84
50—54	2.57	3.12	3.29	3.62	3.36	4.06	4.32
55—59	1.47	1.88	1.93	1.89	1.97	2.59	3.00
60—64	0.92	1.15	1.35	1.39	1.29	1.52	1.82
65 岁及以上	0.52	0.59	0.55	0.66	0.59	0.64	0.77

续表

性别/年龄分组	年份	2004	2005	2006	2007	2008	2009	2010
女性	20—24	0.93	1.40	1.14	1.06	1.28	1.20	0.97
	25—29	5.29	6.44	5.55	5.95	6.41	6.56	5.81
	30—34	7.38	8.23	8.61	7.71	7.64	8.40	7.85
	35—39	5.56	6.58	6.83	7.36	6.89	6.55	6.52
	40—44	4.24	5.28	5.43	4.76	4.91	5.49	5.49
	45—49	3.00	3.73	4.20	4.56	4.48	4.79	4.91
	50—54	2.09	2.43	2.71	2.81	2.52	3.26	3.73
	55—59	1.08	1.27	1.35	1.41	1.46	1.81	2.30
	60—64	0.54	0.66	0.73	0.82	0.89	0.91	1.16
	65 岁及以上	0.22	0.22	0.19	0.25	0.23	0.25	0.31

数据来源：分年龄的人口数来自《北京市统计年鉴（2005—2011）》，除 2005 年的数据直接取自年鉴数据之外，其余各年份的分年龄人口数以抽样人口比重作为结构拆分总人口数得到。

　　仔细审视 2004—2011 年这 8 年中的离婚年龄分布情况，我们发现在看似稳定的平均离婚年龄背后，离婚者的年龄结构其实发生了不小的变化。从男性的角度看，尽管 30—34、35—39 和 40—44 这 3 个年龄区间在离婚总量中占了很高比重，但从时序上看其比重是在逐年下降的，在 7 年中平均降低了 5%左右，45—49 岁的男性离婚比重基本保持平稳；而 30 岁以下的年轻人和 50 岁以上的中老年人的离婚比重却有明显上升的趋势。女性方面表现出了与男性完全一致的变化特点，只不过女性的离婚年龄相对较小，分布偏向于低年龄区间且更加集中一些。

　　考虑到人口基数的影响，我们结合北京市 2004 年以来的分年龄人口数进一步计算了男女年龄别的离婚率[①]，即特定年龄分组的男性和女性中，每

　　① 本研究所涉及的离婚者均为在民政部门办理登记离婚的夫妇，因此这一离婚率严格说来是"登记离婚率"。

千人中的离婚者的数量，结果如表 5-3 所示。可见男性离婚率较高的年龄区间为 30—49 岁，女性为 25—44 岁。

针对 20 世纪 90 年代状况的研究表明，男性和女性 40—44 岁的年龄别离婚率上升速度最快，以下依次为 35—39 岁、45—49 岁、30—34 岁和 50—54 岁（吴德清，1999）；相比之下，北京近年来的情况有了很大改变，40—44 岁的女性离婚率在波动中略有提升，男性则是稳中有降；在离婚量较为集中的年龄区间（男性 30—44 岁，女性 25—39 岁），离婚率均呈波动状态而未表现出上升趋势，而 45 岁以上的中老年男性和女性的离婚率则显示出了明显的递增态势。

以上结果表明，相对稳定的男女平均离婚年龄背后蕴含着离婚者年龄结构的较大变化；与平均离婚年龄相近的离婚者的比重在逐年降低，而低龄离婚者和高龄离婚者的比重都在提升，从而抵消了对平均年龄的影响。结合年龄别离婚率的计算结果我们发现，离婚现象在青年人中确有增加，这与当前社会的普遍认知相一致；另一方面，中老年人离婚量增加对于离婚率的贡献亦不容忽视，这也是近年来出现的一个新趋向。这一结果在一定程度上印证了"中年婚姻危机"的说法，也折射人们婚姻家庭观念的时代变迁，很多夫妇在孩子的成长阶段即使感情不和也会尽力维持家庭的完整，但在子女上大学或成家立业之后，中老年夫妻便开始考虑通过离婚来改变自己的生活状态和质量；另外，老年人再婚的情况不够理想也可能是其离婚率提高的重要原因。

2. 婚姻维系时间

基于离婚登记日期和离婚夫妇的结婚日期这两个字段可以计算出每一对离婚夫妇的婚姻维系时间，我们在计算时以"月"为单位然后折合成"年"。统计计算的结果显示，8 年总共 216559 对登记离婚的夫妇中，婚姻在 1 个月之内解体的夫妇有 1470 对，婚龄超过 50 年的夫妇有 101 对，其中最长的为 58.42 年。在表 5-4 中，我们具体计算了 2004—2011 年离婚夫妇的平均婚后年数及其分布情况。

　　已有研究显示，20 世纪 80 年代初我国离婚夫妇的平均婚龄为 6 年，到 90 年代平均婚龄延长至 7.6 年，比 80 年代初提高了 1.6 年。90 年代初期，婚后一年内离婚的比例为 9.9%，1—2 年内离婚的占 11.9%，结婚 4 年内离婚的比重为 38.7%，比 80 年代初的 60.8% 降低了不少，表明婚姻平均维系时间有所延长（曾毅等，1995）。结合表 5-4 的结果可见，进入 21 世纪以来离婚夫妇的平均婚后年数又有了进一步的提高，约为 10.5 年，这与之前阐述的平均离婚年龄的上升趋势是一致的。

　　从时序来看，尽管 2004—2011 各年的平均婚后年数变动不大，基本稳定在 10.5 年左右，但具体的分布则反映出结构上的明显变化。一方面，3 年及以下的"短命"婚姻的比重增加，婚后 3 年内成为离婚的高发期，这一点与人们对当前婚姻"脆弱性"的感知相一致，传统的"七年之痒"或成"三年之痛"；另一方面，婚后超过 21 年离婚的夫妇所占比重也在增加，且上升的趋势相当显著。有研究指出，婚姻持续的时间越长，当事人在婚姻关系上投入的个人资源越多，婚姻解体的损失也就越大，往往更难做出离婚决策（Becker 等，1977；徐安琪等，1999），而表 5-4 的数据显示一定的相反趋向，再结合表 5-2 和表 5-3 中展现的 50 岁以上中老年人离婚比重和离婚率在逐渐提升这一现实，我们推测当前有不少中老年人在子女的事业和家庭稳定之后选择了分手。

表 5-4　北京近年离婚夫妇的平均婚后年数及分布　　　　（单位:%）

年份 年数区间	2004	2005	2006	2007	2008	2009	2010	2011	总体
平均婚后年数	10.90	10.80	10.54	10.57	10.35	10.65	10.66	10.61	10.53
$t \leqslant 0.5$	3.70	4.26	3.78	3.93	4.36	4.25	4.41	4.68	4.52
$0.5 < t \leqslant 1$	3.87	3.98	3.74	4.45	5.02	4.89	5.29	5.54	4.61
$1 < t \leqslant 3$	12.78	13.92	16.69	16.11	17.29	17.32	18.91	18.99	16.70
$3 < t \leqslant 5$	11.98	11.67	10.55	11.11	10.96	11.26	11.80	10.69	11.41

年数区间＼年份	2004	2005	2006	2007	2008	2009	2010	2011	总体
5<t<=7	10.13	9.48	8.99	8.46	8.52	8.08	8.08	8.25	9.45
7<t<=9	9.25	8.93	9.21	7.63	7.58	6.82	6.23	5.77	7.29
9<t<=12	11.39	10.53	10.65	10.11	9.29	8.85	8.62	7.59	9.25
12<t<=15	9.12	8.26	7.44	8.40	7.82	7.68	6.98	6.65	7.63
15<t<=18	8.68	8.41	7.34	6.69	6.34	6.66	6.26	6.39	6.89
18<t<=21	7.71	7.45	7.28	7.10	6.31	6.24	5.16	6.16	6.38
21<t<=25	6.73	7.74	7.20	7.33	7.30	8.59	8.85	9.08	7.85
t>25	4.66	5.37	7.13	8.69	9.21	9.37	9.41	10.21	8.02

数据来源：基于北京市婚姻登记数据库计算得到。

对于当前离婚率的上升，很多人将其归因为草率婚姻（所谓"闪婚""闪离"）的增多，并往往将其与当代年轻人的责任感缺失联系起来，媒体的一些典型报道也加强了这种印象。另外也有研究指出，较早结婚意味着在婚姻市场中的搜寻时间较短，对对方的了解不足，从而使实际婚姻质量偏离理想婚姻较大，导致离婚概率增大以及婚姻快速解体（Becker，1981）。那么，近年来脆弱婚姻的增多主要源自哪些群体的贡献呢？就北京的情况来看，2004—2011年有19772对登记离婚夫妇的婚姻维系时间在1年以内，占登记离婚总量的9.1%；其中有9788对夫妇在婚后半年内即结束了婚姻，占比4.5%，从表5-4所显示的婚后年数的分布情况来看，这样的比例确实比较高，而且在时序上还显示出上升趋势。

在表5-5中，我们进一步考察了1年之内分手的夫妇的年龄分布情况，其中男性在25—30岁较为集中，女性则集中在24—29岁；考虑到这8年中北京初婚男性和女性的平均结婚年龄分别为28.1岁和26.2岁，这在一定程度上印证了"较早结婚更易导致仓促婚姻"的观点。值得我们注意的是，其他年龄的"闪离"者并不在少数，特别是45岁以上的男性和女性也占了相当高的比重，表明过晚步入婚姻、再婚的婚姻①等也可能是脆弱婚姻的重要来源，当然也不排除一些目的性离婚的情况（比如为了享受某种政策而实施假离婚等）。

表5-5　1年之内离婚的夫妇的年龄分布情况　　　　（单位:%）

性别/婚姻维系时间/年　　　离婚时的年龄/岁	男性		女性	
	t<=0.5	0.5<t<=1	t<=0.5	0.5<t<=1
20	–	–	0.56	0.16
21	–	–	2.47	2.18
22	1.27	0.31	3.40	3.55
23	3.91	3.88	5.14	5.12
24	3.60	4.57	5.91	7.25
25	5.16	5.27	6.89	7.43
26	6.36	7.95	7.22	10.15
27	6.07	8.15	6.95	9.50
28	5.81	7.77	6.56	7.40
29	5.93	6.93	5.50	6.18
30	4.72	5.54	4.09	4.58
31	4.12	4.62	3.43	3.76
32	3.10	3.95	3.40	2.88
33	2.80	3.19	2.62	2.76
34	3.23	2.93	2.79	2.32
35	3.02	2.84	2.86	2.27
36	2.59	2.71	2.55	2.24
37	2.76	2.08	2.29	1.85
38	2.51	2.46	2.43	1.78

---

①　我们推测45岁以上的离婚夫妇中的非初次离婚者的比例会比较高，但很遗憾数据库中没有记录这一信息，因此我们无从区分和计算。

性别/婚姻维系时间/年 离婚时的年龄/岁	男性		女性	
	t<=0.5	0.5<t<=1	t<=0.5	0.5<t<=1
39	2.55	2.27	2.36	1.59
40	2.03	1.73	1.95	1.35
41	2.01	1.64	1.91	1.43
42	2.06	1.67	1.60	1.25
43	2.09	1.39	1.53	0.99
44	1.73	1.36	1.11	1.06
45	1.87	1.37	1.05	0.96
45 岁以上	18.70	13.39	11.43	7.99

三、主要结论和启示

就离婚水平的总体变动情况来看，北京市自 2004 年以来离婚总量持续上升，但是占全国的比重在下降，粗离婚率和离结率均在全国处于中等偏上的位次，而并非媒体所宣称的"名列榜首"。在离婚总量中，民政部门登记离婚所占的比重逐年提高，到 2010 年比重已近 75%；表明中国婚姻立法的变化，特别是 2003 年颁布和实施的《婚姻登记条例》对办理登记离婚手续的大大简化，在客观上成为离婚量大幅增长的催化剂。我们预期在未来的若干年中，经法院审理的部分离婚案件将被客观分流到婚姻登记机关，通过民政部门登记离婚的数量会继续提升，即登记离婚将成为离婚的主要方式。

对北京市 2004—2011 年登记离婚夫妇的相关信息的统计分析表明，近 8 年来男性和女性的平均离婚年龄分别为 39.8 岁和 37.3 岁，相比 20 世纪 90 年代初又有了进一步的推迟。尽管平均离婚年龄在 8 年中保持相对稳定，但离婚者的年龄结构出现了较大变化。不论男性还是女性，30 岁以下的年轻人和 50 岁以上的中老年人的离婚比重均有了明显上升，只是女性的离婚年龄略低，分布更偏向于低年龄区间且更加集中一些。男女年龄别的离婚率计算结果显示，男性离婚率较高的年龄区间为 30—49 岁，女性为 25—44 岁，且 45 岁以上的中老年男性和女性的离婚率均显示出了明显的递增态势；这一结果相比 90 年代有了很大不同。近年来离婚夫妇的平均婚姻维系时间基本稳定在 10.5 年左右，但结构有所改变，一方面历时不足 3 年的短时婚姻的比重增加，另一方面婚龄超过 21 年的离婚夫妇所占比重也在增加，且上升的趋势相当显著，再结合 50 岁以上中老年人的离婚比重和离婚率日渐提升这一发现，可见越来越多的中老年人在子女的事业和家庭稳定之后选择了和平分手。此外，有 13.6% 的登记离婚夫妇的婚姻维系时间不足 1 年，其中 45 岁以上的中老年人占有相当高的比重，表明"闪离"现象的增多不只源自年轻人的仓促结合，晚婚、再婚等均可能是重要原因。

通过对北京市离婚状况的分析我们看到，相比 20 世纪八九十年代，离婚人口的平均年龄、年龄结构和婚姻维系时间等均显示出了新的特点，这本质上是当今中国经济社会和文化发展变迁的某种折射。人们逐渐认同婚姻解体是一种正常的社会现象，婚姻立法的人性化改进、舆论的宽容、个人发展和选择机会的增多等使越来越多的夫妇鼓起勇气走出痛苦婚姻的桎梏；另一方面，因缺乏责任感或感情用事而仓促解体的失败婚姻也不可避免的增多。但是我们预期，我国的离婚率不会持续地大幅度上升，毕竟"以家族为本位"的传统观念在我国仍有着广泛而深刻的影响，绝大多数人仍然认同夫妻双全的家庭是一种标准家庭模式；一项于 2008 年完成的针对上海和兰州城乡居民的调查研究表明，婚姻的神圣性和终身性仍获得广泛的认同，"结了婚就要白头到老"的传统价值观依然是主流（徐安琪，2010）。就我国的长期发展来看，婚姻的持久和家庭的美满也是建设和谐社会的重要基础。

第二节　再婚分析

伴随着我国的现代化进程，人们的思想观念不断转变，离婚率连年上升，与之相伴的再婚现象也日益普遍。根据官方统计数字，我国的离婚量从1990年的80万对上升至2010年的267.8万对，二十年间增长了3倍多；与此同时，再婚人口数也从1990年的78.24万人上升到2010年的281.1万人。可见在我国的再婚人口与离婚人口的增长之间存在着较为稳定的正相关关系。事实上，再婚和离婚的同步增加已成为现代社会的一个普遍趋势。美国自20世纪30年代以来，离婚者取代丧偶者成为再婚人群的主体，绝大多数夫妇中至少有一方为再婚，且离婚的人群中约有3/4的人会再婚（Glick，1984）。再婚为被动失婚者（丧偶）抚平心灵创伤、主动失婚者（离婚）追求新的幸福提供了可能，从而在稳定家庭结构、维护社会的安定和谐方面发挥着重要作用。本研究以首都北京为背景，从宏观水平和微观结构两个层面对近年来的男女再婚状况进行考察和差异分析。

一、针对我国再婚人口的相关研究及述评

针对我国再婚人口的研究大体可分为三类。第一类是与离婚相联系的再婚后的社会评价、婚姻关系的稳定性以及家庭角色的调适等等。这类研究多采用质性研究方法，结合具体的事例从制度和逻辑的层面加以解读，比如针对我国20世纪80年代以来婚姻重组的趋势探讨再婚对于家庭关系、情感需求和保障需求的影响（金一虹，2002）；一些研究特别关注了女性的再婚，比如第一部《婚姻法》的颁布和80年代以来的经济社会变革对于女性再婚的影响（张淑梅等，1991），从女性视角分析再婚过程中将要经历的压力、困境和调适方法（周江等，2002）等等；还有的研究结合近年来出现的"搭伴养老"现象，从社会、家庭和个人等角度专门分析了老年人再婚难的问题

（姜向群，2004）。这些研究让我们对特定时代背景下特定再婚群体的婚姻和生活状态有所了解，但对于再婚群体的结构和特征还难以在总体上有所把握。

第二类研究旨在了解潜在的再婚者在择偶标准上的特点，普遍采用的方法是以征婚启事为分析对象并对未婚者和有婚史者加以区分和比较。有研究发现，再婚择偶者相对于大龄初婚者更为看重对方的责任心和经济条件，对于年龄、外貌、婚史等的要求相对较低（许传新等，2002）；也有研究针对初婚和再婚择偶市场的对比分析指出，再婚人群中的女性会比男性更早进入择偶市场，在再婚择偶市场中，高学历男女的比例显著低于低学历者（乐国安等，2006）。不过，择偶标准仅仅表明了一种婚前意愿，现实的婚姻缔结过程中往往需要做出适当调整；因此，以已婚者为研究对象对于我们了解再婚群体的真实状况和特征显然更具意义。

第三类研究是基于大样本调查数据的实证研究，但时间点、面向的地区和群体均有所不同。曾毅等利用 1985 年开展的第一期生育力调查数据对上海、陕西和河北的女性再婚水平、模式及影响因素进行了定量分析（曾毅等，1995）；张智敏等利用 1995 年全国 1% 人口抽样调查的湖北数据对再婚和初婚育龄女性的特征进行了比较（张智敏等，2000）；基于 2000 年人口普查数据的研究有针对离婚和丧偶人口以及男性和女性的再婚差异的分析（石人炳，2005），以及再婚人口的各种社会特征和影响再婚的因素（杨记，2007）；此外还有基于 1998 年的中国高龄老人健康长寿调查数据、专门对丧偶和再婚的老年人进行的分析（郑真真，2001）。这些研究有助于我们从总体上了解再婚群体的特点，但是从中也不难发现，基于不同数据的分析结论存在一定差异；这是因为我国幅员辽阔，在人口流动程度尚不足以形成一个全国性的婚姻市场的情况下，不同地区的婚配状况可谓各有特色，经济发展水平、城乡人口比例、人口迁移特点等均会影响到婚姻市场的结构，进而影响到再婚群体的择偶行为和结果。从这个角度来说，对于特定地区的研究或许要比掩盖了地域和城乡之间差异性的全国水平的分析更有现实意义。

二、再婚人口的主要特征及性别差异

本研究用于定量分析的数据来自北京市婚姻登记业务数据库，共包含 2004 年 1 月 1 日至 2011 年 12 月 31 日期间的 1146209 条结婚登记记录，其中夫妇双方至少有一人为再婚的有 242391 对（占比 21.15%）。考虑到涉外婚姻较为特殊，我们在分析中仅选取夫妇双方均为中国国籍（含香港、澳门、台湾）的记录进行分析。

1. 北京近年再婚人口的总体情况

基于婚姻登记数据的统计，2004—2011 年北京再婚男性总共 197053 人，其中丧偶再婚者 19855 人（占比 10.1%），离婚再婚者 177198 人（占比 89.9%）；女性方面，再婚者总共 173861 人，丧偶再婚者和离婚再婚者分别为 18490 人（占比 10.6%）和 155371 人（占比 89.4%）。

表 5-6 北京市近年男女再婚人数的变动

年份	男性（人）			女性（人）		
	丧偶再婚	离婚再婚	合计	丧偶再婚	离婚再婚	合计
2004	2294	15521	17815	2017	13435	15452
2005	2500	15777	18277	2298	14277	16575
2006	2752	21953	24705	2477	19058	21535
2007	2380	19877	22257	2153	17493	19646
2008	2562	22947	25509	2510	20047	22557
2009	2398	25625	28023	2305	22701	25006
2010	2658	27000	29658	2559	23616	26175
2011	2311	28498	30809	2171	24744	26915
总计	19855	177198	197053	18490	155371	173861

表 5-6 具体显示了不同婚前状态的男女再婚者的数量在近 8 年中的时序

变动情况。从中不难看出，尽管在个别年份出现波动，但总体上再婚者数量是逐年增多的，且男性始终多于女性。此外不论男女，离婚再婚者均占绝对主体，这与近年来离婚量的逐年上升密切相关。

在表5-6的基础上，同时结合不同婚姻状况的人口基数，我们在表5-7中进一步计算了男女的再婚率之比①。由表5-7可见，从"存量"的角度讲，北京自2004年以来各年份中的男性丧偶和离婚人数均小于女性，但再婚人数却都高于女性（参见表5-6）；因此，男性总体的再婚率为女性的2.4倍左右，特别是丧偶再婚率，近乎女性的3倍，且在时序上基本保持稳定。这一结果意味着北京男性的再婚可能性要大大高于女性。

上述结果与基于"五普"数据分析的全国水平的情况恰好相反。从2000年全国整体状况来看，女性的再婚可能性远高于男性（石人炳，2005；杨记，2007），这在很大程度上是由农村女性的高再婚率所致；而北京是我国城市化水平最高的地区之一，2010年的城市化率已经达到78.7%，远高于34.2%的全国平均水平②，因此北京的再婚人口性别差异必然表现出相异于全国总体的特征。

表5-7　北京市近年男女再婚率的比值及变动

年份	男性			女性			男女再婚率之比		
	丧偶人数	离婚人数	合计	丧偶人数	离婚人数	合计	丧偶	离婚	合计
2004	173	88	261	448	101	549	2.95	1.33	2.43
2005	2003	1341	3344	5644	1528	7172	3.07	1.26	2.36
2006	143	81	224	383	94	477	2.98	1.34	2.44

① 由于宏观统计数字中的丧偶和离婚人数均来自人口抽样调查数据，我们不确知总体的丧偶和离婚人数，因此无法计算出准确的男女各自再婚率的数值，但是可以计算出二者再婚率的比值。

② 参见光明网："上海北京天津位列前三名，2010年中国城市化率为34.17%"，http://politics.gmw.cn/2012-02/20/content_3616473.htm。

续表

年份	男性			女性			男女再婚率之比		
	丧偶人数	离婚人数	合计	丧偶人数	离婚人数	合计	丧偶	离婚	合计
2007	154	92	246	421	106	527	3.02	1.31	2.43
2008	147	93	240	402	102	504	2.79	1.26	2.37
2009	151	90	241	408	118	526	2.81	1.50	2.47

数据来源：2004、2006—2009 年的男女丧偶和离婚人数来自 2005、2007—2010 年的《中国人口统计年鉴》"全国人口变动情况抽样调查数据——各地区分性别、婚姻状况的人口"，2005 年的男女丧偶和离婚人数来自 2006 年的《中国人口统计年鉴》"全国 1% 人口抽样调查数据——各地区分性别、婚姻状况的人口"；再婚率的比值结合表 5-6 的数字计算得到。

北京男女再婚状况的差异显示，女性在再婚市场中明显处于"劣势"地位，而曾毅等针对上海、陕西和河北三地的女性再婚问题的研究也表明，以城市人口为主体的上海女性的再婚率在三省市中是最低的（曾毅等，1995），这在一定程度上反映出城市女性的再婚困境。针对再婚人口相关特征以及相应的匹配特点的分析将有助于我们对这一现象的理解。

2. 再婚人口的婚次匹配

对再婚男性和女性而言，在再次择偶的过程中，初婚者和再婚者均是潜在的婚配对象；但从表 5-8 所示的婚次匹配的分布结果来看，显然具有相同婚姻状态的男女进行匹配的频率更高一些，即再婚者主要是内部间进行婚配。

表 5-8 再婚者的婚次匹配分布　　（单位:%）

配偶的婚次状态	再婚男性			再婚女性		
	丧偶	离婚	合计	丧偶	离婚	合计
初婚	11.93	36.99	34.46	11.33	26.24	25.72
丧偶	38.18	3.93	7.38	41.00	6.38	10.06
离婚	49.89	59.08	58.16	47.67	67.38	64.22

另一方面，再婚者的婚次匹配表现出了一定的性别差异，再婚女性与初

婚男性的婚配比例（25.72%）明显低于再婚男性与初婚女性的婚配比例
（34.46%）；这一点在离婚再婚的人群中表现更为突出，"离婚男性+初婚女
性"的组合所占比重比"离婚女性+初婚男性"的组合高出 10 多个百分点。
这表明再婚女性相对于再婚男性在婚配中处于一定的劣势地位，男性的婚姻
经历对其再婚的影响要小于女性。

3. 再婚人口的年龄结构

相对于初婚人口，再婚人口的平均年龄通常要偏大一些。根据近 8 年的
婚姻登记数据计算，北京市丧偶男性和女性的平均再婚年龄分别为 55 岁和
48 岁，离婚男性和女性的平均再婚年龄分别为 41 岁和 38 岁；表 5-9 具体显
示了再婚男性和女性在不同年龄区间的分布情况。

表 5-9　再婚者的年龄分布　　　　（单位:%）

年龄分组	再婚男性			再婚女性		
	丧偶	离婚	合计	丧偶	离婚	合计
20—24	0.06	0.32	0.29	0.26	1.50	1.36
25—29	0.85	7.57	6.89	2.68	14.43	13.18
30—34	3.14	17.94	16.45	7.47	23.48	21.78
35—39	6.55	22.75	21.12	12.36	23.27	22.11
40—44	10.37	19.65	18.72	15.77	16.32	16.26
45—49	13.19	15.27	15.06	17.78	10.92	11.65
50—54	15.39	8.98	9.63	16.37	6.07	7.16
55—59	15.20	4.24	5.34	12.64	2.64	3.70
60—64	10.84	1.61	2.54	7.57	0.85	1.56
65 岁及以上	24.42	1.68	3.97	7.11	0.53	1.23

由表 5-9 可见，男性再婚年龄的分布相对于女性要"滞后"且更加分
散。对于丧偶再婚者，男性以 40 岁以上为主，特别是 65 岁及以上的老年人

占了很高比重；而女性主要集中在 35—59 岁的区间，老年女性的比例显著下降。对于离婚再婚者，男性集中在 30—54 岁的区间，女性则集中在 25—49 岁的区间；在高年龄段的分组，男性再婚者的比例明显高于女性。有研究发现，女性在 55 岁之后再婚可能性降低，而男性在 50—60 岁阶段，再婚的可能性却是上升的（郭艳茹，2013）；表 5-9 的结果与此是一致的。

表 5-10　不同年龄段再婚者的平均夫妇年龄差

年龄分组	再婚男性			再婚女性		
	丧偶	离婚	合计	丧偶	离婚	合计
20—24	−0.58	−0.49	−0.49	6.31	4.65	4.69
25—29	0.73	1.01	1.01	4.37	3.24	3.26
30—34	2.46	2.73	2.73	4.10	3.19	3.22
35—39	3.76	4.56	4.54	3.29	3.22	3.23
40—44	4.68	6.08	6.00	2.86	2.97	2.96
45—49	5.64	7.22	7.08	3.17	2.83	2.88
50—54	6.03	7.77	7.49	4.13	3.32	3.52
55—59	6.99	8.70	8.21	4.99	3.80	4.23
60—64	8.43	9.89	9.26	5.19	4.09	4.66
65 岁及以上	12.87	13.53	13.12	3.12	3.41	3.23
平均年龄差	7.60	5.35	5.58	3.78	3.18	3.25

　　结合表 5-10 所示的分别从男女再婚者的角度计算的平均夫妇年龄差[①]，我们可以更好地理解表 5-9 所显示出的男女再婚者在年龄分布上的差异。从再婚男性的角度看，随着男性年龄区间的提高，平均夫妇年龄差也在直线上升，特别是 65 岁及以上的男性再婚老人，平均要比妻子大 13 岁多。反观再

----

　　① 夫妇年龄差以"丈夫年龄—妻子年龄"计算，在数据库中处理为"妻子出生年份—丈夫出生年份"。

婚女性，随着女性年龄的提高，平均夫妇年龄差大致表现出先减后增的趋势；尽管夫妇的年龄匹配同样呈现"男大女小"的模式，但年龄的差值相对小了很多，基本在 3 岁上下波动。由此可见，相对于初婚男性，再婚男性在婚配过程中表现出了更强的"年龄向下婚"的倾向①，即选择年龄大大低于自己的女性为伴侣；这样，年龄偏大的、特别是 50 岁以上的中老年丧偶/离婚女性就在婚姻市场中处于非常不利的地位。年龄匹配的性别差异也在很大程度上解释了北京市近年来处于丧偶和离婚状态的女性数量始终多于男性的原因。

4. 再婚人口的教育程度

理论分析和跨文化实证研究的结果表明，教育程度低的女性在失去配偶后倾向于再婚，而教育程度高的女性由于就业和收入相对稳定而倾向于保持独身状态；而男性方面的情况则恰好相反（Smith et al.，1984；石人炳，2005；彭大松，2015）。针对北京市离婚人群的学历水平的分析结果印证了上述观点。

表 5-11　处于不同婚姻状态的男性和女性的教育程度分布　（单位:%）

学历水平	男性		女性	
	离婚后再婚者	离婚后独身者	离婚后再婚者	离婚后独身者
小学及以下	1.32	1.80	7.41	1.38
初中	11.02	27.49	29.86	11.32
高中/技校/职高/中专	22.34	29.72	26.49	20.92
大专/本科	50.69	35.38	32.24	53.85
研究生	14.64	5.62	4.00	12.52

在 2004—2011 年间，北京共有 211368 对夫妇登记离婚（离婚后复婚，

---

① 基于数据库的计算表明，北京市近 8 年初婚夫妇的平均年龄差为 1.78 岁，初婚男性和再婚女性组合的平均年龄差为 0.16 岁。

然后又离婚的情况只计入一次），其中有 177198 位男性和 155371 位女性在 8 年中有过再婚经历，其余的人尚未再次走入婚姻。表 5-11 显示了离婚后曾经再婚者和离婚后保持独身者在学历水平分布上的对比情况，可见男性和女性呈现出了完全相反的模式。对于男性来说，离婚后再婚者的学历水平明显向高学历方向倾斜，有 65% 以上的人具有大专及以上学历，比离婚后独身者的相应比例高出 25%；女性方面则正好相反，离婚后再婚者的学历水平明显向低学历倾斜，具有大专及以上学历者的比例仅 36%，而离婚后保持独身的女性中，这一比例是 66%。基于双样本 Kolmogorov-Smirnov 检验的结果进一步表明，不论男性还是女性，离婚后的再婚者与保持独身者在学历水平分布上的差异是显著的。由此可见，教育程度对于男性和女性再婚的影响是反向的。

5. 再婚人口的户籍特征

2000 年以来，我国的人口流动性大大增强，到 2010 年已达到全国 2.21 亿的规模（国家人口和计划生育委员会，2011）。人口流动规模和速度的加快改变了城市的人口结构，北京作为一个典型的外来人口流入地，其婚配模式将不可避免地受到人口流动的影响。根据婚姻登记办法的规定，在北京进行婚姻登记的夫妇中只要有一方具备北京户籍即可，因此数据库中的夫妇不乏本地人口（有北京户籍）和外地人口（无北京户籍）的组合，夫妇的户籍组合也有 3 种可能：北京男+北京女、北京男+京外女、京外男+北京女。

从表 5-12 所示的再婚人口及其配偶的户籍分布可以看出，虽然男女再婚者均以本地人口为主，但男性中本地人口所占的比重明显更高；而在配偶选择方面，再婚女性更加倾向于与本地男性婚配，再婚男性则有近 40% 的人选择了外地女性成婚。可见北京本地女性在再婚市场中处于"被挤压"的状态。

表5-12　再婚人口及其配偶的户籍状况分布　　（单位:%）

户籍特征	男性		女性	
	再婚者	再婚者的配偶	再婚者	再婚者的配偶
本地人口	92.02	62.79	72.74	87.01
外地人口	7.98	37.21	27.26	12.99p

数据来源：基于北京市婚姻登记数据库计算。

表5-13显示了北京市近8年来再婚男性和女性的夫妇户籍组合的分布情况，可见随着外来人口流入的增加，本地人口之间的通婚比重在逐年下降；另一方面，本地再婚男性与外地女性的通婚比例要大大高于本地再婚女性与外地男性的通婚比例。表5-13的结果进一步表明，北京本地的再婚女性在婚姻市场中受到了不小的挤压。

表5-13　再婚男性和女性的夫妇户籍匹配情况的分布　　（单位:%）

年份	再婚男性的夫妇户籍			再婚女性的夫妇户籍		
	北京男北京女	北京男京外女	京外男北京女	北京男北京女	北京男京外女	京外男北京女
2004	58.37	34.58	7.05	64.92	25.23	9.85
2005	57.88	34.08	8.04	63.22	25.08	11.70
2006	55.21	36.76	8.02	60.81	27.31	11.88
2007	53.89	37.44	8.67	59.17	27.59	13.24
2008	51.76	38.84	9.40	56.86	28.46	14.68
2009	52.31	38.23	9.47	56.94	28.12	14.94
2010	51.36	38.80	9.84	55.55	28.99	15.46
2011	51.46	38.29	10.25	55.74	28.13	16.13
总体	53.64	37.34	9.02	58.64	27.53	13.83

三、对城市女性再婚困境的分析

基于人口抽样调查数据和婚姻登记数据的计算我们看到，北京市近年来离婚和丧偶女性的再婚率只有男性的40%左右；在北京这样高度城市化的地区，女性在再次婚配的过程中明显处于更加不利的地位，这种再婚困境可以从两性的个体差异和匹配特点两个角度进行分析。

从个体比较的角度讲，在失去配偶的情况下，女性通常比男性受到的打击更大。美国在20世纪50年代的一项调查就表明，被访的离婚妇女中有37%的人有低度精神创伤，21%和42%的人分别有中度和高度精神创伤，且她们从创伤中恢复的时间也相对男性更长（威廉·古德等，1993）。另一方面，尽管我们在法律上始终倡导婚姻自由和平等，社会文化和舆论对于离婚也更加包容，但对离婚者的偏见与歧视仍不可避免地存在，且对离婚女性尤甚，诸如"寡妇门前是非多"之类的说法即反映了失婚女性的尴尬和孤立。此外，受我国传统的"男主外女主内"的主流家庭分工模式的影响，男性通常占有更多的社会资源，其社会关系网络往往比女性的规模大且异质性高；这一特点在女性有了孩子之后往往更加突显。这样，不论是失婚后所面临的压力还是再婚前所拥有的机会，女性相比男性均处于下风。

更重要的是，婚姻的本质是一种匹配行为，所谓"一个巴掌拍不响"，从婚姻匹配的视角我们可以更好地理解城市女性的再婚困境。婚姻匹配理论中有"同类匹配"和"婚姻梯度"之说，一方面人们倾向于选择与自己条件相当的异性进行同质结合；另一方面男性往往选择各方面条件略低于自己的女性为伴侣，即"男高女低"的向下婚模式（Bernard，1982）。上述匹配特征在北京近年再婚人口的婚配中得到体现，而这种匹配模式对于女性再婚更为不利。

就再婚市场中的人口性别比来看，离婚产生的可再婚男女数量是一样的，而由于男性的死亡率通常高于女性从而使丧偶女性多于男性（从北京的人口抽样调查数据来看近年来一直如此），因此再婚市场中的女性求婚者通常多于男性，即女性处于受挤压的状态；另一方面，初婚市场和再婚市场并非分割的，可再婚的男女均可到初婚市场寻找伴侣，但男女的机会却有所不同。就本研究所分析的北京的情况来看，再婚男性与初婚女性结合的比例大大高于再婚女性与初婚男性结合的比例，这意味着再婚女性在整体婚姻市场中受到进一步的挤压。

从年龄匹配的角度看，男性再婚者的夫妇年龄差大大高于初婚者，也高于女性再婚者，即再婚男性更倾向于在低龄女性中选择配偶。由再婚者的年龄区间分布可见，再婚男性的年龄分布明显要比女性均匀，女性的再婚年龄区间则相对集中，说明女性在再婚过程中面临着更大的"时间"压力。

教育也是婚姻匹配中的一个重要因素，但对于男女在再婚过程中所发挥的作用却是相反的。良好的教育水平通常意味着较好的社会地位、稳定的工作及收入，这些对于男性而言往往是"加分"条件；而受男性普遍的"向下婚"择偶心理的影响，较高的教育程度则成为女性再婚的障碍，使其再婚时的选择余地缩小。而且就女性自身而言，特别是现代观念和独立意识较强的城市女性，高学历者通常经济压力也比较小，这些女性在考虑再婚时往往更加慎重，她们很可能错过了再婚的时机，或者干脆放弃再婚。

最后，在我国当前人口流动性日益增强的背景下，外来人口的增多也对北京这样的人口流入地的婚姻市场产生了很大影响。毕竟户籍在我国现阶段仍具有重要意义，特别是大城市的户籍，因其与丰富的公共资源、更好的社会福利等相联系而日益成为婚配中的优势条件。从北京再婚人口户籍匹配的情况不难看出，在婚姻梯度的作用下，较高比例的本地再婚男性选择外来女性为伴侣，但只有很小比例的本地再婚女性与外来男性结合；显然，北京本地的女性在再婚过程中进一步受到了外来女性的挤压。

婚姻解体后是否选择再婚一方面取决于当事人的自身条件和个性、观念，另一方面也受到特定地区和社会文化背景下的婚姻匹配特点的客观影响。从本研究对北京再婚人口的性别差异的分析可以看出，城市失婚女性面临着很大的再婚困境，再婚市场的男少女多本就使之处于不利地位，而双方在婚次、年龄、学历、户籍等因素上又表现出明显的"男高女低"的婚配倾向，这对于初婚年龄偏大、学历水平普遍较高的城市女性而言，无疑又进一步缩小了选择余地。

尽管再婚也可能产生新的问题，但作为对不幸婚姻的一种弥补方式，再婚可以说是社会进步的积极产物；再婚过程中，城市失婚女性客观上处于相对弱势位置，但若能从主观上适当调整择偶观念和心态，仍然拥有幸福新婚姻的机会。

第三节　政策对婚姻行为的影响
——对"假离婚"的一个考察

为了应对房价的急剧上涨，北京市政府自 2010 年初开始实施了几轮住房限购，其中主要是打击投机性购房，保护合理的购房需求。然而这一安排给已婚夫妇群体带来了巨大的经济刺激，不少夫妇因受到政策限制，在住房交易之前选择了"假离婚"。这里的"假"并非法律意义上的假，而是事实上的；即为了使交易更方便或者获取更大的收益，尽管婚姻生活和谐，这些夫妇仍会着手将他们目前拥有的房产分割给一方，然后前去登记离婚，这样名下无房产的一方便回避了住房限购的政策。在交易结束后，大多数夫妇不久便会恢复法律上的婚姻关系。

自 2010 年第一轮住房限购令发布以来，"假离婚"这一现象一直吸引着媒体的广泛关注。大量的质性报道都试图论证在北京住房限购和离婚数量之间存在一定的联系，然而到目前为止，尚没有学术研究提供可靠的实证依据来证明住房限购政策对婚姻决策的影响，本节的研究试图做一尝试。基于2004—2013 年的北京婚姻登记数据，我们可以全面了解上述现象在北京发生的程度。通过估计住房限购对每日离婚数量的影响，以及离婚夫妇在短时间内恢复婚姻的可能性，比单纯分析离婚数字的变化更能直接地衡量"假离婚"的情况。

一、北京的住房限购政策概述

根据国家统计局及北京市统计局发布的官方房价指数估计，2006—2009年，北京的房价平均每年上涨 7.7%[①]。考虑到北京和中国家庭收入的快速增长，这似乎不是一个大问题。然而人们普遍认为，至少在 2011 年初国家统计局改进数据收集和计算方法之前，官方的房价指数大大低估了真实的房价增长[②]。有学者利用住房交易数据，通过特征价格法为中国 35 个主要城市在 2006—2010 年期间的新建住房提供了更加可靠和稳定的住房价格指数，据估计，此间北京的房价每年大幅上涨约 30.8%，而全国平均水平为 16.7%（Wu 等，2014）。为了应对真实的房价增长速度，2010 年初，中央政府和北京等主要城市的地方政府通过住房限购，试图抑制房价的过快上涨。政策制定者通常会采用一些常见的政策工具来应对房地产市场的过度繁荣，例如提高交易税、增加财产税税率、缩减债务收入比率等。我国中央政府的部分政策来自其他国家广泛使用的工具箱，同时也使用了一些行政方法。

图 5-1 以时间线的模式绘制了住房限购政策的发展情况，即 2010 至 2013 年间发布的相关政策的详细时间。我国的大多数政策通常会采取这样的发布方式——首先，中央政府会发布一个全国范围的文本，并尊重各地的实际状况，为地方政府留出灵活的政策空间；接下来地方政府再发布政策文本，并进行一些调整，同时增加实施层面的细节。因此，中央政府的政策通

---

① 2006 年、2007 年和 2008 年的数据直接来自《北京市国民经济和社会发展统计公报》，相关年份公报可在北京市统计局网站（http://www.bjstats.gov.cn/）查询。2009 年公报没有报告年度增长率，而是报告了每个月的房屋价格同比涨幅。按照国家统计局的方法，我们用 12 个月的简单平均数来计算 2009 年全年房价增长率。7.7 的房价涨幅是 4 年的几何平均。

② 2011 年 2 月 16 日，国家统计局发布了《住宅销售价格统计调查方案》，自 2011 年 1 月开始发布新指数。（参见国家统计局网站 http：//www.stats.gov.cn/tjgz/tjdt/201102/t20110216_17512.html），这一变化被认为是对旧房价指数质疑和批评的回应。

——— 中央政府政策
——— 北京市政府政策

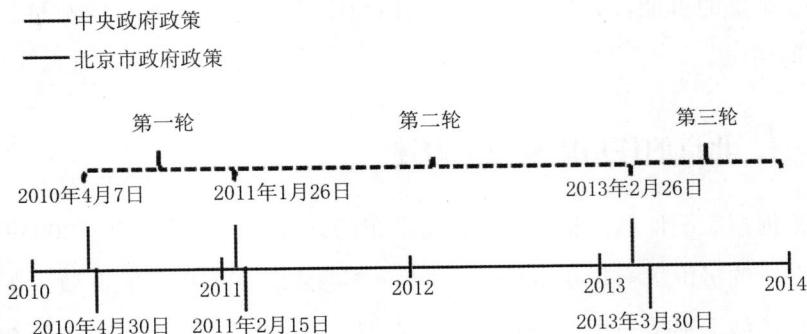

图 5-1　中央和北京市政府的住房限购政策时间线（2010—2013）

常被视为地方政府即将实施类似政策的强烈信号，而从政策响应的现实情况来看，人们通常会立即对中央政府的政策做出反应，而不是等待本地的具体政策的发布。

在 2010—2013 年期间，以政策文件的发布为标志，各界普遍认为政府实施了三轮限购——在 2010 年 4 月 17 日、2011 年 1 月 26 日和 2013 年 2 月 26 日，中央政府分别发布了 3 个政策性文件，相应的北京市政府分别于 2010 年 4 月 30 日，2011 年 2 月 15 日和 2013 年 3 月 30 日发布了当地具体的政策文件。这 6 个文件中基本包含了最重要的住房限购措施。

从文件内容的承继性来看，后一轮的限购政策通常继承了前一轮的多数条款，但在某些方面会更加严格。例如，在第一轮的限购中，对于购买第二套住房的家庭，其抵押贷款首付比例应高于 50%；而在 2011 年的第二轮限购中，这一比例上升到 60%。另一个例子是，在第二轮的限购中，当地的家庭（包括单身的成年人）已拥有 1 套住房的，有资格购买另一套住房；然而在第三轮限购条件下，当地单身成年人如果已经拥有了一套住房，就不允许再购买第二套住房了。

从政策内容来看，所有的限购措施可以分为 3 个类别：信贷政策（比如提高首付的比重、提高抵押贷款的利率等）、税收工具（比如提高住房交易税和房屋转售收益的个人所得税）、配额限制（限制每个家庭允许购买的住房数量）。需要指出的是，在第三轮的限购中，"凡是不满足'自住5年以上并且是家庭唯一住房'的个人转让住房所得（不包括房屋原值），应按20%的比例计征个人所得税"其实不是一个新政策。在此之前，转让住房所得的个人所得税计征通常是用简化的方法计算，即按住房转让全部收入的1%到3%之间的固定比率核定征收个人所得税。考虑到北京房价的快速增长，从简化方法到常规方法，本质上是提高了住房转让的个人所得税。此外，某种形式的以家庭为基础的累进税几乎被嵌入到每一轮限购中。对于购买第一套住房的家庭，或出售自己唯一的住房的家庭，他们不会受到任何限购政策的影响。对于购买第二套（或更多）住房的家庭，或出售多套住房中的一套的家庭，他们可能需要支付更高的首付款、更多的利息，以及缴纳更重的交易税和个人所得税，而且他们更有可能被禁止购买额外的住房。这一安排最初是为了打击投机性购房并保护基本住房需求。然而，由于政策对"家庭"的界定可以是一对已婚夫妇的家庭，也可以是一个单身成年人的家庭，限购政策为已婚夫妇采取"假离婚"的应对行动提供了巨大的经济刺激。

我们不妨通过一个简单的例子和一些计算来说明住房限购对假离婚的巨大经济刺激。设想有两对夫妇——夫妇A（丈夫A^h，妻子A^w）和夫妇B（丈夫B^h，妻子B^w）。夫妇A拥有一套房，而夫妇B拥有两套房。这两对夫妇已经达成了一项协议，夫妇B将出售其中的一套住房给夫妇A。假设住房面积是100平方米，价格是27000元/平方米[①]。5年前，B夫妇以7000元/平方米的价格买下了这套房屋[②]。在这些假设之下，我们可以计算出夫妇A和夫妇B在交易前通过假离婚获得的利益。此外，2010—2013年，北京市城

---

① 据中国指数研究院网（http://fdc.fang.com/index/BaiChengIndex.html）的资料，2010年至2013年，北京的平均房价介于22729元/平方米至31465元/平方米之间，27000元/平方米是简单平均数。

② 据Wu, Deng and Liu（2013）的估计，2006—2010年，北京的房价每年增长约30.8%。我们用这个增长率推算得到夫妇B购买住房时的原价。

镇居民人均可支配收入为 34691 元，这可以作为衡量假离婚经济激励的一个参照①。

　　首先看按揭利息方面的影响。根据第一轮限购政策，"对购买首套自住房且套型建筑面积在 90 平方米以上的家庭，贷款首付款比例不得低于 30%；对贷款购买第二套住房的家庭，贷款首付款比例不得低于 50%，贷款利率不得低于基准利率的 1.1 倍"。假设夫妇 A 需要 20 年的抵押贷款来购买这个住房。2010—2013 年期间，央行（中国人民银行）制定的贷款期限超过 5 年的基准利率（年率）介于 5.94%—7.05% 之间。我们取这两个数字的中间值，即 6.50%。所以，夫妇 A 面临的按揭利率为 7.15%（6.50%×1.1）。为完成交易，夫妇 A 需要在未来 20 年支付 135 万元的首付款和 10588.43 元的月供②。但是，如果丈夫 A^h 和妻子 A^w 先离婚，并把原本共有的一套住房分配给妻子 A^w，让丈夫 A^h 与夫妇 B 交易。那么，丈夫 Ah 将被视为购买他的第一套住房③，此时他只需要支付占总价 30% 的首付款，而且很有可能获得优惠的按揭利率（基准利率的 0.9 倍)④。如表 5-14 的方案 2 所示，在未来的 20 年中，丈夫 A^h 仅需要支付 81 万元的首付款和总计 13377.50 元的月供即可。

---

　　① 据《中国统计年鉴（2014）》的资料，2010 年、2011 年、2012 年和 2013 年，北京城镇居民家庭人均可支配收入分别为 29072.9 元，32903.0 元，36468.8 元和 40321.0 元，34691 元为简单平均数。

　　② 需要注意的是，正如中国商业银行所做的那样，这里的年度抵押贷款利率是按年利率复利计算的，而不是有效的年利率。换句话说，每月利率按 7.15%/12 计算，而不是 $(1+7.15\%)^{(1/12)}-1$。

　　③ 在现实中，还要求丈夫 A^h 以前从未使用过抵押贷款购买住房。

　　④ 中国人民银行（中国中央银行）于 2008 年 10 月 22 日发布的《扩大商业性个人住房贷款利率下浮幅度 支持居民首次购买普通住房》的文件允许商业银行设定其按揭利率低至基准利率的 0.7 倍。(http：//www. pbc. gov. cn/bangongting/135485/135491/135597/1009978/index. html) 商业银行在住房限购发布前提供最低利率的情况非常普遍。但从那时起，大多数商业银行的抵押贷款利率上涨至基准利率的 0.85—1 倍，而大多数客户的基准利率上涨到 0.9 倍。参见《北京首套房贷利率底线 8.5 折未见 7 折优惠》(《北京日报》2012-6-13，http：//finance. people. com. cn/bank/GB/18162876. html)。

表 5-14　通过假离婚节省的抵押贷款利息测算

	方案 1	方案 1.5	方案 2
首付价值比（%）	50	30	30
房贷率（%）	7.15	7.15	5.85
首付（元）	1350000.00	810000.00	810000.00
月供（元）	10588.43	14823.80	13377.50
总支出		4367712.88	4020601.05
方案 1.5 - 方案 2			347111.83
总支出（现值）		2210290.63	2073669.87
方案 1.5 - 方案 2（现值）			136620.76

由于我们不知道夫妇 A 提前支付 54 万元的机会成本，所以很难比较这两种选择，但不妨假定机会成本与 7.15% 的按揭利率相同，然后将方案 1 转换成方案 1.5。通过比较方案 1.5 和方案 2 不难看出，在未来 20 年里，通过假离婚可以省下 347111.83 元，这是北京人均可支配收入的 10 倍。如果将货币的时间价值考虑在内，并使用高达 12% 的年贴现率，那么节省费用的现值为 136620.76 元，是人均可支配收入的 3.9 倍。

再来看交易税方面的影响。根据中央政府于 2010 年 9 月 29 日发布的政策，"个人购买普通住宅，且该套住房是家庭所拥有的唯一住房，契税减半……个人首次购买 90 平方米及以下普通住房的，契税税率降至 1%"。北京房屋交易契税的税率为 3%，因此，夫妇 A 需要支付 81000 元（270 万元×3%）的合同税。如果他们采取假离婚的策略，那么契税将减少到 40500 元（270 万元×1.5%），这意味着夫妇 A 可以节省 4.05 万，这是人均可支配收入的 1.2 倍。在我们的假设中，住宅单元面积是 100 平方米；事实上如果面积小于 90 平方米，那么夫妇二人离婚后，契税税率可降至 1%。

此外，配额限制也是刺激夫妇 A 假离婚的一个重要诱因，尽管这种潜在收益很难用金钱来衡量。根据第一轮限购政策，"自限购政策发布以来，每个家庭都可以购买另外一套住房"；在第二轮限购政策出台后，相关表述变成了"对已拥有 2 套及以上住房的本市户籍居民家庭……暂停在本市向其售房"。如果夫妇 A 的当前持有住房是在第一轮限购后购买的，或者假设夫妇 A 拥有两套住房，那么由于第一次或第二次限制，夫妇 A 将被禁止进行房屋交易。如果他们采取假离婚的策略，那么就可以避免配额限制。虽然我们没有足够的信息来测算其货币收益，但能够获得消费者剩余对夫妇 A 来说已经相当具有诱惑力了。

最后再来看个人所得税的影响。不同于贷款利息和契税，个人所得税由卖方支付。根据国家税务总局提供的个人所得税法的解释，在个人住房转让中有两种计算应缴个人所得税的方法。一般方法适用于能核实房屋原值的情况，以转让财产收入额减除财产原值和合理费用后的余额，按照 20% 的税率计算纳税。不能核实房屋原值的，采用简化方法，即个人所得税税款以房屋交易价格的 1% 计算①。在 2013 年初发布第三轮住房限购之前，简化方法得到了广泛的应用，这并不难理解。考虑到北京房价的快速增长，使用简化的方法会大大减轻卖家的税负。然而，第三轮限购明确要求，能够核实房屋原值的，应依法严格按照个人转让住房所得的 20% 计征。此外，政策仍旧规定："对个人转让自住 5 年以上，并且是家庭唯一生活用房取得的所得，继续免征个人所得税。"因此，严格地说，在住房交易中，由个人所得税产生的假离婚的经济刺激，在第三轮住房限购政策发布之前就已经存在了。

在我们用以测算的假想案例中，夫妇 B 应缴纳的个人所得税的税基为销售价格（270 万元）减房屋原值（70 万元），即 200 万元。此外，住房装修费用（不低于原值的 10%）、卖方支付的交易税金、卖方在购买本套住房时支付的贷款利息以及其他合理费用也可以扣除。房屋自住 5 年以上出售的，对卖方免征营业税。其他的，我们假定贷款利息占房屋原值的 35%，其他合理成本支出占房屋原值的 5%。在此基础上，卖方应缴纳的所得税的计算基数为 200 万元减去 35 万元［70 万元×（10%＋35%＋5%）］，即 165 万元；卖方应缴个人所得税 33 万元（165 万元×20%）。如果夫妇 B 先离婚，并把这套住房归入丈夫 Bh 的名下，另一套住房分配给妻子 B^w，然后让丈夫 B^h 与夫妇 A 交易，那么由于这套住房是 5 年前购买的，且为丈夫 Bh 唯一住房，

①　简化方法中使用的统一税率可以在 1% 和 3% 之间浮动，1% 是北京使用的税率。

所以从这个住房转让的交易中取得的所得，可以免征个人所得税。因此，夫妇 B 选择假离婚，在个人所得税环节可以节省 33 万元，这是人均可支配收入的 9.5 倍。

表 5-15　假离婚的潜在收益测算

	夫妇 A （买方）		夫妇 B （卖方）	
	节省金额 （元）	年人均可支配收入	节省金额 （元）	年人均可支配收入
贷款利息	136620.76	3.9	–	–
交易税	40500.00	1.2	–	–
个人所得税	–	–	330000.00	9.5
总计	177120.76	5.1	330000.00	9.5

通过表 5-15 的汇总可以看到，夫妇 A （买家）在交易前可以通过假离婚节省 177120.76 元 （5.1 倍的人均可支配收入），而夫妻 B （卖家）假离婚则可以避缴个人所得税 33 万元 （人均可支配收入的 9.5 倍）。严格说来，在一般均衡中，所有节省的钱都会在买卖双方之间分配，分配的方案则取决于买方和卖方的议价能力。但有一点可以肯定的是，在住房限购的情况下，在住房交易之前假离婚将会获得巨额的收益①。从这个例子中还可以看到激励的差异化。前两轮限购政策主要依靠提高抵押贷款利率，增加交易税和配额限制等措施，激励了买方假离婚；而要求严格依法执行 20% 个人所得税政策的第三轮限购，则会对卖方的假离婚行为带来激励。

巨额的经济利益，以及大多数在房屋交易前假离婚的夫妇在交易后不久就复婚的事实，容易让人们忽略这样做的代价。人们通常认为这样做无非是婚姻短时间中断一下，但事实上的成本和风险却是不容忽视的。

假离婚夫妇的直接成本是在离婚和复婚的法律程序上所花费金钱和时间，以及相应的机会成本。与经济收益相比，这些成本基本可以忽略不计。

———————————

① 我们的例子中做出了一些假设，以使买卖双方都能从假离婚中获益，从而在一个例子中说明各种经济激励。有必要指出的是，买方是否可以从假离婚中获益，与卖方是否可以从假离婚中获益是无关的，反之亦然。

北京市民政局只收取每人 9 元的结婚证或离婚证的工本费，绝大多数情况下一天即可完成离婚或结婚的所有程序；但是离婚造成的潜在风险却还是相当高的。仍以上文中的假设案例为例，为了成功避免住房限购，一对夫妇需要分割他们当前拥有的房产。在夫妇 B 拥有 2 套住房的情况下，假离婚时丈夫 B^h 和妻子 B^w 各得到一套住房，这看起来非常公平。但是，如果夫妇 B 拥有超过 3 套住房，那么为了成功规避限购令，夫妻中的一方就只能得到一套住房用以出售给夫妇 A，剩下的住房都将归到另一方的名下，这样的结果会让得到较少财产的一方处于危险的境地。虽然是事实上的假离婚，但在法律上是有效的真实离婚，做出"牺牲"的一方将被视为自愿放弃分配给其配偶的财产的所有权，如果其配偶迟迟不肯复婚，或者换个角度来说，配偶想让假离婚变成真离婚，那么转让房产的一方就会蒙受巨大的损失。现实中这种情况确实多有发生。事实上即使已经复婚的夫妇，类似的风险依然存在。根据中国现行《婚姻法》的规定，未经书面约定，婚前财产应归夫妻各自所有，而不归夫妻共同所有；因此在复婚后，如果夫妻双方没有达成书面协议以说明所有财产归双方共同所有，那么在将来的某个时候，当夫妇想要真离婚时，出让房产的一方将会蒙受巨大的经济损失。

再从政策制定者的角度来看，假离婚会给经济社会造成非常大的负面影响。第一，这将在一定程度上降低住房限购政策在冷却房地产市场方面的效果。第二，在处理离婚案件的过程中，当地民政部门要花费更多的调解成本，比如，上海闵行区婚姻登记中心面对每日离婚人数大幅增加的情况，特意在门口设立了"楼市有风险，离婚需谨慎"的公告警示牌。此外，如果某些假离婚的夫妇中有一方单方面拒绝按照承诺复婚，那么当地法院还需要在处理这些纠纷方面投入更多的资源。第三，与假离婚的夫妇相比，那些同样受到住房限购但没有选择假离婚的夫妇实际上受到了损害；出于对婚姻的尊重，或是更好地理解了假离婚的风险，他们没有选择假离婚。但不管是什么原因，从政策制定者的角度来看，这种不平等绝非政策的初衷。第四，结婚和离婚数据是经济学、社会学、政治学等诸多领域开展研究的重要基础性数据源。不仅仅是婚姻登记数据，其他调查中的"婚姻状况"数据也可能由于假离婚而失真，这将对未来相关领域的研究造成严重的影响。

公众的应对使政府部门意识到了假离婚问题的存在，也认识到这一问题的成本和风险。在 2013 年的第三轮限购中，有一套及以上住房的单身成年人没有资格再购买额外的住房，这被认为是防止人们通过假离婚来规避限购的有力应对措施。然而更严格的配额限制只是影响到买方，而且通过将当前拥有的财产分割得更加不平等，夫妇还是能够规避这种限制。

二、针对北京市离婚数量的初步分析

本节开展实证研究的数据基础是北京市婚姻登记数据库中 2004 年 1 月 1 日至 2013 年 12 月 31 日的数据记录，其中的离婚登记和复婚登记记录是本研究的主要对象。

1. 对每日离婚数量的一个考察

假离婚的存在会直接导致每日离婚数量的增加，所以我们的实证研究从分析住房限购政策（HPR）对每日离婚数量的影响开始。

我们设定的主体方程中，每日离婚数量（Divorce_ Num）为因变量，自变量包括三个虚拟变量（HPR_2010，HPR_2011 和 HPR_2013）和一个控制变量向量（X）。

$$\text{Divorce\_Num}_t = \beta_0 + \beta_1 HPR\_2010_t + \beta_2 HPR\_2011_t + \beta_3 HPR\_2013_t + \Gamma X_t + \mu_t \tag{1}$$

Divorce_ Numt 是第 t 天的离婚登记数量[①]。虚拟变量 HPR_2010_t（HPR_2011_t，HPR_2013_t）的含义是：如果 t 晚于 2010 年 4 月 17 日（2011 年 1 月 26 日，2013 年 2 月 26 日），即晚于国务院发布的第一轮（第二轮，第三轮）限购令，则 t 等于 1，否则 t 等于 0[②]；控制变量（X_t）包括每月的假期变量、

---

① 如果北京市民政局在第 t 天停止办公，则 Divorce_ Numt 等于 0，这些观察值被删除。

② 选择中央政府发布文件的时间作为节点，是考虑到公众会在中央政府政策发布后不久就会采取行动，而不是等待北京当地的政策。

每周的假期变量，以及春节假期①。模型中的系数 β_1，β_2 和 β_3 即三轮住房限购措施对每日离婚数量的影响，可看作是这些限制所导致的假离婚规模的初步估计；其中 β_2 表示除第一轮限购以外的第二轮限制所带来的额外影响，β_3 表示除前两轮限购外的第三轮限购造成的额外影响。

考虑到固定效应很可能受到住房限购政策的破坏，我们首先使用2005—2009 年的数据对 X_t 和 Divorce_ Num 进行回归，以得到固定效应（Γ）的估计值。假设这些固定效应不会因住房限购而改变，由此可以消除 Divorce_ Num 在整个期间（2005—2013 年）的固定效应，并获得每日调整的离婚数量（Divorce_ Num_ adj），然后将其用作因变量，并将式（1）转换为式（2）：

$$Divorce\_Num\_adj_t = \beta_0 + \beta_1 HPR\_2010_t + \beta_2 HPR\_2011_t + \beta_3 HPR\_2013_t + \Gamma X_t + \mu_t \qquad (2)$$

表 5-16　每日离婚数的影响分析

	调整的每日离婚数	
	无时间趋势	有时间趋势
HPR_ 2010	16. 866***	5. 300***
	(1. 429)	(1. 366)
HPR_ 2011	10. 945***	4. 910***
	(1. 553)	(1. 484)
HPR_ 2013	67. 384***	61. 192***
	(1. 503)	(1. 436)
线性时间趋势		0. 014***
		(0. 000)
常数	0. 769	-9. 149***
	(0. 540)	(0. 517)
R^2	0. 67	n. a.
No. of Obs	2469	2469

注：括号中为标准误。* 表示在10%水平上显著；** 表示在5%水平上显著；*** 表示在1%水平上显著。

———————————

① 春节假期的具体定义方式为：如果 t 在春节前的最后一周或节日后的前15天内，则等于1；否则为0。我们预期在此期间会有较少的离婚案件。

式（2）的估计结果如表5-16所示。第1列的估计结果表明，自第一轮限购以来，每日离婚的数量增加了16.9例；第二轮和第三轮限购实施后，分别增加了10.9例和67.4例。因为当消除固定效应时，我们也减去平均值，所以截距相当小（0.769）。总的来说，我们的三个政策假设和固定效应可以解释每日离婚数量的80%以上的变化。

我们注意到，在2005—2009年间，每日离婚人数呈缓慢但持续增长的趋势，表明可能存在一些其他经济、社会和人口因素，这些因素也可能导致离婚人数的增加。为了控制这些因素的影响，我们在回归中加入一个线性时间趋势变量，并重新估计了式（2），结果如表5-16的第2列所示，线性时间趋势的系数为0.014。这里只计算了工作日，由于平均每年有274个工作日，这意味着离婚数量每天增加约3.8例（0.014×274）。加入线性时间趋势使得HPR_2010，HPR_2011和HPR_2013的估计系数变小，但仍然是显著的。自第一轮限购以来，每日离婚数量增加5.3例，在此基础上，第二轮、第三轮限购后又增加了4.9例和61.2例。此后我们使用北京市政府发布三个政策文件的日期来重新定义HPR_2010，HPR_2011和HPR_2013，进行回归后得到了非常相似的结果。

基于上述结果我们可以对住房限购引起的假离婚规模做一个初步估计。我们将第一轮限购到2013年底这段时间分为三个阶段，第一阶段（2010年4月17日—2011年1月25日）、第二阶段（2011年1月26日—2013年2月25日）和第三阶段（2013年2月26日—2013年12月31日），每阶段分别有230、609和252个工作日。通过计算得到，在第一阶段有1219（5.300×230）个假离婚案件，在第二阶段有6218［（5.300+4.910）×609］个假离婚案件，在第三阶段有17993［（5.300+4.910+61.192）×252］个假离婚案件，总共有25430例假离婚案件，占同期离婚总数的17.0%；特别是在第三阶段，假离婚案件占离婚总数的37.2%。当然，这只是一个相当粗略的估计。在上述估计中，日离婚数量的增加可能是由除了住房限购之外的其他一些不可观察的因素造成的，包括线性时间趋势不能控制的因素。因此，假离婚的数量不排除被高估的可能。

2. 分年龄组别的离婚数量分析

我们在上文中已经提到，住房限购政策住房买卖双方带来的假离婚的激励是不同的。以提高抵押贷款利率、增加交易税和配额限制为主的第一轮和第二轮限购，偏重于激励买方假离婚；而要求严格执行 20% 个人所得税政策的第三轮限购，则会给卖家带来更多的刺激。

在离婚登记数据中我们无从识别和区分买卖双方，然而，买卖双方在年龄分布上的差别至少在一定程度上反映出住房限购影响的差异化。中国指数研究院在北京进行的一项调查显示，潜在购房者的年龄在 22 岁到 66 岁之间，平均为 33.4 岁，标准差为 8.9，大约 70% 的购房者都在 40 岁以下[1]。另一份专注于中国二手房市场调研的公司发布的报告称，北京的房屋换手率（年度二手房交易量/房屋总数）低至 2% 至 4%[2]，这意味着北京的房屋所有者更倾向于长期持有房产，所以房屋卖家更可能是老年人。基于这些信息，我们认为如下的推断是合理的：（1）前两轮的限购对相对年轻的夫妇的离婚决定会有更大的影响；（2）对于最年轻的群体来说，因为他们中的大多数人会购买他们的第一套住房，所以采取假离婚不会给他们带来经济利益；（3）第三轮限购会对相对较老的夫妇的离婚决定产生更大的影响。

为了验证上述假设，我们将每日离婚数量进行分年龄段的考察分析。我们将夫妇分为 29 岁及以下、30—39 岁、40—49 岁、50—59 岁以及 60 岁及以上的 5 个年龄组，并将其作为因变量来重复之前的回归模型[3]。使用类似的方法消除固定效应，结果显示不同年龄段的固定效应与全样本的固定效应高度一致。表 5-17 显示了每个年龄组的住房限购影响的估计（线性时间趋

---

① 参见中国指数研究院："2010 年二季度购房者消费调查研究报告"，http://fdc. fang. com/report/1100. htm。

② 参见《北京日报》："北京二手房交易'大数据'：北京人平均 33 年换一次房"，http://bjrb. bjd. com. cn/html/2015-05/16/content_ 279985. htm。

③ 对于每个年龄组，我们都要求丈夫的年龄和妻子的年龄都在该区间内。结果显示，每组每日离婚数的总和约占总离婚数的 69.6%。

势在所有回归中都受到控制）。第 1 列的结果表明，住房限购对年龄小于 30
岁组的每日离婚数量没有正向影响；相反，第一轮和第二轮的限购减少了一
些离婚数量。这可能源自混杂因素对离婚决定产生的影响。对于其他分组，
第一轮和第二轮限购对 30—40 岁之间年龄组的离婚人数具有显著的正向影
响，而对其他年龄较大的分组，前两轮限购的影响非常有限；而第三轮限购
则大大增加了 30 岁及以上的四个组的每日离婚数量。

表 5-17　分年龄组别的每日离婚数量的影响分析

	离婚数量				
	29 岁及以下	30—39 岁	40—49 岁	50—59 岁	60 岁及以上
HPR_ 2010	−1. 067 ***	1. 258 **	1. 762 ***	0. 789 ***	0. 135
	（0. 335）	（0. 597）	（0. 381）	（0. 251）	（0. 124）
HPR_ 2011	−2. 051 ***	7. 115 ***	−0. 514	−1. 703 ***	0. 435 ***
	（0. 364）	（0. 648）	（0. 414）	（0. 273）	（0. 135）
HPR_ 2013	−0. 567	24. 251 ***	8. 352 ***	8. 495 ***	4. 455 ***
	（0. 353）	（0. 628）	（0. 400）	（0. 264）	（0. 131）
线性时间趋势	0. 006 ***	0. 000	0. 000	0. 003 ***	0. 000 ***
	（0. 000）	（0. 000）	（0. 000）	（0. 000）	（0. 000）
常数	−4. 041 ***	−0. 286	−0. 142	−1. 630 ***	−0. 238 ***
	（0. 127）	（0. 226）	（0. 144）	（0. 095）	（0. 047）

注：括号中为标准误。* 表示在10%水平上显著；** 表示在5%水平上显著；*** 表示在1%水平上显著。

总体来看，区分年龄组别的分析结果与我们的预期高度一致。唯一的例
外是第三轮限购也对相对较年轻的人群（30—39 岁）的离婚数量产生了显
著的影响。对此有两个可能的解释。首先，在 30—39 岁的分组中可能还有
一些卖房者，从生命周期的视角来看，这个年龄段的夫妇很可能会对住房有
更大或更好的需求（卖房换购以满足改善性需求），或者想为学龄儿童在最
中意的学区购买住房（卖房换购"学区房"）。其次，社会规范在这里也扮
演着重要的角色。有研究表明，人们倾向于将他们自己的行为调整到一个广
为接受的社会规范的框架内（Coleman，2007a），此观点已经应用于有关依

法纳税和合理避税的研究中，研究发现，了解到大多数人不会在税收上作弊会促进依法纳税行为（Coleman，2007b；Blumenthal 等，2001；Bott，2014）。这一发现的反面则为我们的研究发现提供了支持。我们从中国最大的搜索引擎——百度——搜索到了一个索引，该搜索引擎是根据用户的搜索行为数据计算出来的，搜索关键词是中国的"假离婚买房"，结果如图 5-2 所示。在第三轮限购（垂直线所在位置）发布后不久，我们看到搜索行为急剧增加；而且平均来看，2013 年的指数大大高于前两年。可见通过假离婚来避免住房限购的行为越来越被社会所接受，这反过来又加剧了 30—39 岁年龄组夫妇的假离婚数量的增加。

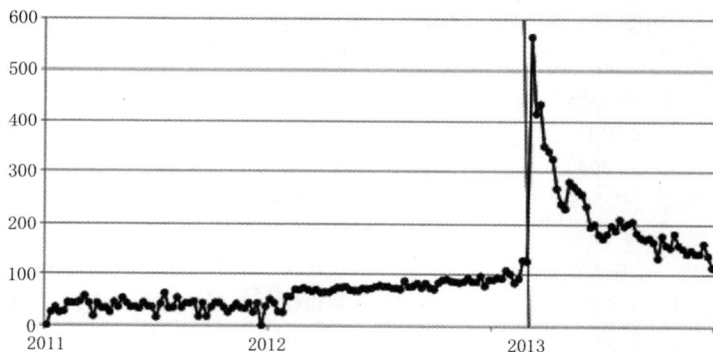

图 5-2　百度搜索测算的"假离婚买房"指数

　　表 5-18 显示了根据表 5-17 中的结果（将负向和不显著影响设置为零）估算的每个年龄组别的假离婚规模（离婚量和相应的比例）。在所有的年龄组别中，30—39 岁组的夫妇贡献的假离婚案例最多，而 60 岁及以上的夫妇的离婚决定受到了最大程度的扭曲——假离婚在这个年龄组的离婚总数中占比 42.3%，其中第三轮中占比高达 68.8%。

表 5-18　基于分年龄组别分析的假离婚数量的估算

限购	29 岁及以下	30—39 岁	40—49 岁	50—59 岁	60 岁及以上
第一轮	0	289	405	181	0
	0.0%	4.6%	8.9%	8.4%	0.0%
第二轮	0	5099	760	0	347
	0.0%	23.9%	6.4%	0.0%	21.9%
第三轮	0	8，221	2419	1910	1266
	0.0%	54.7%	33.9%	40.8%	68.8%
总计	0	13610	3584	2092	1613
	0.0%	31.9%	15.2%	17.1%	42.3%

3. 基于断点回归的因果关系分析

断点回归（RD）方法被广泛应用于医药卫生领域的治疗效果估计，即根据观察到的赋值变量是否超过已知的截止点来判定治疗的效果。既有研究中的赋值变量大多是测验分数、投票份额、收入、年龄、出生日期等等，但是也有一些研究使用时间作为赋值变量来考察某个时间点所采用的政策是否会对相关结果产生影响，比如 Davis（2008）的研究。

本研究采用这一方法考察当政策文件发布时，在分界点上住房限购是否会显著增加离婚数量。与之前的简单回归分析相比，断点回归方法能够提供更直接的证据来证明住房限购与假离婚行为之间的因果关系。有效的断点回归设计要求，所有其他因素在分界点附近是连续的，否则估计的处理效果会有偏差。而我们的研究主题是满足这个要求的，即没有其他因素在住房限购政策发布之际会影响到人们的离婚决策。

针对每一轮的限购，我们分别进行单独的断点回归设计，在分界点前后保留大约半年的观察值，即总体上在每个估计中都有一年的观察值，同时使用非参数方法确定了 30 天的带宽。

表 5-19 断点回归的分析结果

	HPR_ 2010	HPR_ 2011	HPR_ 2013
全样本	−1. 760	−8. 239	43. 700⁺
	(7. 562)	(9. 725)	(29. 308)
29 岁及以下	−5. 171**	−1. 876	−4. 849*
	(2. 108)	(2. 496)	(2. 744)
30—39 岁	4. 311⁺	0. 522	18. 333*
	(2. 966)	(2. 848)	(10. 878)
40—49 岁	−0. 143	1. 986	6. 398
	(2. 177)	(2. 645)	(6. 402)
50—59 岁	2. 240	−2. 486	6. 853*
	(2. 183)	(1. 963)	(3. 750)
60 岁及以上	−0. 763	−0. 082	5. 349***
	(1. 107)	(0. 724)	(1. 737)

注：括号中为标准误。+表示在15%水平上显著，＊表示在10%水平上显著；＊＊表示在5%水平上显著；＊＊＊表示在1%水平上显著。

在表 5-19 中，我们基于断点回归对每一轮住房限购的影响进行了估算，其中第一行显示了对离婚总量的影响结果，可见第一轮和第二轮限购对日离婚数量没有显著影响，第三轮限购使每日离婚数量增加了 43.7 例，并达到 15%的显著水平。表 5-19 还显示了以每个年龄组的离婚数量作为因变量时的结果，类似于总量水平的影响，第一轮和第二轮限购对每个年龄组别的日离婚数量的影响可以忽略不计，而第三轮限购对于 4 个 30 岁以上的年龄组的日离婚数量均有一定的正向影响，特别是对于 30—39 岁、50—59 岁和 60 岁及以上的 3 个组别。

在解释断点回归设计的结果时，特别是当我们将时间用作赋值变量时，需要注意的是，结果只能在分界点附近的短时间（这里是一个月）内提供可信的处理效果，关于处理效果是后来变得更强还是更弱。因此，我们不能像使用 OLS 回归结果那样，为假离婚的规模提供估计。

到目前为止，所有的分析都是建立在每日离婚数量的基础上的。由于离婚量会受到很多社会和经济因素的影响，因此我们的结果仍有可能是有偏的。为了找到更确凿的证据，我们将进一步分析正常离婚和假离婚之间的差异。如前所述，大多数涉及假离婚的夫妇在进行房屋交易或申请抵押贷款之前会先离婚，并在交易后不久即复婚。然而，正常离婚的夫妇如果选择复婚，离婚与复婚之间的时间间隔通常会遵循一个相对稳定的分布。从这个角度分析，如果我们能够发现异常复婚的离婚数量，将有助于对假离婚问题做出更为准确的估计和判断。

三、一个结合复婚记录的分析

为了考察住房限购政策对短期内复婚概率的影响，我们首先需要识别出复婚的记录，即那些由同一个丈夫与同一个妻子组成的夫妇的记录。由于数据库提供了婚姻登记双方的生日和公民身份证号码的前 6 位数字，我们为每对夫妇创造了一个独特的代码，由丈夫的身份证号码前 6 位、出生日期，加上妻子的身份证号码前 6 位和出生日期组成[1]。对于每一条离婚记录，如果我们在这对夫妇的唯一代码中找到了结婚登记记录，就可以判定这对夫妇恢复了他们的婚姻。在对离婚和结婚的登记日期进行处理之后，我们还可以计算出这对夫妇经过多少天恢复了婚姻。有了这些信息，我们就可以计算出每天的离婚个案在某一特定时间内复婚的可能性，结果如图 5-3 所示；为了减少波动并提高清晰度，我们以"月"为单位展示了复婚的平均概率[2]。

图中最高的一行显示了基于已有数据计算的复婚的可能性，该行上的每个点实际上具有不同的含义，具体取决于距离 2013 年底有多少天。如果我们认为复婚所需要的时间遵循长尾分布，可以预计这条线在早期是非常稳定的，并在接近 2013 年底前迅速下降。而从图中来看，直到 2011 年底之后，这条线开始在 2012 年初增加，并达到了另一个高点，这主要是因为短期内复婚的概率增加。图 5-3 还显示了在 180 天、90 天、60 天和 30 天内复婚概

---

[1]　两对不同夫妇共享相同唯一代码的可能性微乎其微，可以忽略不计。
[2]　这里采用加权平均值，按每日离婚次数加权。

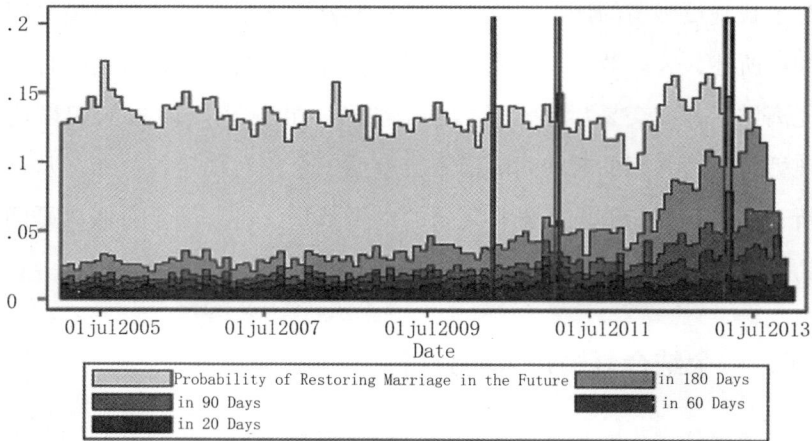

图5-3　对复婚可能性的一个测算（2005—2013）

注：三组垂直线中，左边的线分别表示中央政府发布的三份最重要的政策文件的
　　时点，右边的线分别表示北京市发布的地方政策文件的时点。

率的变动情况。显然，除了最后一个（30天复婚概率），其他三种情形自首
轮住房限购发布以来，尤其是自第二轮限购以来，均显示出明显增长的格
局。很难想象除了假离婚外，还会有任何其他因素，能够对复婚行为有如此
重大的影响。因此，如果我们能够估计出短时间内住房限购对复婚的可能性
的影响，那么我们就能更准确地估计出假离婚的规模。

　　基于图5-3所显示的结果，我们认为因变量的一个很好的选择是在180
天内复婚的可能性。我们假定对于正常离婚而言，复婚所需的时间分布是相
对稳定的，如果能够考察在较长时期内复婚的可能性，我们可以更精确地估
计假离婚的规模；遗憾的是数据仅到2013年底为止，这意味着在2013年会
失去更多的观察值，使我们难以估计第三轮限购的影响。综合正反两方面的
考虑，180天是一个适当的选择。我们首先从简单的OLS回归开始分析。式
（3）中的三个政策虚拟变量的定义与式（1）中的相同。

$$Prob\ Restore180_t = \beta_0 + \beta_1 HPR_{2010_t} + \beta_2 HPR_{2011_t} + \beta_3 HPR_{2013_t} + \mu_t \tag{3}$$

表 5-20　180 天内复婚的可能性分析

	180 天内复婚的可能性	
	无时间趋势	有时间趋势
HPR_ 2010	0.014***	0.007***
	(0.002)	(0.002)
HPR_ 2011	0.020***	0.017***
	(0.002)	(0.002)
HPR_ 2013	0.053***	0.050***
	(0.003)	(0.002)
线性时间趋势		0.000***
		(0.000)
常数	0.031***	0.025***
	(0.001)	(0.001)
R^2	0.45	–
观测量	2322	2322

注：括号中为标准误。* 表示在 10% 水平上显著；** 表示在 5% 水平上显著；*** 表示在 1% 水平上显著。

式（3）的估计结果如表 5-20 所示。从第 1 列的回归结果可见，自第一轮限购以来，180 天内复婚的概率增加了 1.4%；当第二轮和第三轮限购实施时，概率增加了 2.0% 和 5.3%。截距 0.031 意味着在任何住房限购之前，180 天内复婚的平均概率为 3.1%。虽然我们只有三个政策虚拟变量作为解释变量，但 R^2 值达到了 0.45。在回归中包含线性时间趋势并重新估计式（3）之后，结果如第二列所示，HPR_ 2010，HPR_ 2011 和 HPR_ 2013 的估计系数稍微变小，但仍然是显著的。第一轮限购以来，180 天内复婚的可能性增加了 0.7%，在第二轮和第三轮限购实施后，概率分别增加了 1.7% 和 5.0%。

在上述结果的基础上，我们可以更准确和相对保守地估计出由住房限购引起的假离婚的规模。在第一轮、第二轮和第三轮限购期间分别有 230，609 和 252 个工作日，每轮平均每日离婚数量分别为 111.9 例、123.4 例和 191.9 例。由此可以估算出，第一轮中的假离婚案件有 180（0.007×111.9×230）例，第二轮有 1804 例 [（0.007+0.017）×123.4×609]，第三轮有 3579 例 [（0.007+0.017+0.050）×191.9×252]。总体来说，基于对 180 天内复婚可

人口流动背景下大城市婚配特征的变迁

能性的分析，我们测算约有 5563 例假离婚案件，占同期离婚总数的 3.7%，尤其是在第三轮中，假离婚约占离婚总数的 7.4%。

此外，我们还针对不同的年龄分组估计了式（3），结果参见表 5-21。当使用每日离婚数量作为因变量时，这些结果与表 5-17 中的结果非常一致；相对而言，表 5-21 中的结果更符合我们的预期。表中第 1 列的结果表明，第一轮限购对 29 岁及以下年龄组 180 天内复婚的概率没有显著影响，而第二轮和第三轮限购将这一概率提高了 1.0% 和 2.1%。这是可以解释的，虽然我们预计这个群体中的大多数人都在购买他们的第一套住房，假离婚不会给他们带来经济利益，但他们中的一些人仍有可能受到住房限购的刺激而采取假离婚。第一轮和第二轮限购政策对 30—39 岁和 40—49 岁的年龄组具有显著的积极影响。前一组的影响比后一组的影响要大得多，而对于其他的高年龄组，前两轮限购没有显著影响。第三轮限购政策下，所有年龄组在 180 天内复婚的可能性都显著增加了。

表 5-21　考虑年龄分组的 180 天内复婚的可能性分析

	180 天内复婚的可能性				
	29 岁及以下	30—39 岁	40—49 岁	50—59 岁	60 岁及以上
HPR_ 2010	0.003	0.018***	0.006*	0.002	0.011
	(0.004)	(0.003)	(0.003)	(0.004)	(0.010)
HPR_ 2011	0.010**	0.027***	0.011***	0.006	0.013
	(0.004)	(0.004)	(0.003)	(0.005)	(0.011)
HPR_ 2013	0.021***	0.070***	0.048***	0.044***	0.050***
	(0.006)	(0.005)	(0.005)	(0.007)	(0.014)
线性时间趋势	0.000	0.000***	0.000***	0.000	0.000
	(0.000)	(0.000)	(0.000)	(0.000)	(0.000)
常数	0.038***	0.028***	0.017***	0.017***	0.018***
	(0.002)	(0.001)	(0.001)	(0.002)	(0.004)
观察值	2322	2322	2322	2305	1885

注：括号中为标准误。* 表示在 10% 水平上显著；** 表示在 5% 水平上显著；*** 表示在 1% 水平上显著。

228

表 5-22 显示了基于表 5-21 对假离婚数量的估计结果，即在每轮限购中对每个年龄组的假离婚量进行修正后的估计值。在所有年龄组中，年龄介于 30—39 岁之间的夫妇提供的假离婚案件最多（三轮限购期间共有 2803 例），而这一年龄组的离婚决定也受到住房限购的扭曲，假离婚在这个年龄组的总离婚数中分别占比 6.6%（三轮限购期间）和 11.5%（仅在第三轮限购期间）。

表 5-22　基于表 5-21 估算的假离婚数量

	29 岁及以下	30—39 岁	40—49 岁	50—59 岁	60 岁及以上
第一轮限购	0	114	27	0	0
	0.0%	1.8%	0.6%	0.0%	0.0%
第二轮限购	150	962	202	0	0
	1.3%	4.5%	1.7%	0.0%	0.0%
第三轮限购	181	1727	464	244	136
	3.4%	11.5%	6.5%	5.2%	7.4%
总计	330	2803	693	244	136
	1.6%	6.6%	2.9%	2.0%	3.6%

为了找到关于因果关系的更为直接的证据，我们针对 180 天内复婚的可能性进行了类似的断点回归设计，结果如表 5-23 所示。表中第一行显示了全样本的结果，而这些结果也在图 5-4 中以图形的方式显示。统计结果和图示均表明，第一轮和第二轮限购对 180 天内复婚的可能性没有显著影响；而在第三轮限购政策的影响下，复婚概率提高了 4.6%，图 5-4 的第三幅图非常清晰地显示了这一点。

表 5-23　断点回归分析的结果（180 天内复婚的可能性）

	HPR_ 2010	HPR_ 2011	HPR_ 2013
全样本	−0.008	0.023	0.046**
	(0.006)	(0.015)	(0.023)
29 岁及以下	−0.010	0.060**	0.024
	(0.033)	(0.026)	(0.037)
30—39 岁	0.006	−0.023	0.065*
	(0.019)	(0.030)	(0.037)

续表

	HPR_ 2010	HPR_ 2011	HPR_ 2013
40—49 岁	−0.023	0.074**	0.078***
	(0.022)	(0.031)	(0.028)
50—59 岁	−0.000	−0.017	0.001
	(0.028)	(0.021)	(0.028)
60 岁及以上	0.019	0.189	0.054
	(0.029)	(0.191)	(0.049)

注：括号中为标准误。+表示在15%水平上显著，＊表示在10%水平上显著；＊＊表示在5%水平上显著；＊＊＊表示在1%水平上显著。

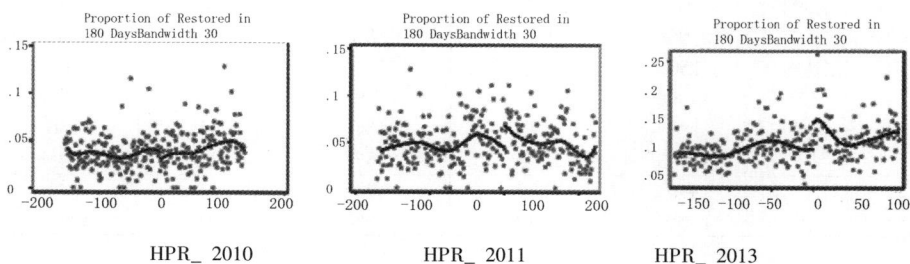

图 5-4　断点回归结果的图示（全样本）

表 5-23 同时提供了针对每个年龄组的分析结果，从中不难看出，第一轮和第二轮限购在 180 天内几乎没有对复婚的可能性产生任何显著影响（除了两个例外情况，这两个例外情况很可能受到围绕分界点的一些极端观察值的影响）。第三轮限购对所有年龄组都有正向的影响，尤其是对 30—39 岁和 40—49 岁两个年龄组，此外我们也看到 60 岁及以上年龄组的概率突升，只不过数据序列的差异相对较大，因此跃升并不显著。总体来看，这些结果与使用每日离婚次数作为因变量时的结果一致。

通过将日常的离婚数和复婚的概率数据序列放在一起，我们揭示出了更多的住房限购政策导致假离婚的证据。通常来讲，如果没有充分的理由，预期的离婚数和复婚的可能性之间不应有任何相关性，表 5-24 对二者之间的相关性进行了具体分析。第 1 列的结果显示，在出现住房限购政策之前，二者之间虽然存在一定的正相关关系，但相关系数非常小（0.046），而且仅在10%的水平上显著。如果具体区分不同的年龄组来计算，则不能检测到显著的相关性。另一方面，在假离婚存在的前提下，则会在短时间内出现每日离婚数量和复婚可能性同时增加的情况，进而"创造"出两者之间的正相关关系。如表5-24的额第2列所示，使用2013年底第一轮限购之后的数据进行相关性分析时，我们发现全样本和每个年龄组都有非常强的正相关性，但29岁及以下的群体除外。这一点不难理解，正如上文所述及的，在最年轻的群体中，大多数人都是购买他们的第一套住房，因此住房限购不太可能激励他们采取假离婚的行为。第3列和第4列数据分别显示了第二轮和第三轮限购政策后的相关性计算结果，与第二列具有相同的特点，这为"住房限购政策鼓励了假离婚行为"的观点提供了更多证据和支持。

表5-24　每日离婚数量与180天内复婚概率的相关性

	任何住房限购前	第一轮限购后	第二轮限购后	第三轮限购后
全样本	0.046*	0.440***	0.441***	0.316***
29岁及以下	0.011	0.030	−0.014	0.079
30—39岁	0.026	0.492***	0.504***	0.423***
40—49岁	0.027	0.196***	0.235***	0.125
50—59岁	0.021	0.189***	0.205***	0.193**
60岁及以上	0.014	0.082**	0.096**	0.258***

注：括号中为标准误。* 表示在10%水平上显著；** 表示在5%水平上显著；*** 表示在1%水平上显著。

四、对分析结果的几点讨论

在上文中，我们通过建模分析得到了"住房限购政策刺激了假离婚行为"的结论，并对相应的假离婚的规模做出了估计，这里进一步讨论一下过高估计和过低估计的可能性。

第一，夫妇双方至少有一方具备北京户口才可以在北京市民政局登记结婚或离婚。因此，那些居住在北京、有住房但没有北京户口的夫妇也可能受到住房限购政策的激励而假离婚，但是需要回到丈夫或妻子的家乡，在户口所在地完成离婚和婚姻登记，因此这一人群的记录是没有被包含在我们的数据中的。当然也有另外一种可能性，就是有些夫妇不在北京居住但有北京户口，因受到其他城市限购政策的影响而在北京假离婚，这部分记录包含在我们的估计中。但是如图 5-5 所示，北京近年来常住人口的增长速度要远高于其户籍人口，因此我们更可能是低估了假离婚的规模。

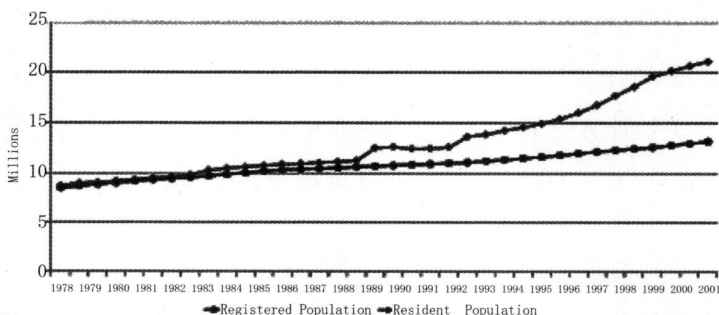

图 5-5　北京市户籍人口和常住人口数量（1978—2013 年）

资料来源：《北京统计年鉴 2014》。

　　第二，除了在民政局协议离婚之外，还有一定比例的夫妻选择到地方法院进行诉讼离婚，这些离婚记录是不包含在北京的婚姻登记数据库中的。但是这一问题对于我们估计的影响非常有限，因为通常只有在财产分割或子女监护权方面存在分歧的夫妇才会去当地法院进行诉讼离婚。为了规避住房限购而采取假离婚的夫妇，通俗地说"走个过场办个手续"而已，除非极特殊的原因必然会选择到民政局协议离婚，这种时间和费用成本都很低的方式，而这一点也得到了现实数据的支持。如图 5-6 所示，自 2010 年以来，北京地方法院的离婚判决数量并没有发生重大变化，而民政局登记的离婚数量却有很大不同。这个数量对比实际上也提供了一个反事实的证据——除了住房限购之外，如果还有其他一些社会和经济因素助推了离婚数量，那么当地法院的离婚判决数量也应该有近似比例的增加才对。

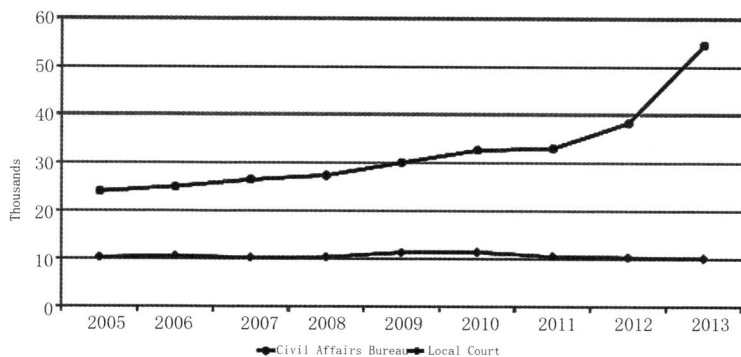

图 5-6　民政局及地方法院的离婚数量对比（2005—2013）

资料来源：《中国民政统计年鉴（2006—2014）》。

第三，在住房交易中，由于个人所得税而产生的假离婚的经济诱因已经出现在第三轮限购之前。仅在第三轮限购中要求严格执行 20% 的税收政策，就已经显著刺激了假离婚的决策；那么可以确认，在此轮限购之前，人们自然也会有假离婚的内在动力，以规避个人所得税（售价×1%）。从这个角度分析，我们对假离婚规模的估计是偏低的。

第四，在研究住房限购政策对离婚夫妇在短时间内复婚的可能性的影响时，我们选择了 180 天作为临界值。这是一个妥协性的选择，因为我们想更多的保留 2013 年的观察值。事实上在现实中，假离婚很可能会持续超过 180 天。以 180 天作为临界值意味着我们不能发现超过 180 天时间的假离婚。因此，我们的分析低估了假离婚的真实规模。

第五，住房限购并不是导致假离婚的唯一政策。我国自 20 世纪 80 年代以来，假离婚常常被用来规避独生子女政策、帮助孩子获得城市户口、在农村地区分得更多的土地或者在土地征用过程中获得更多的赔偿、申请更大的经济适用房、得到更高的公共救助津贴等等。然而，这里面绝大部分的政策漏洞在 2000 年之前就已经被弥补了。自此之后，住房限购政策是唯一可能对离婚产生重大刺激的政策。

综合考虑以上诸多可能性，我们认为本研究的分析和测算结果是对住房限购政策导致假离婚的最为保守的估计，假离婚的真实规模很可能大大高于我们的估计。

最后简要分析一下中央政府与北京市政府两个层面的政策影响。中央政府在时间上先于地方政府发布住房限购政策，这其实是北京市政府即将实施类似政策的强烈信号。通常人们只需要尽快预见可能的政策并完成计划中的房屋交易就好①。事实上人们的反应更进一步，在中央政府出台政策后，很多夫妇立即开始采取假离婚行动，我们的断点回归分析的结果也提供了这样的证据。对此有两个解释。首先，人们实际上不知道北京市政府何时会实施住房限购，因此假离婚就像某种保险——万一无法完成房屋交易，也仍然能够规避这些限制。另一种解释是，人们可能会担心政府发布进一步的政策，以限制通过假离婚来规避住房限购。此前已有类似的案例，因此这种担心并不多余。比如 2002 年北京市政府发布征地补偿办法之后，很多人选择假离婚以期获得更高的报酬。但是政府在注意到这种情况之后，立即发布了一项新政策，在计算补偿金时将那些 2001 年 11 月 1 日以后离婚的人排除在外②。所谓"以史为鉴"，人们基于理性分析和"学习"，选择及早离婚以备不时之需，避免在未来进行房屋交易时错过规定的时点。

上述两个原因也可以解释为什么随着中央政府第三轮限购政策的发布，假离婚的规模出现大幅增加，但随着时间的推移，这种影响又逐渐减弱。首先，随着大量交易提前到 3 月份，在之后仅会发生相对较少的交易；其次，由于相当多的人已经采取了假离婚作为"预防措施"，后来自然会有更少的

---

① 事实上这件事情确实发生了。2013 年 3 月，中央政府发布第三轮限购令，北京二手房交易量达到 47028 例，是 2013 年 2 月的 4 倍多，约为去年同期的 3.8 倍。参见中国指数研究院："新政出台促成交透支 3 月二手房成交量达 47028 套"，http://esf.fang.com/newsecond/news/9838252_999.htm。

② 参见《北京青年报》："北京实行拆迁安置补助新标准'假离婚'无补偿"，http://www.china.com.cn/chinese/difang/311647.htm。

假离婚案件。

五、主要结论

本研究对 2010 年以来，住房限购政策如何，以及在多大程度上刺激了北京的假离婚进行了全面考察和分析。基于北京市婚姻登记数据库中的离婚记录，我们分析了住房限购政策对每日离婚数量的影响；此外，我们通过甄别复婚记录进一步估计了限购政策对离婚夫妇在短时间（180 天）内复婚的可能性的影响，这种方式更加直接和精确地判定了假离婚行为。尽管我们对假离婚规模的估计是基于简单 OLS 回归，但通过比对不同年龄组的影响的异质性并计算离婚数量与复婚可能性之间的相关性，我们确信这一分析结果不太可能由一些未被察觉的因素所驱动。此外，我们还采用断点回归（RD）设计方法分析了住房限购政策与假离婚之间的因果关系。

本实证研究提供了一致而有力的证据，表明北京的住房限购政策极大地刺激了假离婚行为。根据最保守的估计，在第一轮限购政策发布期间，约有 3.7% 的离婚案件属于假离婚。特别是第三轮限购政策发布以来，假离婚占到离婚总数的 7.4%。在不同的年龄分组中，假离婚案件主要分布在 30—39 岁的夫妇中，据估算，假离婚在总离婚量中分别占到了 6.6%（2010—2013 年）和 11.5%（仅 2013 年）。

从政策评价的角度来说，假离婚会导致不同类型的私人成本、风险和社会成本，例如夫妻的某一方在假离婚时得到较少的财产，因而承担着一旦无法如期复婚的重大财产损失的风险；此外对于同样有购房需求的家庭，采取与不采取假离婚的家庭之间会产生巨大的成本差距，而这显然是一种社会不公。所有这些，都在要求我们重新审视目前北京和中国其他城市的住房限购政策。相对而言，更加市场化的政策，比如财产税，将会更好的发挥作用，也更有效率，并产生更公平的结果。当然，这需要对各个政策选项进行进一步的成本效益评估。我们的研究认为，在评估每项政策选择时，考虑到人们的潜在反应是非常重要和必要的。

第六章　婚姻背后的人口结构与治理

　　婚姻的缔结意味着新家庭的诞生，也是人口增长的前提和起点。从宏观角度看，婚姻行为的变迁影响着特定地区的人口规模和结构，并进一步影响到经济社会发展的前景和治理模式的选择。本章的研究以婚姻登记大数据和宏观人口数据为基础，包括 2010 年全国第六次人口普查数据中的北京人口数据、北京市 2000 年以来的统计年鉴中有关人口结构的宏观统计数据，以及 2004—2013 年的北京市婚姻登记业务数据；其中人口普查数据和年鉴数据是整体性比较的基础，婚姻登记数据则为人口分类提供重要依据，并作为一个重要的人口子集反映了北京市人口结构的特点、变动趋势及可能影响。以北京为例对上述问题展开深入分析，有助于我们对当前的人口形势达成一个更为清醒和深刻的认识，同时发掘人口调控过程中的潜在问题和困境，为相关部门提供决策参照和政策预警。

第一节　人口结构特点与变动趋势分析

　　改革开放和城市化拉开了人口迁移和流动的序幕，亦催生了一批人口密集的特大城市。2014 年 11 月，国务院印发《关于调整城市规模划分标准的通知》，以城区常住人口为统计口径将城市进行划类，其中"城区常住人口

500 万以上、1000 万以下的城市为特大城市，城区常住人口 1000 万以上的城市为超大城市"①。依照此新标准，我国将有 10 个左右的特大城市，其中北京和上海为超大城市。

特大城市是经济社会发展和城市化成果的一种体现，然而人口的过度聚集和膨胀也必然带来一系列问题，包括交通、能源、住房、就业、公共安全等等，"严控人口规模"由此成为近年来特大城市建设规划中的首要任务。事实上，城市人口在规模不断扩大的同时，其结构也在随时代变迁而发生显著变化。城市人口的多元化与人口流迁相伴而生，外来人口作为大城市人口的重要组成部分，对于人口结构的改变具有极其重要的影响。20 世纪 80 年代初期，大城市的外来人口以进城务工的"农民工"为主，进入 21 世纪之后，"第二代农民工"逐渐成长起来并加入流动大军，与此同时，非农流动人口的比例明显上升，城市间的移民数量亦快速增加。这些具有不同社会、经济和文化属性的外来人口的加入使得大城市的人口构成更加复杂和多元。

目前关于我国特大城市人口问题的研究大多着眼于数量和规模层面，力图找到有效的人口调控策略；或者就人口结构的某一方面进行分析，比如针对年龄结构探讨人口红利问题、针对居住结构探讨人口的空间分布问题、针对就业结构探讨人口与产业布局问题等等。这些研究普遍意识到外来人口对于特大城市发展的重要影响，但对于外来人口的定义比较笼统，对人口构成的多样性及其特点关注不足，缺乏基于翔实统计数据的细化比较和分析。

外来常住人口成为总人口的重要部分、城市人口日益多元化，这已成为特大城市人口发展的常态；相对于人口规模，人口结构上的特点更值得我们关注。外来人口在年龄、教育文化水平、户籍身份、职业类别、婚姻状态等方面存在诸多差异，相应的其发展潜力、居留意愿和可能性自然也会有很大不同；因此从宏观的角度讲，不同的外来人口结构特点和变动趋势对于城市

---

① 参见新华网：国务院印发《关于调整城市规模划分标准的通知》，http://news. xinhuanet. com/2014-11/20/c_ 1113330964. htm。

未来发展的影响深度和力度必然会有所不同。

一、人口流迁与人口增长情况概述

外来人口的大规模涌入是特大城市人口激增的主要原因。自 20 世纪 90 年代以来，北京市逐步形成了"低自然增长、高机械增长"的人口发展格局，常住人口规模屡创新高；根据相关统计数字，2014 年末北京全市的常住人口规模达到 2151.6 万人，其中常住外来人口占比 38.1%[①]。图 6-1 显示了 2000—2014 年的北京市人口变动情况，从中可以清晰地看到，北京市户籍人口的数量相对稳定，而常住外来人口数量的变动趋势与常住人口高度一致，可见外来人口的机械增长已成为决定北京人口总规模的关键因素。

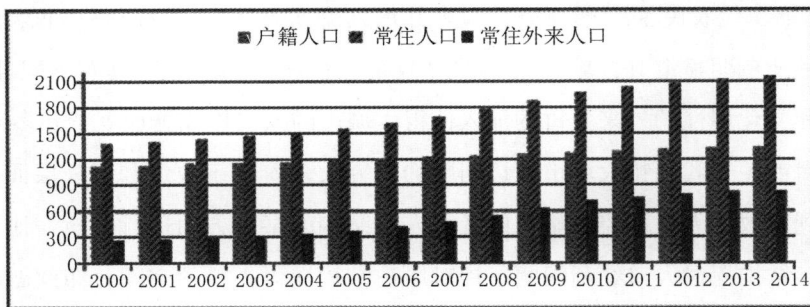

图 6-1　2000—2014 年北京市人口构成及变动情况（单位：万人）

数据来源：2000—2013 年数据来自《2014 北京统计年鉴》，2014 年数据来自《北京市 2014 年国民经济和社会发展统计公报》；其中户籍人口数据来自北京市公安局，常住人口和常住外来人口数据来自统计部门基于人口普查和人口抽样调查数据的估算。

"外来人口"通常被理解为"不具备当地户籍的人口"，有时还特指"进城务工的流动人口"以及"外地进城的文化素质和技能水平较低的务工者"；针对北京劳动力市场的研究显示，北京常住就业人口约 977 万，其中

_____

① 参见北京市统计局："北京市 2014 年国民经济和社会发展统计公报"，http：//www.bjstats.gov.cn/xwgb/tjgb/ndgb/201502/t20150211_288370.htm。

户籍人口约529万，仅占就业人口的54%左右（尹德挺等，2014）。因此北京市针对外来人口的调控措施大多瞄准潜在的外来进京就业者，比如减少进京指标、严格迁入审批制度以控制户籍人口的机械增长，以及调整产业结构、加强区域合作以向周边地区疏解流动人口等等。

事实上，外来人口绝不只是人们刻板印象中的"低端人群"，其构成值得细致考察和深入分析。在北京市户籍人口中，有相当一部分人是外地籍贯的户籍迁入者，即第一代"北京新移民"，严格意义上讲也属于外来人口；而在不具备北京户籍的人口（有时也被称为流动人口）中，有些人已经在京工作多年而有望获得"工作居住证"，或者因嫁娶而居留下来，成为事实上"不流动"的流动人口。这些人群均是外来人口中的重要组成部分，具有不同于本地户籍人口和通常意义上"外来人口"的独特性，其对人口迁移的"带动能力"更是值得关注；换句话说，那些与既已落户或居留北京的外来人口紧密相关的潜在"随迁人口"的规模亦不容忽视，在很大程度上会影响到城市未来的人口规模和结构，预见到这一状况并做出适当应对无疑是必要和有益的。

本研究所使用的北京市婚姻登记业务数据库包括2004年1月1日至2013年12月31日的10年中全部在京进行婚姻登记的夫妇的相关信息，共有数据记录1964641条（每对夫妇为一条记录）；其中结婚登记记录1483289条（占比75.50%）。由于再婚群体和涉外婚姻的情况相对复杂，本研究的分析对象主要集中在大陆地区的中国籍初婚人口共243万余人，其中男性约120.4万人，女性约122.9万人。

综合考虑人口流动的大背景和大都市高度开放的特点，人口的迁移特性在诸多的人口统计学特征中无疑是一个非常关键的基础性特征。根据登记者的户籍和身份信息，我们首先将北京市近10年的婚姻登记人口从流动和迁移的角度进行初步分类。

根据我国婚姻登记办法的规定，在北京进行婚姻登记的夫妇有一方的户籍所在地为北京即可，因此根据登记时的"户籍所在地"可以将结婚登记者划分为"北京户籍人口"和"京外户籍人口"（本研究简称为流动人口）。在"北京户籍人口"中包括两种情形：北京本地人口①和自外省市迁入北京而落户的人口（本研究简称为迁移人口）②；在流动人口中也包含两种情形：一种是籍贯和户籍在同一地区，另一种是籍贯和户籍分在两地（比如原籍在江西，后来落户到浙江，然后又来到北京登记结婚）；为论述方便我们称前者为"一次流动人口"，后者为"辗转流动人口"③。具体的人口流迁类型分布如表6-1所示。

表6-1　北京近10年初婚者的人口流迁类型分布（%）

流迁类型 年份	男性					女性				
	本地人口	迁移人口	流动人口	#辗转流动人口	合计（人）	本地人口	迁移人口	流动人口	#辗转流动人口	合计（人）
2004	70.12	18.36	11.53	1.56	93907	55.69	13.72	30.59	2.20	100070
2005	68.40	18.16	13.44	1.67	72031	51.21	13.17	35.62	2.25	77870
2006	68.01	19.19	12.80	1.73	133507	54.28	14.39	31.33	2.24	143773
2007	64.63	20.85	14.53	1.89	88328	49.30	15.11	35.59	2.53	95364
2008	63.51	21.64	14.85	2.05	114446	49.00	15.57	35.43	2.65	122511
2009	63.44	21.55	15.01	2.17	144046	49.94	15.49	34.56	2.72	153633
2010	61.41	23.08	15.51	2.16	107352	48.41	14.69	36.90	2.87	112134
2011	60.70	24.38	14.92	2.27	139128	49.80	16.36	33.84	2.79	143032
2012	61.16	24.24	14.60	2.29	138653	50.79	16.82	32.39	2.60	142064

---

①　"北京本地人"意味着原生家庭在北京，即至少从父辈开始就已经是北京常住户籍人口了。

②　这一点可以根据"身份证号码前2位"做出判断，即前2位数字标识了身份证办理时刻的户籍所在省份，这通常也是登记者的原生家庭所在地或主要的婚前居住地。

③　迁移人口中也有"辗转迁移"的情况，即先从原籍地落户到非北京的某个地区，后来又落户到北京，但由于在婚姻登记这一时点其户口已经迁入北京，之前的过程便无从了解了。此外，流动人口中还有一种情况是"迁出人口"，即原籍为北京但户籍不在北京；但数据库中具有这一特征的记录数量极少，因此我们未将其包含在研究对象中。

续表

流迁类型 年份	男性					女性				
	本地 人口	迁移 人口	流动 人口	#辗转流 动人口	合计 （人）	本地 人口	迁移 人口	流动 人口	#辗转流 动人口	合计 （人）
2013	58.91	25.72	15.37	2.26	121590	48.36	17.75	33.89	2.69	124507
总体	63.65	22.01	14.35	2.04	1152988	50.64	15.46	33.90	2.57	1214958

说明：为简化表达，仅在"合计"一列给出了频数，其余各列均为行向百分比的数值。

从表6-1数据的时序性特点不难看出，10年中外来人口在初婚人群中占有相当大的比重。北京本地人口在初婚人群中的比例稳步下降，并均在2013年达到最低点，而男女迁移人口的比重则有显著的上升趋势，此外流动人口（特别是女性）在初婚者中的占比也非常可观。"新移民群体"已成为北京常住人口中的重要组成部分。

在表6-2中，我们将2004—2013年的总人口和初婚人口的流迁类型进行对比，可见二者在分布上的差别并不是很大；相比总人口，各年新增初婚人口中流动人口的比重相对稳定。

以青壮年为绝对主体的初婚人口是北京市总人口的一个重要子集，更重要的是，婚姻通常与定居紧密相关（尽管不排除婚后移居他乡的情况，但从比例来讲通常是极少数）；也就是说，这些婚姻人口将是北京更为稳定的常住人口，其中的流动人口因其配偶具有北京户籍而减少了很多"体制外生存"的不便及未来的不确定性①，从而成为事实上的"北京新移民"而安居下来。这一代新移民群体的结构性特征将对北京未来整体的人口结构及人口发展趋势发生重要影响。

---

① 根据北京市户籍管理的有关规定，非京户的一方在婚姻满足一定年限后可以向公安部门申请落户；此外，在北京市逐步放宽未成年子女可以随父落户的条件之后，"单京户家庭"的居留稳定性无疑进一步增强。

表 6-2　北京 2004—2013 年总人口与初婚人口的流迁类型分布

(单位:%)

人口类型 年份	总人口[1]			初婚人口[2]			
	户籍人口	流动人口	合计 (万人)	户籍人口 (本地)	户籍人口 (迁移)	流动人口	合计 (人)
2004	77.91	22.09	1492.7	62.68	15.97	21.36	193977
2005	76.77	23.23	1538.0	59.47	15.57	24.96	149901
2006	74.80	25.20	1601.0	60.89	16.70	22.41	277280
2007	72.39	27.61	1676.0	56.67	17.87	25.46	183692
2008	69.45	30.55	1771.0	56.01	18.50	25.49	236957
2009	66.98	33.02	1860.0	56.47	18.42	25.10	297679
2010	64.09	35.91	1962.5	54.77	18.79	26.44	219486
2011	63.26	36.74	2020.1	55.17	20.31	24.51	282160
2012	62.64	37.36	2071.3	55.91	20.48	23.60	280717
2013	62.12	37.88	2119.0	53.57	21.69	24.74	246097

说明:1. 数据来自《2014 北京统计年鉴》,2. 数据基于表 6-1 计算。

　　此外需要说明的是,婚姻登记数据库中迁移人口户籍所在地的变化(从原籍到北京)基本上因就业而发生。通常来讲,就业、婚迁和投靠是户籍发生地区转移的三条最主要途径,由于数据库记录的是结婚这一时点(且本研究考虑的是初婚人群)的户籍状态,因此排除了婚迁的可能性;另外数据库所涉及的初婚人群大多出生在 20 世纪 70 年代中后期(出生于 1975 年及之后的初婚男性占比 90%,初婚女性占比 96%),按国家规定大多在年满 16 岁时办理身份证,在办理身份证至结婚期间因投靠而迁移户籍的个案也不会太多。因此,初婚人群中的迁移人口大多因就业而落户北京①。

――――――――――

　　①　数据库中也存在一些在校大学生登记结婚的情况,其户籍迁移因求学而发生,且在毕业后有可能会发生变化,但在总体中这一群体的比例非常低。

二、人口结构特点和变动趋势分析

本节将人口普查、人口宏观统计数据和婚姻登记数据相结合，从人口的落户区域、教育程度、职业类别、年龄结构等角度对北京总人口和新移民人口的结构特点和变动趋势进行对比分析，并探讨可能的影响。

1. 户籍人口的落户区域分布

特大城市的一个重要标志就是中心城区的人口过于密集，进而在交通、能源、住房等方面产生诸多问题。北京市在 2005 年初将全市 18 个区县划分为 4 大功能区，试图通过调整产业布局削减中心区的人口规模，并引导人口在更大的区域范围内合理分布。

在表 6-3 中，我们择取了近 10 年中的三个时间点——2004 年、2009 年和 2013 年，分别考察了各年的全市户籍人口、初婚人群中的本地人口和迁移人口的户籍属地在各功能区的分布情况。从时序角度看，各类人口的户籍空间分布确实呈现出了一定的"疏散"迹象，在首都功能核心区的比重均有所下降，但就疏散的方向来看则表现出不同特点。总体的户籍人口在城市发展新区和生态涵养发展区的比重均有所下降，基本向城市功能拓展区集中；而以青壮年为主体的初婚人口的户籍则是从首都功能核心区和城市功能拓展区逐步转向其他两个功能区。横向对比来看，本地初婚人口与整体户籍人口的户籍分布状况非常接近，特别是在 2004 年，此后本地初婚人口的户籍迅速由传统的"城八区"转向外围，户籍人口则向城市功能拓展区集中；相比之下，初婚迁移人口的户籍分布尽管也表现出向外围城区扩散的趋势，但在具体分布上显然高度集中于首都功能核心区和城市功能拓展区，特别是西城、朝阳、海淀这 3 个分别以金融、商业和教育为特色功能的城区。

表6-3　北京户籍总人口与初婚户籍人口的落户区域分布　　（单位:%）

年份/人口类别　　　行政区划	2004 年			2009 年			2013 年		
	户籍人口[1]	本地人口[2]	迁移人口[2]	户籍人口[1]	本地人口[2]	迁移人口[2]	户籍人口[1]	本地人口[2]	迁移人口[2]
首都功能核心区	19.75	18.21	24.88	18.35	18.12	24.77	18.10	16.81	23.57
东城区	5.35	5.68	9.59	4.98	4.96	8.39	7.40	7.12	8.28
西城区	6.63	6.32	10.89	6.37	5.79	12.17	10.70	9.69	15.29
崇文区	3.17	1.40	0.69	2.69	2.68	1.16	–	–	–
宣武区	4.60	4.82	3.71	4.31	4.69	3.05	–	–	–
城市功能拓展区	41.06	40.74	64.36	43.53	36.98	63.53	44.47	32.10	62.65
朝阳区	14.25	15.92	18.10	14.87	13.87	18.45	15.29	11.68	17.64
丰台区	8.01	8.04	6.17	8.44	8.39	6.03	8.46	7.55	7.17
石景山区	2.97	3.12	2.32	2.89	3.04	2.16	2.86	2.54	2.35
海淀区	15.83	13.65	37.77	17.32	11.68	36.89	17.88	10.33	35.49
城市发展新区	25.39	26.65	8.66	25.02	30.22	9.18	24.98	33.13	10.74
房山区	6.47	6.66	1.49	6.16	7.40	1.47	5.97	8.19	1.62
通州区	5.33	3.84	0.92	5.27	6.03	1.53	5.26	7.15	1.76
顺义区	4.76	5.79	0.94	4.64	6.31	0.91	4.57	7.32	1.16
昌平区	4.03	4.34	2.60	4.20	4.32	2.89	4.35	3.76	3.88
大兴区	4.80	6.02	2.72	4.76	6.16	2.38	4.83	6.71	2.32
生态涵养发展区	13.79	14.40	2.10	13.10	14.68	2.52	12.45	17.95	3.04
门头沟区	2.04	0.80	0.22	1.96	2.16	0.58	1.89	2.09	0.62
怀柔区	2.34	2.75	0.57	2.23	2.42	0.57	2.12	2.71	0.88
平谷区	3.39	4.11	0.36	3.19	3.86	0.36	3.03	5.50	0.38
密云县	3.66	4.72	0.64	3.46	3.63	0.63	3.27	4.44	0.57
延庆县	2.36	2.03	0.31	2.26	2.61	0.37	2.13	3.19	0.58
人口规模（万人）	1162.9	11.3	2.8	1245.8	16.8	5.5	1316.3	12.9	5.2

说明：1. 户籍人口数据来自 2005 年、2010 年、2014 年《北京统计年鉴》的"户籍户数及人口数（按区县分）"，数据由北京市公安局提供；2. 本地人口和迁移人口的数据基于北京婚姻登记数据计算。

就目前情况来看，中心城区的人口压力并未得到实质性的缓解。考虑到特大城市普遍存在的"人户分离"问题，实际的人口居住分布状况或许相比表6-3数字所显示出的分散度要高。但另一方面，由于教育、医疗、商业、文化、社会服务等优势资源的集中，中心城区的吸引力还是要远大于周边；如果各区域的资源分配和发展水平不均衡的格局无法改变，那么在中心城区落户或安居的竞争也必将会持续下去且更为激烈。

2. 各类人口的教育文化程度分布

教育文化程度是衡量一个地区人口总体素质的关键指标，对于特大城市而言，大量外来人口的加入在很大程度上改变了当地原本的平均文化水平。在表6-4中，我们将2004年以来的初婚人口与大致同龄的全市人口（含户籍与非户籍人口）的教育文化状况进行对比。

表6-4 各类人口的教育文化水平分布 （单位:%）

教育文化程度 / 人口类别		小学及以下	初中	技校/职高/中专/高中	大专/本科	研究生	人口规模（人）
全市20—44岁人口[1]	男性	2.79	34.03	20.89	36.25	6.04	5347998
	女性	3.43	28.46	20.51	41.74	5.86	4865339
初婚本地人口[2] 615046	男性	1.38	11.86	29.09	54.24	3.43	733666
	女性	1.07		7.14	24.47	63.74	3.58
初婚迁移人口[2]	男性	0.12	0.90	2.38	44.73	51.87	253681
	女性	0.12	0.65	1.22	39.88	58.12	187814
初婚流动人口[2]	男性	3.63	15.52	12.42	56.53	11.89	162506
	#与本地人口结合	5.31	22.70	17.33	50.06	4.61	107561
	#与迁移人口结合	0.50	2.06	2.98	68.56	25.89	54945
	女性	2.49	18.49	19.22	52.37	7.44	384401
	#与本地人口结合	3.66	26.05	24.50	43.62	2.17	262570
	#与迁移人口结合	0.35	2.90	6.63	70.90	19.22	121831

说明：1. 根据《北京市2010年人口普查资料》的全部数据资料中"4—1全市分年龄、性别、受教育程度的6岁及以上人口"的相关数据计算；2. 基于北京婚姻登记数据计算。

全市 20—44 岁常住人口的教育文化程度分布反映了整体水平，相比之下，初婚人群的文化程度分布更多偏向高学历水平，特别是迁移人口，具备大学及以上高学历的男性和女性的比重分别达到惊人的 96% 和 98%；初婚流动人口的学历分布显示出一定的分散性特征，一方面高学历人口的比重高于本地人口，另一方面初中及以下的低学历人口的比重也高于本地人口。当我们从婚姻匹配的视角将流动人口做进一步细分就会发现，凡是与迁移人口相结合的流动人口明显偏向高学历，而与本地人口相结合的流动人口则明显偏向于低学历。学历结构较为复杂的初婚流动人口由此形成了明显分层，高学历者大多与迁移人口结合成为"新移民高知夫妇组合"，低学历者则大多与本地人口（婚姻登记数据显示也是低学历的本地人口）结合。

3. 各类人口的职业类别分布

职业类别和层级与学历水平密切相关，通常受教育程度越高的人职业地位也越高（Blau 等，1967）；而职业类别和等级在很大程度上代表了个体社会地位的高低，林南等人在分析中国城市的就业与地位获得时将农业、商业等 7 个职业类别进行了排序（林南等，2002），张翼在综合评价权力、收入等因素的基础上也将职业阶层从低至高定义为粮农阶层、采掘业和制造业阶层等 7 类（张翼，2003）。与之大体对应，我国在宏观统计层面定义的 7 大类职业划分也具有类似的层级性。表 6-5 分别显示了总人口与初婚人口在职业类别上的分布①。

表 6-5 中各类人口的职业分布特征表现出与表 6-4 高度的一致性，即初婚人群相对于全市抽样人口更多偏向于较高的职业层级，其中迁移人口的职业分布尤其高度偏向于社会地位较高的序列，超过 7 成的人从业于"国家机关企事业单位负责人"和"专业技术人员"这两个职业类别。

---

① 由于普查数据中没有统计"不便分类的其他从业人员"，所以这里只列出了 6 类；同时为了和普查数据的职业分类保持一致，对初婚人口的分类统计也没有包括选项为"其他"的记录。

表 6-5 各类人口的职业类别分布 （单位:%）

人口类别	职业类别	国家机关党群组织企事业单位负责人	专业技术人员	办事人员和有关人员	商业及服务业人员	生产、运输设备操作人员及有关人员	农林牧渔水利业生产人员	人口规模（人）
全市抽样人口[1]	男性	3.79	16.45	16.01	28.71	29.59	5.45	567340
	女性	1.84	25.83	14.70	40.91	10.43	6.30	410555
全市非户籍抽样人口[2]	男性	2.95	11.24	10.60	40.87	32.83	1.52	263384
	女性	1.38	15.68	9.66	58.40	13.35	1.53	185486
初婚本地人口[3]	男性	5.96	43.60	23.83	5.56	14.55	6.50	626629
	女性	4.85	47.62	24.49	4.94	11.63	6.47	526115
初婚迁移人口[3]	男性	19.04	55.48	21.87	1.40	0.13	2.07	203617
	女性	16.11	56.32	24.27	1.83	0.20	1.28	154111
初婚流动人口[3]	男性	4.10	44.56	21.10	6.24	20.02	3.98	141180
	#与本地人口结合	2.83	36.05	19.30	7.48	29.23	5.11	93082
	#与迁移人口结合	6.38	59.57	25.40	3.93	2.91	1.82	48098
	女性	2.86	42.43	21.60	5.58	24.12	3.42	322022
	#与本地人口结合	1.83	34.06	19.45	6.83	33.59	4.24	218198
	#与迁移人口结合	4.77	56.51	29.38	3.22	4.63	1.50	103824

说明：1. 根据《北京市 2010 年人口普查资料》的长表数据资料中"2—2 全市各民族分性别、职业的人口"的相关数据计算；2. 根据《2010 年全国人口普查数据》的长表数据资料中"7—3 全市按现住地、职业和性别分的户口登记地在外省市人口"的相关数据计算；3. 基于北京婚姻登记数据计算。

不论在总人口还是初婚人口中，流动人口的分布都更偏向于低层级的职业序列。但是从婚姻匹配的视角进一步考察初婚人口就会发现，与迁移人口相结合的流动人口和与本地人口相结合的流动人口差异显著，前者明显偏向于高层级的职业序列，后者则相反。

4. 外来人口对总人口年龄结构的可能影响

根据国际通用的衡量标准，北京市在 2000 年已经全面进入老年型社会，截至 2009 年底，北京市户籍老年人口占户籍总人口比重为 18.2%，进入中度老龄化社会（李扬等，2011）。基于 2014 年《北京统计年鉴》中"常住人口年龄构成"和"户籍人口年龄构成"的计算表明，2013 年末北京市 60 岁及以上的老年人在常住人口和户籍人口中的比重已经分别达到 14% 和 21.5%，老龄化形势不容乐观。

有关北京市人口年龄结构及老龄化问题的一些研究认为，流动人口，特别是劳动年龄流动人口的加入大大延缓了北京市的人口老龄化进程，并延续了北京的"人口红利"期（段成荣等，2012；李晓壮，2014），通过引入符合产业发展需要的年轻人才可以增加劳动年龄人口，从而降低人口抚养比（王广州等，2011）；而近年来北京市不断升高的老龄人口比重，也基本上被解读为人口出生率、死亡率的下降和人类预期命的延长，即"高龄少子化"的必然结果。事实上，当我们将注意力集中于劳动年龄人口时，很可能忽视了与之密切相关的老龄人口的机械增长问题。结合婚姻数据我们可以对此做一个粗略的估计。

表 6-6 北京近年的婚配模式分布及可能的随迁老龄人口估算 （单位:%）

年份	本地男+本地女	本地男+迁移女	本地男+流动女	迁移男+本地女	迁移男+迁移女	迁移男+流动女	流动男+本地女	流动男+迁移女	合计（万人）
2004	45.35	3.79	21.16	4.55	7.30	6.78	8.08	3.01	8.91
2005	40.99	2.58	24.95	3.65	7.58	7.45	9.30	3.50	6.78
2006	45.92	2.89	20.12	4.03	8.95	6.79	8.03	3.28	12.55
2007	39.33	2.56	22.96	3.52	8.79	9.09	9.35	4.40	8.23
2008	39.25	2.44	21.96	3.14	8.76	10.38	9.12	4.94	10.78
2009	40.29	2.37	20.85	3.09	8.40	10.77	8.96	5.26	13.68
2010	37.74	2.16	21.65	3.17	7.92	12.88	9.28	5.19	10.12
2011	39.08	2.48	19.25	3.40	8.66	12.90	8.61	5.62	13.06
2012	40.62	2.54	18.18	3.36	8.80	12.58	8.09	5.83	12.94
2013	38.15	2.64	18.30	3.27	9.29	13.88	8.21	6.26	11.20
总体	40.66	2.62	20.62	3.49	8.51	10.60	8.65	4.85	108.25

续表

年份	本地男+本地女	本地男+迁移女	本地男+流动女	迁移男+本地女	迁移男+迁移女	迁移男+流动女	流动男+本地女	流动男+迁移女	合计（万人）
可能随迁老龄人口（万人）	–	5.68	44.63	7.55	36.86	45.89	18.74	20.98	180.33

由于在京登记结婚的夫妇只要一方具备北京户籍即可，因此本地人口、迁移人口和流动人口之间可以形成 8 类夫妇组合；从表 6-6 所示的分布结果可见，在近 10 年总共 108.25 万对初婚夫妇（双方均为初婚）中，仅有约 40% 为本地人口的组合，其余 60% 都属于"两地婚姻"，其中"迁移男+迁移女""迁移男+流动女"和"流动男+迁移女"这三类"双外来人口组合"的比例总体上已经超过 20% 且有显著的逐年上升的趋势。

两地婚姻的增加是社会开放度提升的一种表现，也是特大城市的重要标志之一；但另一方面，"异地养老"的问题也随之而来。婚姻数据库所涉及的人群主体恰好是我国步入成年的第一代独生子女，在我国社会保障体系尚不完善、同时"养儿防老"观念仍深入人心的情况下，投靠子女或许将是其父母一代的养老首选，这意味着每一位定居北京的新移民背后都有两位可能随迁入京的老人。在极端情况下，每一对"外来人口+当地人口"的组合将产生两个老人的入京需求，"双外来人口组合"则相应产生四个老人的潜在入京需求，由此我们基于表 6-6 可以估算，2004 年以来的两地婚姻可能引致约 180.3 万的随迁入京老人。事实上，由于表 6-6 的对象为初婚夫妇，排除了与再婚者结合的初婚人口，如果我们基于表 6-1 进行计算，即每一个外来新移民（迁移人口或流动人口）都与两位随迁老人相关联，那么随迁人口规模的估计值将达到 203.8 万人。

这一极端情形下的估计数字固然有些"骇人"，毕竟不是所有的外地父母都会来京养老，而且这种随迁不会集中爆发而是逐步释放；但老龄人口的机械增长无疑值得我们高度关注。此外，北京常住人口中还有大量"双流动人口"夫妇未包含在数据库中作为估算基数，有研究表明，我国流动人口家庭化特征明显（翟振武等，2007；段成荣等，2013），已婚流动人口尤其具有强烈的留京意愿，且携眷举家迁移的势头凸显（侯亚非，2006；胡玉萍，2007），与之相关的随迁人口规模亦不容小觑。

从短期看，劳动年龄人口的流入确实为北京带来了人口红利、提升了北京总体的人口素质水平，也一定程度上推迟了老龄化进程；但从长期看，随着新移民的父母一代逐渐步入高龄，投靠在京子女的需求会越发凸显①，北京总人口的年龄结构很可能会加速向老龄化偏移。

三、主要结论和政策启示

外来人口大量涌入从而导致人口构成多元化是特大城市的一个重要特征。本研究以北京为例，基于总体的宏观人口统计数据和2004—2013年的10年婚姻登记数据的对比，分析了北京人口结构的特点和变动趋势，特别考察了外来人口对于人口结构变动的影响。结果显示，迁移人口展现出很强的"精英阶层"特征，其户籍集中分布于中心城区，普遍具有高学历且位于社会地位较高的职业序列；流动人口的结构相对复杂，但在婚姻匹配过程中出现明显的"分层"，与迁移人口结合的流动人口普遍具有高学历和高职业层级，二者形成"强强组合"，而与本地人口结合的流动人口则大多位于学历和职业层级的低端。不论是户籍的空间分布还是与发展前景和社会地位紧密相关的文化程度、职业序列的分布，不同类别人口的聚集和"分化"都值得我们高度关注。只有当不同类别的人口形成有序和良性互动时，人口的多元化结构才可能为特大城市带来活力和繁荣；相反，如果不同群体只是相互独立地简单"拼接"，甚至出现社会隔离，那就很可能产生严重的社会问题。

----

① 根据国家和北京市有关政策，外地独生子女的父母退休后可以投靠子女进京落户，因此可以预见，相当数量的老人将在未来十几年内成为北京户籍常住人口。

近年来，北京市初婚外来人口的学历水平和职业层级的分布向高端方向持续聚集，这是"以业控人""以证管人"等人口调控措施和进京门槛不断提高的必然结果；这种"掐尖"式的筛选机制反过来也进一步强化了北京新移民的留京意愿和决心（既然来之不易就更要留下来）以及"精英特质"（较高的收入水平、社会地位和良好稳定的发展前景）。与新中国成立初期来到北京工作或读书的那一批精英移民相比，当代新移民大多为独生子女一代，其父辈将在"高龄少子化"的背景下步入老年，"异地养老"问题无可避免；不论是基于两代人机会成本的比较，还是家乡与大都市资源条件的比较，外地老人前来投靠子女都是一种理性选择。这样在接下来的10—20年，老龄人口机械增长的压力必然随之加大。

从长期看，人口结构的日益多元化和老龄化意味着对各类社会服务的需求也会相应增加和多样化。然而，"合理疏导低端就业人口"的政策导向使得北京很多领域出现劳动力供不应求的状况，低端服务行业的形势尤为严峻。如何解决人口结构优化、人口规模控制与日益增大的社会服务需求之间的矛盾，亦是我们必须面对和思考的一个重要课题。有关部门应充分关注特大城市人口结构的特点，持续追踪其发展变化，预见其影响并对可能出现的社会问题做出政策预警，从而促进人口多元化进程的健康发展。

第二节　人口流动背景下的人口结构变迁与治理

自改革开放以来，我国陆续实施了一系列人口相关的政策措施，包括计划生育政策、放松人口在城乡之间及地区之间流动的管制、推进新型城镇化等等；这些政策的效果已逐步显现并成为影响我国未来人口和家庭结构变动的重要因素，具体包括：第一代独生子女陆续步入婚育年龄；人口老龄化程度加深，"高龄少子"的格局逐步形成；城市化水平大幅提升，大规模的人口流迁仍在持续并进一步向中心城市聚集。我国正是在这样的背景之下进入社会转型期，特别是在 2000 年之后，社会转型特征逐步凸显，2010 年社会转型初步形成（王跃生，2013）；相应的，转型期的人口问题也日渐显现，并将始终是我国追求发展的全过程中需要面对的重大问题。大都市作为我国经济社会发展的前沿阵地，人口结构亦随着社会转型而不断变迁，与人口规模相关的城市发展规划问题、公共资源分配问题等等，一直是社会各界关注的热点；大都市人口治理模式的构建与完善，对于我国整体的经济和社会健康发展无疑具有极其重要的意义。因此，我们首先需要对近年来大都市的人口结构特征及其潜在的变动趋势有所把握，梳理出其中值得关注的人口治理与研究中的新问题。

在人口流动的大背景之下，人口结构的变迁深刻地映射到婚姻家庭结构与婚配模式的变化之中，并对人口再生产、家庭生活方式等进一步发生影响。反之，从微观的婚姻和家庭入手来考察宏观层面的累加效应和可能影响，亦是一个重要的研究视角。外来人口的大规模流入是我国大都市中普遍存在的一个重要特征，这在促进人口多元化、改变整体人口结构的同时也拓展了社会交往空间，创造了更多的婚配机遇和可能模式；而婚姻是新家庭建立的起点，直接影响到生育和代际发展等重要事件，并进一步在宏观上影响社会结构的变迁。对于婚姻人口及婚配特点的考察有助于了解公众的行为偏好、适应环境变化的策略选择，以及家庭结构变化的新动向等等，具有多方面的社会指向意义。本节以首都北京作为大都市的代表城市，采用大数据挖掘的实证研究方法对当前的人口问题展开分析。

通常来讲，任何一项针对特定群体的经验调查都只能从某个侧面去探索和接近现实；而婚姻登记数据作为政务大数据，其最大的特点在于全面性和准确性，即本研究的对象是一个总体而非抽样的样本，且所填写的信息均要经过相关工作人员的审核，从而避免了抽样调查中最为常见的样本偏差和信息错漏问题。此外，近 10 年的初婚人口以青壮年人群为绝对主体，实质上相当于北京市总人口的一个子集；更为重要的是，在我国，婚姻通常意味着定居（尽管不排除婚后移居他地的情况，但目前在大都市中迁出数量和比例还是极低的），也就是说，这些婚姻人口将是北京更为稳定的常住人口，其结构性特征将对北京未来整体的人口结构及发展趋势产生重要影响。

一、人口流迁、 婚配的趋势特点及其影响

在对初婚人口流迁类型进行细化分类的基础上，我们主要结合数据库中有关年龄、民族、地区、户籍、教育文化程度、职业类别等变量，对不同类别人口的相关特征和婚配的趋势特点进行分析，并总结为如下五个方面。

1. 人口流入大大促进了北京市人口构成的多元化

回顾人口调控的历史，北京市对于人口数量、人口迁入等一直具有明确的控制目标和措施；但是随着社会整体开放度的提高和人口流动管控的放松，北京市的人口结构逐步从相对单一走向多元，这一点在人口的国别、民族、地区来源等方面均有所体现，并通过通婚圈的拓展而不断加强和巩固。

从人口国际化的角度来看，北京市自确立"建设国际化大都市"的城市发展目标以来，外籍人口的数量与日俱增，其中不仅包括驻京使馆外交人员、驻华国际机构工作人员、因招商引资和人才引进而来京的人员及留学生，更是新增了很多因跨国联姻而长期居住的"市民化"外籍人口。基于婚姻登记数据的分析显示，2004—2013 年的 10 年间，在京登记结婚的涉外婚姻共有 10071 例，涉及 125 个国家和地区①，其中 6936 例"外嫁婚"中的外国男性分布在 122 个国家和地区，3135 例"外娶婚"中的外国女性分布在91 个国家和地区。这些外籍人士的来源地覆盖了全球各大地理分区和不同的经济发展水平，显示出北京市相当广泛的对外联系和高度的社会开放性。此外，涉外婚姻中的中方户籍人口有 35% 属于迁移人口，可见国内人口的流入对于北京通婚圈的国际化扩展亦有重要的推动作用。

从人口的民族分布来看，北京的民族人口构成本来相对单一，除世居的满族和回族之外少有其他民族成分；自改革开放以来，受经济和发展等原因

---

① 香港、澳门和台湾统一作"港澳台地区"。

驱动而引致的人口流入使得北京的少数民族人口数量显著增多，逐渐演化为多民族散居的局面，族际通婚的日益普遍则进一步促进和强化了人口结构在民族维度的多元化。基于婚姻登记数据的统计表明，在2004—2013年的10年中，初婚男性和女性中分别有少数民族人口68618人和83053人，分别占比5.67%和6.69%，从时序上看少数民族人口在初婚人口中所占比重呈稳中有升的态势；初婚男性分布在除汉族之外的其他52个民族（仅缺阿昌族、怒族和德昂族），女性则分布在除汉族之外的其他53个民族（仅缺塔吉克族和德昂族）。从族际通婚的匹配情况看，初婚夫妇中跨族通婚的比重为11.21%，其中汉族与少数民族的通婚116821对，占比10.16%；夫妇双方均为少数民族的有12083对，占比1.05%。"双少数民族"夫妇中有3041对为不同少数民族的组合。结合人口迁移特性的统计显示，少数民族初婚男性和女性中分别有38.7%和54.7%为非北京本地人口；不难看出，北京作为一个世居少数民族很少、少数民族人口比重也不高的地区，其族际通婚却几乎涵盖了所有的民族成分，且表现为多民族之间的交互，外部人口的流入起到了至关重要的作用。

最后从外来人口的地区来源看，"北京新移民"的原籍和户籍遍布全国各省区，其中最高比例的京外人口来自近京的华北地区①。辗转流动人口的原籍和户籍所在地的分布具有较为显著的差异，很多人在来京登记结婚之前已经经历了一次较远距离的迁移，其中华北、华东和华南是迁入较多的区域，这三大区也恰好是环渤海、长三角和珠三角三大经济带所在地，体现了经济相对发达地区对于人口的拉动作用；而这一人群在面临成婚和定居决策（即二次迁移）时选择来到北京则显示出北京对于外来人口的更大吸引力。

---

① 针对全国的大区划分参照《中国统计年鉴》中的分类标准，华北地区包括北京、天津、河北、山西和内蒙古，华东地区包括上海、江苏、浙江、山东和安徽，东北地区包括辽宁、吉林和黑龙江，华中地区包括湖北、湖南、河南和江西，华南地区包括广东、广西、福建和海南，西南地区包括四川、重庆、贵州、云南和西藏，西北地区包括陕西、甘肃、宁夏、新疆和青海。

落户和定居选择本质上是个体和家庭在进行成本与效益的综合考量之后做出的理性选择，在我国现行的户籍制度下，户籍与医疗、教育、社会福利等一系列公共资源紧密绑定在一起，当夫妇双方户籍不同地的时候，家庭落户决策肯定倾向于户籍价值更高的一方，而北京等大都市在这方面无疑是极具优势的。

综合来讲，北京市作为我国最大的人口流入城市之一，面临的不单是人口规模过大的问题，更多是多元化人口单元的融合及协调发展问题；人口数量众多、来源多样、类型复杂，无疑为城市的人口治理工作带来很大挑战。

2. 人口流迁促进了平均初婚年龄的延迟

年龄结构是人口结构的一个重要维度。从人口自然增长的角度看，初婚年龄的变动至关重要，因其与生育年龄、生育模式、人口增长速度等密切相关。

针对平均初婚年龄的计算显示，2004 年以来的近 10 年中，男性的平均初婚年龄在波动中略有提升，而女性则是直线上升，10 年间的平均初婚年龄从 25.68 岁推迟到 27.11 岁，延迟了 1.43 岁；而夫妇双方的年龄则逐年趋近，平均年龄差在 10 年间缩小了 0.8 岁（从 2.18 岁缩减至 1.38 岁）。这一变化特点与经典的家庭现代化理论对于家庭变迁的描述高度一致，即越来越多的配偶婚龄相当、婚龄差缩小，妇女婚龄提高（古德，1986；Parsons，1943）。

结合人口流迁类型的具体计算我们还发现，经历过迁移或流动的人口的初婚年龄要高于本地人口，表明流迁经历是促成婚龄推迟效应的重要因素；而人口的流迁又是转型社会的一大重要特征，因此婚龄推迟的趋势在未来一段时期内仍将延续。

初婚与生育的时点紧密相关，婚育的推迟促进了代际间隔的增大，延缓了人口增长速度，对目前的极低生育率和老龄化程度亦有加强作用；相应的，劳动年龄人口的抚养负担问题将是我国未来人口发展过程中必须要面对的。

3. 人口流入使得异地通婚更为普遍

从流入人口的地域属性来看，大都市通常是全国乃至全世界人口的汇聚之地，从而为异地交往和通婚创造了有利条件；在人口大规模流动的背景之下，婚姻既可能是流动的原因，也可能是流动中的收获。

根据男女双方的人口流迁类型，可以形成如下 8 种组合形式：本地男+本地女、本地男+迁移女、本地女+迁移男、本地男+流动女、本地女+流动男、迁移男+迁移女、迁移男+流动女、迁移女+流动男；计算显示，近 10 年的北京初婚夫妇中仅有 4 成是北京本地人口的组合，两地婚姻的比重高达60%。即使按照更加严格的定义，即只有夫妇双方原籍不同省才视为异地通婚，北京近年初婚夫妇的异地通婚率也一直在 50%上下。

另外一个值得注意的趋势是，"迁移男+迁移女""迁移男+流动女"和"迁移女+流动男"这三类"双外来人口"组合的比重均上升显著，特别是"迁移男+流动女"组合，10 年间其比重上升了 7 个百分点（从 2004 年的6.78%升至 2013 年的 13.88%）。

异地通婚提升了新移民群体在北京常住人口中的比重，促进了地域文化的交汇与创新，另一方面也拓展了家庭亲缘关系和社会交际圈的范围，相应的，因家庭照料、社交往来等而产生的出行、居住，以及进一步的人口流入和迁移等的压力亦是巨大的。

4. "新移民"群体多分布在城市中心区域

北京因地貌特殊，产业发展和市民居住基本集中在以中心城区为核心的平原地带，首都的政治服务职能则使其进一步强化了"向心"的集聚力。近年来随着本地农村劳动力转移的基本完成、乡村地区的改造及居民的"非农化"，北京的人口分布格局已开始向多中心的方向疏解；但另一方面，与户籍紧密相关的福利、教育、公共资源等的分配格局尚未发生根本性的改变，因此落户区域的选择对于家庭而言依然至关重要。

本地人口的户籍分布反映了北京"原住民"的情况，迁移人口则是"新移民"的代表。对比近 10 年初婚人口中的本地人口和迁移人口的在京户籍分布状况可以看出，两类人口的户籍分布均有从城区向郊区扩散的趋势①，且本地人口的扩散趋势更加显著；另一方面，迁移人口的户籍高度集中在中心城区，迁移男性和女性中分别有 87.53% 和 86.75% 的户籍分布在城区，而本地男性和女性中的城区户籍分布比例仅分别为 55.06% 和 51.95%。在城区户籍的新移民中，其户籍主要集中在朝阳和海淀两大商业、科教功能区，此外在首都功能核心区（东城和西城）的分布比例也相当高。

此外，我们还考察了初婚人口的原籍和落户到北京之后的户籍分布情况，并从匹配的视角对人群做了进一步细分。由于数据库没有对户籍做城市和农村的区分，我们基于身份证号码前 6 位对户籍特征进行了郊区/县和城区的划分，农村户籍人口相当于郊区/县户籍人口的一个子集。

从流入人口的来源地（原籍地）我们发现，北京"新移民"中城区来源的人口占有相当高的比重，尤其是女性迁移人口，有一半以上的原籍分布在城区。从匹配的角度看，不论本地人口还是流动人口，与迁移人口结合者更多来自城区并且在北京也大比例落户于中心城区；而不论本地人口还是迁移人口，与流动人口结合者来自郊区/县的比重更大，并且在北京落户于外围郊区的比重也相对更高。上述特征在男性方面的表现尤为突出。

5. 人口流入在婚配过程中促成了明显的人群分层

一个特定社会通常因成员的社会地位及其对社会资源占有的不同而存在某种分层结构，教育和职业则是现代社会中社会分层的主要载体。

基于婚姻登记数据库中对教育文化程度的记录，我们将夫妇双方的教育层级从低到高标定为 1—5，分别代表小学及以下、初中、技校/职高/中专/高中、大专/本科、研究生。职业分类比较复杂，其层级也不像教育层级这样分明，因此不同的经验研究将职业作为等级变量处理时，划分标准也不一

---

① 北京市共辖 16 个县级行政区，本书按照传统分类方式将其划分为城区和郊区两类，前者包括东城（2010 年之前为东城和崇文的合并数据）、西城（2010 年之前为西城和宣武的合并数据）、海淀、朝阳、丰台和石景山等 6 个中心区，后者包括门头沟、房山、通州、顺义、昌平、大兴、怀柔、平谷、延庆和密云等 10 个外围区。

致。本研究参照了有关职业结构与社会分层方面的相关研究（林南等，2002；张翼，2003；张玉林等，2005；"当代中国社会结构变迁研究"课题组，2008），将夫妇双方的职业层级从低到高标定为1—6，分别代表农林牧渔水利业从业人员、生产运输操作人员、商业及服务业人员、军人和普通办事人员、专业技术人员、国家机关党群组织及企事业单位负责人。

我们首先从个体视角计算了初婚男性和女性的平均教育层级和职业层级，另外也从匹配视角计算了夫妇双方的平均教育、职业层级之和，该数值是夫妇/家庭的综合实力的体现。

基于测算结果我们看到，外来人口的流入显著拉升了北京市人口总体的教育和职业层级，特别是男性。初婚本地人口中，男性和女性的平均教育层级分别为3.49和3.62，而迁移男和迁移女的平均教育层级高达4.48和4.56，辗转流动男性和女性也分别达到4.27和4.20；职业层级方面，本地初婚男性和女性的平均值分别为3.84和4.04，迁移男和迁移女的平均值分别高达4.71和4.69，辗转流动男性和女性分别为4.56和4.48。可以看出，迁移人口和辗转流动人口明显居于较高的教育和职业层级，表明人口向大都市流动和迁移的过程同时也是一个向上的社会流动过程。

在匹配视角下，以"本地男+本地女"作为参照基准，可以发现人口的流入通过婚姻匹配过程使得人群的分层特征更为清晰化。"本地男+本地女"组合的平均教育、职业层级之和分别为7.14和7.98，而"迁移男+迁移女"组合的上述值分别为9.31和9.51，此外迁移人口与辗转流动人口的组合的层级之和也都在9以上；另一方面，本地人口与一次流动人口组合的教育和职业层级之和均不足7。显然，迁移人口内部以及迁移人口与辗转流动人口之间的结合占据了社会分层的顶部，而本地人口与一次流动人口之间的组合则分布在底层。

二、大都市人口发展与治理中的关键问题

　　社会治理是因应我国社会转型的重大战略选择，人口发展与治理是其中至关重要的一个方面。在人口持续流动的大背景下，大都市作为各地人口流入和聚集之地，构建良好的人口发展与治理模式，对于促进人口有序流动、维护社会稳定、创新优化城市管理等具有重要意义。大都市中通常以外来人口、流动人口等泛称不具有当地户籍的人群，事实上此类人口中有相当一部分人是长期定居的，比如本研究述及的与当地人口或迁移人口结合的非北京户籍人口，基本上是"不流动的流动人口"；显然，高比重的"新移民"群体已经成为左右大都市人口发展格局的主导力量。本研究立足北京市，以近10年的初婚人口为研究对象，通过对这一人口子集（青壮年常住人口的代表）的特征及其发展趋势的分析，从人口规模与结构、社会分层与融合、家庭变迁与养老等方面梳理出大都市人口治理与研究中的关键问题。

　　首先，大都市人口"低自然增长、高机械增长"的格局仍将延续，未来的人口治理需要规模控制和结构调整并重。目前，我国总体上已处于生育率水平极低的状态，2015年在推行了"单独二胎"政策的情况下出生人口数反而减少①，"低生育率陷阱"值得高度警惕（Lutz等，2005）；另据最新统计公报，2015年末北京常住人口达到2170.5万人，其中常住外来人口占比37.9%，外来人口的增速在放缓，但数量仍在增加②。面对巨大的人口压力，北京市委提出了"严格控制人口规模"的要求，并确定了2300万的人口"天花板"③。事实上，北京近年来一直在加大人口调控力度，行政管控、产

---

　　① 参见光明网："去年出生人口不升反降 2025年人口或负增长"，http：//news. gmw. cn/newspaper/2016-01/20/content_ 110834639. htm.
　　② 参见新华网："2015年末北京常住人口达2170.5万人"，http：//news. xinhuanet. com/house/bj/2016-01-20/c_ 1117828550. htm.
　　③ 参见新华网："北京市委全会决议首提严控人口：2300万为'天花板'"，http：//news. xinhuanet. com/local/2015-11-26/c_ 128469805. htm.

259

业置换、空间疏导等多种策略并举，2015 年底又推出了"积分落户制度"的征求意见稿，进京门槛不断提升。这些措施在一定程度上遏制了人口快速增长的势头，但同时也造成了人口结构上的偏向性。从本研究实证部分的分析不难看出，北京新移民大多落户于中心城区、位于教育和职业层级的高端，而"引进高端就业人口、合理疏导低端就业人口"的"掐尖式"政策导向无疑将这一趋势进一步强化，长期来看难免会造成更大的服务业劳动力缺口。已有研究显示，2012 年第二季度北京人力资源市场供给缺口最大的十个职业，即餐厅服务员、厨工、营业人员、治安保卫人员、推销和展销人员、清洁工、电信业务人员、话务员、饭店服务人员、保管人员、简单体力劳动人员和部门经理（尹德挺等，2014）。在外来人口严格受控的情况下，如何满足城市日益增大的基本服务需求将是必须面对和思考的一个重要问题，而目前精英化取向的外来人口政策显然不利于问题的解决。

其次，大都市人口在日趋多元化的同时，也通过婚姻的同类匹配机制形成人群的分类和分层聚集，人群之间的融合与社会稳定问题值得关注。人口流动性的增强使原本不相关联的社会群体在同一个城市空间发生各种联系，而国际关系、民族关系、区域关系等日渐成为影响社会安定和谐的关键因素，人口多元化无疑为大都市的人口治理提出挑战。另外从北京初婚人口的匹配特征中不难发现，迁移人口、辗转流动人口大多为精英阶层，"强强联合"的婚配模式则使其优势地位得到进一步巩固，而且这种优势可以通过代际传递和再生产转移至下一代（Lareau，2011）；中心城区的户籍往往与高质量的教育资源相联系，而高的教育和职业层级则通常意味着较高的收入水平和良好的家庭环境，于是子代便获得了高起点的先赋性发展要素。相应的，北京本地人口在资源分享、发展机会等方面均受到一定程度的挤压，婚姻市场中的弱势者大多选择与一次流动人口结合，不论户籍分布还是社会地位均被推至边缘位置，并且同样在大概率地形成代际传递。具有不同背景、来源和社会地位的人群汇集在大都市，如果没有适当的机制使之彼此接纳和相互融合，而只是各自保持相对自我的简单拼接，亦称"马赛克"式空间集聚（王红霞，2013），那么多元文化的碰撞与摩擦难免激发更大的社会矛盾甚至冲突，进而影响整个城市的发展与稳定。

最后从家庭变迁的视角来讲，大都市中异地通婚更加普遍，高龄少子化、家庭结构简单化的趋向明显，在老龄化不断加剧的时代为养老照料提出更为严峻的挑战。经典的家庭现代化理论认为，家庭变迁的趋势是从大家庭向核心家庭（即父母与未婚子女组成的家庭）转变，核心家庭应在现代社会中占据主导位置（Goode，1963）；大都市快速的经济社会和文化变迁无疑加速了家庭变迁的进程，而愈加普遍的异地通婚则催生了一系列原生家庭的父母安置和照料问题。在我国目前社会保障体系尚不完善、同时"养儿防老"的传统观念影响深重的情况下，子女赡养依然是极为重要的养老方式。20世纪80年代初出生的独生子女一代自2000年后逐渐步入婚姻，对于那些大都市异地婚配的夫妇而言，无不面临父母空巢留守抑或举家随迁的抉择。根据北京市有关政策，落户北京的外地独生子女的父母退休后可以投靠子女进京落户①；事实上，即使无法获得北京户籍，也并不妨碍老人们的入京选择，毕竟户籍的附加价值对于老年人而言要远远低于年轻人和儿童，但优越的医疗条件和亲子照料的安全感却极具价值，而且这种迁入需求随着老年人步入高龄会越发"刚性"。再从现实的可行性来讲，新移民人口大多是具备这样的实力的，能够承担老人的迁移、安置和照料成本。对新移民夫妇而言，其子女将成为北京人口自然增长中的一部分，其父母则是助推北京人口机械增长的重要力量，同时也会在资源分配上对北京本地人口产生一定的挤出效应。近日因北京市"十三五"规划中提及"研究户随人走的迁出政策和鼓励户籍外迁政策，同时鼓励北京老人去河北养老"，在公众中引起极大争

---

① 参见北京市政府："外地老人随独生子女入京落户问题"，http://www.beijing.gov.cn/zfhf/zjhf/t1365328.htm。

议①，即是人口与资源分配的矛盾日益凸显的一个反映。

综观大都市人口治理与发展中的几个关键问题，本质上都与一直以来的区域发展不平衡格局和大都市精英化取向的外来人口政策紧密相关，并逐渐形成一个难以打破的不良循环。城市化是各国现代化进程中一个不可逆转的过程，在地区发展和资源配置很不均衡的情况下，人们在比较利益的驱动下前往大都市寻找发展机遇、争取更高的收入和更好的社会福利是普遍的流迁动因。然而，旨在提高人口素质、优化人口结构的以业控人、以房管人、以证管人等一系列政策措施无不带有鲜明的精英化取向，相当于以政府行政干预的方式实现对人口素质的调控；而人才聚集本身又具有一种内生性的吸引力，于是高端人口不断迁入，并且在相对集权的体制下为社会资源更加垄断和集中的配置提供了基础（王桂新，2011）。另一方面，基于户籍或证件的"拦截"方式并未有效阻止外来人口的进入，规制之外的人口吸纳依然旺盛，比如企业通过不签合同、不缴纳社会保险的方式雇佣廉价劳动力，实际上导致了底层外来人口低水准生存和权益普遍受损的局面，同时也形成对大都市本地中低层劳动者生存空间的挤压，最终强化了不同层次人群之间的分隔，对社会群际关系的和谐极为不利。显然，吸纳精英而排斥底层的非市场化人力资源配置方式造成人才流动的极度不平衡，结果是区域间的资源基础和发展差距进一步被拉大。

地区差距是人口迁移的原动力。对于大都市的人口规模控制和人口治理问题，一直都有"堵不如疏""加强区域合作、疏解都市功能"等主张；从长远看，也只有努力消除地区和城乡之间发展的不平衡，才能使人口空间分布实现自然调节，最终达到人民的共同富裕。问题的关键在于，大都市能否真正割舍既得利益、与兄弟区域共同完成社会利益格局的重置。以北京人口

---

① 参见中国青年网："北京研究户籍外迁政策鼓励老人去河北养老"，http：//news. youth. cn/gn/201512/t20151210_ 7402984. htm；央视网："让北京老人去河北养老"纯属误读，http：//news. cntv. cn/2015/12/09/ARTI1449662747191477. shtml。

治理为例，《京津冀协同发展规划纲要》的出台就是一个有利契机。北京作为首都和全国的政治中心，拥有最强的资源获取能力，相应的也承载了过多的"中心"功能，只有将实质性的中心功能疏解到周边地区，才有可能带动人口的自然迁移；在人口政策方面，应融入更多的属地化取向而非进一步加强精英化取向，在外来人口中相对公正地实现义务与权利、贡献与回报的平衡，使北京对周边发挥更多的带动和辐射作用而不是形成虹吸效应。在协同关系中，北京作为首位城市需要更多地履行服务、协作职能而非支配职能，这样才能最终形成分工合理、功能互补的城市群关系；随着地区间经济发展和公共资源配置的差距趋向改善，人口的流向也终将呈现分散化和多元化，而这才是大都市人口问题的治本之道。

参 考 文 献

蔡昉：《中国人口与劳动问题报告：城乡就业问题与对策》，社会科学文献出版社 2002 年版，第 212—215 页。

陈讯：《资源互补、婚俗类同与结构性力量保护下的中越边境跨国婚姻研究——以广西崇左市 G 村为例》，《云南行政学院学报》2017 年第 19 卷第 4 期，第 5—11 页。

陈友华：《近年来中国人口初婚情况的基本估计》，《人口与计划生育》1999 年第 5 期，第 20—22 页。

陈友华：《中国和欧盟婚姻市场透视》，南京大学出版社 2004 年版，第 126—128 页。

陈云嫦、霍丽燕：《广州市涉外婚姻状况的调查》，《开放时代》1983 年第 1 期，第 39—43 页。

陈震红、董俊武、高佳瑜：《吉利数字偏好与尾数定价》，《现代管理科学》2011 年第 7 期，第 106—108 页。

崔金海：《跨国婚姻家庭中女性生活适应类型研究——以中韩跨国婚姻为例》，《山西大学学报》（哲学社会科学版）2017 年第 40 卷第 6 期，第 125—131 页。

崔小璐：《高知大龄未婚女性的婚恋问题浅析》，《西北人口》2011 年第 5 期，第 58—62 页。

崔燕珍：《农村人口外出流动对当地婚嫁行为的影响——以崔村的个案研究为例》，《中国青年研究》2007 年第 1 期，第 57—60 页。

"当代中国社会结构变迁研究"课题组：《2000—2005 年：我国职业结构和社会阶层结构变迁》，《统计研究》2008 年第 2 期，第 39—45 页。

邓国彬、刘薇：《农村女青年远嫁现象》，《青年研究》2001 年第 6 期，第 23—26 页。

邓晓梅：《国内异地联姻研究述评》，《人口与发展》2011 年第 4 期，第 89—95 页。

丁金宏等：《论城市两地户口婚姻的增长、特征及其社会政策寓意——以上海市为例》，《人口研究》1999 年第 5 期，第 1—8 页。

丁金宏等：《论新时期中国涉外婚姻的特征与走向——以上海市为例》，《中国人口科学》2004 年第 3 期，第 66—70 页。

杜泳：《我国人口婚配年龄模式初探》，《人口学刊》1989 年第 2 期，第 20—24 页。

段成荣、梁海艳：《青年流动人口通婚圈研究》，《南方人口》2015 年第 3 期，第 13—23 页。

段成荣、袁艳、郭静：《我国流动人口的最新状况》，《西北人口》2013 年第 6 期，第 1—7 页。

段成荣、邹湘江：《北京人口规模调控研究：人口流动受益者的责任重构》，北京市社会科学界联合会、北京师范大学：《学术前沿论丛——科学发展：深化改革与改善民生》（上），北京师范大学出版社 2012 年版，第 187—201 页。

范芝芬：《流动中国：迁移、国家和家庭》，社会科学文献出版社 2013 年版，第 95—97 页。

费孝通：《中华民族的多元一体格局》，《北京大学学报》1989 年第 4 期，第 1—19 页。

风笑天：《城市在职青年的婚姻期望与婚姻实践》，《青年研究》2006 年第 2 期，第 12—19 页。

风笑天：《"男大女小"的婚配模式是否改变——兼与刘爽、梁海艳等学者商榷》，《探索与争鸣》2015 年第 3 期，第 35—39 页。

冯乐安、翟晓华等：《民族地区城市青年的婚姻匹配：基于初婚年龄、学历的研究》,《南方人口》2015 年第 5 期,第 64—71 页。

　　高玉梅:《从 1990 年人口普查 1%抽样数据看我国的民族通婚》,《人口与经济》2001 年第 3 期,第 48—51 页。

　　耿羽:《关于沿海农村女性海外婚姻的考察》,《中国青年研究》2011 年第 5 期,第 13—16 页。

　　古德:《家庭》,魏章玲译,社会科学文献出版社 1986 年版,第 32—35 页。

　　顾宝昌、彭希哲:《伴随生育率下降的人口态势》,《人口学刊》1993 年第 1 期,第 7—13 页。

　　顾海兵、杨诶:《降低法定结婚年龄:我国社会转型期的必然趋势》,《学术研究》2008 年第 8 期,第 31—36 页。

　　顾鉴塘:《1990 年普查:北京市人口的婚姻状况》,《人口与经济》1991 年第 6 期,第 20—28 页。

　　顾鉴塘:《中国夫妇年龄差分析》,《人口与经济》1987 年第 4 期,第 26—31 页。

　　郭艳茹、张琳:《保姆换养老:收入、健康对中老年女性再婚的影响》,《世界经济文汇》2013 年第 1 期,第 24—40 页。

　　郭玉军:《涉外民事关系法律适用法中的婚姻家庭法律选择规则》,《政法论坛》2011 年第 29 卷第 3 期,第 21—27 页。

　　郭志刚、邓国胜:《中国婚姻拥挤研究》,《市场与人口分析》2000 年第 3 期,第 1—17 页。

　　郭志刚、段成荣:《北京市人口平均初婚年龄的研究》,《南京人口管理干部学院学报》1999 年第 2 期,第 29—34 页。

　　郭志刚、李睿:《从人口普查数据看族际通婚夫妇的婚龄、生育数及其子女的民族选择》,《社会学研究》2008 年第 5 期,第 98—116 页。

　　郭志刚、田思钰:《当代青年女性晚婚对低生育水平的影响》,《青年研究》2017 年第 6 期,第 16—25 页。

　　郭志刚:《北京市早婚情况分析》,《中国人口科学》1999 年第 3 期,第 1—10 页。

　　国家人口和计划生育委员会:《2011 中国流动人口发展报告》,中国人口出版社

2011 年版，第 35—36 页。

侯亚非：《关于"不流动的流动人口"的思考》，《北京行政学院学报》2006 年第 6 期，第 10—12 页。

胡玉萍：《1949 年以来北京市少数民族人口规模变动及影响因素分析》，《北京社会科学》2010 年第 5 期，第 15—19 页。

胡玉萍：《留京，还是回乡——北京市流动人口迁移意愿实证分析》，《北京社会科学》2007 年第 5 期，第 40—45 页。

黄佩芳：《嬗变中的中部发达地区农村人口性别比例及家庭结构和婚姻圈》，《中华女子学院学报》2004 年第 2 期，第 35—40 页。

黄润龙：《江苏省外来婚嫁女的婚姻状态与观念》，《人口与经济》2002 年第 2 期，第 16—21 页。

黄芸、李焱林：《城乡通婚的达成路径研究——基于上海市黄浦区的数据分析》，《中国青年研究》2015 年第 5 期，第 12—17 页。

霍宏伟：《我国北方一个农庄的婚姻圈研究——对山东省济阳县江店乡贾寨村的个案分析》，《社会》2002 年第 12 期，第 36—40 页。

贾学锋、钟梅燕：《浅析现代化进程中影响裕固族族际通婚的因素》，《黑龙江民族丛刊》2010 年第 6 期，第 154—158 页。

菅志翔：《中国族际通婚的发展趋势初探——对人口普查数据的分析与讨论》，《社会学研究》2016 年第 31 卷第 1 期，第 123-145+244-245 页。

江园：《对现行法定婚龄规定的一些思考——以农村早婚状况为切入点》，《法制与社会》2009 年第 7 期，第 29 页。

姜海顺：《对中韩涉外婚姻若干问题的探讨》，《延边大学学报》（社会科学版）1999 年第 3 期，第 128—131 页。

姜向群：《"搭伴养老"现象与老年人再婚难问题》，《人口研究》2004 年第 3 期，第 94—96 页。

姜玉：《我国女性初婚年龄变动研究》，《中国统计》2015 年第 10 期，第 18—20 页。

金一虹：《再婚与再婚家庭研究》，《学海》2002 年第 1 期，第 90—96 页。

靳小怡、张露、杨婷：《社会性别视角下农民工的"跨户籍婚姻"研究——基于深圳 P 区的调查发现》，《妇女研究论丛》2016 年第 1 期，第 30–38+52 页。

莱斯利：《社会脉络中的家庭》，华夏出版社 1982 年版，第 251—252 页。

乐国安等：《初婚者与再婚者择偶心理机制之比较——对西方进化心理学"初/再婚择偶市场"假说的检验》，《应用心理学》2006 年第 2 期，第 107—113 页。

雷洁琼：《改革以来中国农村婚姻家庭的新变化》，北京大学出版社 1994 年版，第 116—119 页。

李娟、龙耀：《中越边境跨国婚姻问题研究——以广西大新县隘江村为例》，《南方人口》2008 年第 1 期，第 34—41 页。

李荣时：《对我国人口初婚年龄的探析》，《人口研究》1985 年第 1 期，第 28—32 页。

李实等：《中国城镇职工收入的性别差异分析》，中国财政经济出版社 1999 年版，第 125—128 页。

李小辉、罗春梅：《中缅边境地区边民涉外婚姻管理初探——以云南省临沧市为例》，《河北经贸大学学报》（综合版）2012 年第 2 期，第 54—57 页。

李晓霞：《试论中国族际通婚圈的构成》，《广西民族研究》2004 年第 3 期，第 20—26 页。

李晓霞：《中国各民族间族际婚姻的现状分析》，《人口研究》2004 年第 5 期，第 68—75 页。

李晓壮：《北京人口结构的变迁及优化》，《国家行政学院学报》2014 年第 6 期，第 50—54 页。

李扬、刘慧、金凤君、汤青：《北京市人口老龄化的时空变化特征》，《中国人口·资源与环境》2011 年第 11 期，第 131—138 页。

李银河：《中国婚姻家庭及其变迁》，黑龙江人民出版社 1995 年版，第 112—116 页。

李煜、陆新超：《择偶配对的同质性与变迁——自致性与先赋性的匹配》，《青年研究》2008 年第 6 期，第 27—33 页。

李志宏：《北京市夫妇年龄差分析》，《市场与人口分析》2004 年第 5 期，第

41—48 页。

林富德、张铁军：《京城外来女的婚育模式》，《人口与经济》1998 年第 2 期，第 11—18 页。

林明鲜、申顺芬：《婚姻行为中的资源与交换——以延边朝鲜族女性的涉外婚姻为例》，《人口研究》2006 年第 3 期，第 50—55 页。

林南、边燕杰：《中国城市中的就业与地位获得过程》，载于边燕杰等主编：《市场转型与社会分层》，上海生活·读书·新知三联书店 2002 年版，第 83—115 页。

刘传江：《择偶范围与农村通婚圈》，《人口与经济》1991 年第 8 期，第 1—10 页。

刘德龙：《民间俗信与科学文化》，山东教育出版社 2002 年版，第 119—122 页。

刘凤元：《社会文化、数字偏好与股票报价：中国股市的价格群集现象研究》，《中国软科学》2008 年第 6 期，第 28—33 页。

刘昊：《高校扩招对我国初婚年龄的影响——基于普查数据的分析》，《人口与经济》2016 年第 1 期，第 19—28 页。

刘厚莲：《新生代流动人口初婚年龄及其影响因素分析——基于全国流动人口动态监测调查数据》，《人口与发展》2014 年第 20 卷第 5 期，第 77—84 页。

刘建利：《从"两春""盲春""同春"说起》，《科学与无神论》2003 年第 5 期，第 16—17 页。

刘娟、赵国昌：《城市两性初婚年龄模式分析》，《人口与发展》2009 年第 4 期，第 13—21 页。

刘爽、梁海艳：《90 年代以来中国夫妇年龄差变动趋势及其原因分析》，《南方人口》2014 年第 3 期，第 43—50 页。

刘中一、张莉：《中国族际婚姻的变化趋势研究：基于"五普"和"六普"数据的对比分析》，《广西民族研究》2015 年第 3 期，第 61—71 页。

龙翠芳：《少数民族人口流动对民族婚姻的影响——以贵州两个村寨为例》，《南京人口管理干部学院学报》2009 年第 10 期，第 58—62 页。

陆斌、潘清、季明：《上海涉外婚姻的变迁》，《记者观察》2003 年第 3 期，第 24—25 页。

陆杰华、王笑非：《20世纪90年代以来我国婚姻状况变化分析》，《北京社会科学》2013年第3期，第62—72页。

陆益龙：《"门当户对"的婚姻会更稳吗？——匹配结构与离婚风险的实证分析》，《人口研究》2009年第2期，第20—29页。

骆为祥：《少数民族人口分布及其变动分析》，《南方人口》2008年第1期，第42—50页。

吕昭河：《云南汉族与少数民族通婚特点的人口学分析》，《人口学刊》1994年第1期，第21—26页。

马戎、潘乃谷：《赤峰农村牧区蒙汉通婚的研究》，《北京大学学报》1988年第3期，第76—87页。

马戎：《民族与社会发展》，民族出版社2001年版，第45—46页。

马寿海：《北京城市家庭生命周期的变化》，《人口与经济》1994年第4期，第44—46页。

倪晓峰：《大城市婚姻迁移的区域特征与性别差异——以广州市为例》，《中山大学研究生学刊》（社会科学版）2007年第4期，第50—60页。

彭大松：《个人资源、家庭因素与再婚行为——基于CFPS2010数据的分析》，《社会学研究》2015年第30卷第4期，第118-142+244页。

邱泽奇、丁浩：《农村婚嫁流动》，《社会学研究》1991年第6期，第62—66页。

全信子：《试析中国朝鲜族女性的涉外婚姻》，《延边大学学报》（社会科学版）2004年第4期，第39—43页。

饶品贵、赵龙凯、岳衡：《吉利数字与股票价格》，《管理世界》2008年第11期，第44-49+77页。

沈崇麟、杨善华：《当代中国城市家庭研究——七城市调查报告和资料汇编》，中国社会科学出版社1995年版，第56—62页。

沈崇麟、杨善华：《世纪之交的城乡家庭》，中国社会科学出版社1999年版，第68—71页。

石国平、李汉东：《中国人口的初婚年龄分布与差异分析》，《统计与决策》2018年第4期，第99—103页。

石人炳：《中国离婚丧偶人口再婚差异性分析》，《南方人口》2005 年第 3 期，第 31—35 页。

时安卿：《初婚年龄试析》，刘英：《中国婚姻家庭研究》，社会科学文献出版社 1987 年版，第 29—32 页。

宋健、范文婷：《高等教育对青年初婚的影响及性别差异》，《青年研究》2017 年第 1 期，第 1—8 页。

宋月萍、张龙龙、段成荣：《传统、冲击与嬗变——新生代农民工婚育行为探析》，《人口与经济》2012 年第 6 期，第 8—15 页。

孙琼如：《婚姻：农村女性迁移的翘翘板——农村女性婚姻迁移的社会学分析》，《青年探索》2004 年第 6 期，第 20—23 页。

孙志军：《中国农村的教育成本、收益与家庭教育决策》，北京师范大学出版社 2004 年版，第 196—201 页。

谭琳、柯临清：《目前中国女性婚姻迁移的态势和特点》，《南方人口》1998 年第 2 期，第 41—45 页。

谭琳、苏珊·萧特、刘惠：《"双重外来者"的生活——女性婚姻移民的生活经历分析》，《社会学研究》2003 年第 2 期，第 75—83 页。

谭琳：《试论女性人口教育状态对婚育状态的影响》，《人口与经济》1992 年第 5 期，第 49—53 页。

汤夺先：《论城市民族通婚与城市民族关系——以兰州市为例》，《中南民族大学学报（人文社会科学版）》2007 年第 4 期，第 36—40 页。

唐利平：《人类学和社会学视野下的通婚圈研究》，《开放时代》2005 年第 2 期，第 153—158 页。

田华：《西南农村妇女东迁婚配态势探析》，《南方人口》1991 年第 1 期，第 39—42 页。

田先红：《碰撞与徘徊：打工潮背景下农村青年婚姻流动的变迁——以鄂西南山区坪村为例》，《青年研究》2009 年第 4 期，第 51—63 页。

王广州、王智勇：《人口结构优化的国际大都市经验和对北京的启示》，《北京行政学院学报》2011 年第 3 期，第 68—72 页。

人口流动背景下大城市婚配特征的变迁

王桂新：《我国大城市病及大城市人口规模控制的治本之道——兼谈北京市的人口规模控制》，《探索与争鸣》2011 年第 7 期，第 50—53 页。

王红霞：《大城市人口变迁与马赛克现象》，《中国人口报》2013 年 4 月 15 日第 3 期。

王奇昌：《对当代中国族际通婚问题的思考》，《中南民族大学学报》（人文社会科学版）2017 年第 37 卷第 3 期，第 20—23 页。

王跃生：《中国城乡家庭结构变动分析——基于 2010 年人口普查数据》，《中国社会科学》2013 年第 12 期，第 60—77 页。

王增永、李仲祥：《婚丧礼俗面面观》，齐鲁书社 2001 年版，第 34—37 页。

王仲：《结婚年龄之制约性条件研究——平均初婚年龄为什么推迟了》，《西北人口》2010 年第 1 期，第 37—41 页。

威廉·古德、陈一筠：《世界各地离婚模式的变化》，《社会学研究》1993 年第 3 期，第 105—116 页。

吴德清：《当代中国离婚现状及发展趋势》，文物出版社 1999 年版，第 48—50 页。

吴要武、刘倩：《高校扩招对婚姻市场的影响：剩女？剩男？》，《经济学（季刊）》2015 年第 14 卷第 1 期，第 5—30 页。

吴重庆：《社会变迁与通婚地域的伸缩——莆田孙村"通婚地域"调查》，《开放时代》1999 年第 4 期，第 71—81 页。

五城市家庭研究项目组：《中国城市家庭——五城市家庭调查报告和资料汇编》，山东人民出版社 1985 年版，第 58—60 页。

新山：《婚嫁格局变动与乡村发展——以康村通婚圈为例》，《人口学刊》2000 年第 1 期，第 32—36 页。

徐安琪、叶永福：《新建维吾尔族聚居区高离婚率的特征及其原因分析》，《中国人口科学》2001 年第 2 期，第 25—35 页。

徐安琪、叶文振：《中国婚姻质量研究》，中国社会科学出版社 1999 年版，第 215—217 页。

徐安琪、叶文振：《中国婚姻研究报告》，中国社会科学出版社 2002 年版，第

120—122 页。

徐安琪：《白头偕老：新世纪的神话？——终身婚姻态度的代际比较研究》，《青年研究》2010 年第 2 期，第 25—35 页。

徐安琪：《择偶标准：五十年变迁及其原因分析》，《社会学研究》2000 年第 6 期，第 19—37 页。

徐如明：《回汉族际通婚影响因素研究——以河南省沈丘县为例》，硕士学位论文，西北民族大学，2011 年，第 32—33 页。

许传新、王平：《大龄青年初婚与再婚择偶标准比较——对 1010 则征婚启事的量化分析》，《青年探索》2002 年第 4 期，第 32—35 页。

许琪：《外出务工对农村男女初婚年龄的影响》，《人口与经济》2015 年第 4 期，第 39—51 页。

杨记：《影响再婚的个人和社会因素分析》，《西北人口》2007 年第 1 期，第 102—106 页。

杨云彦：《我国人口婚姻迁移的宏观流向初析》，《南方人口》1992 年第 4 期，第 39—42 页。

杨筑慧：《妇女外流与西南民族婚姻习俗的变迁》，《云南民族大学学报》（哲学社会科学版）2009 年第 11 期，第 39—42 页。

叶文振、林擎国：《福建省涉外婚姻状况研究》，《人口与经济》1996 年第 2 期，第 21—29 页。

叶文振：《我国妇女初婚年龄的变化及其原因——河北省资料分析的启示》，《人口学刊》1995 年第 2 期，第 14—22 页。

易翠枝：《婚姻市场的教育分层与女性人力资本投资》，《华东经济管理》2007 年第 11 期，第 38—45 页。

尹德挺、张洪玉、原晓晓：《北京人口红利的结构性分析和形势预判》，《北京社会科学》2014 年第 1 期，第 91—96 页。

翟振武、段成荣、毕秋灵：《北京市流动人口的最新状况与分析》，《人口研究》2007 年第 2 期，第 30—40 页。

张国钦：《桂林市涉外婚姻的现状、问题及对策》，《社会科学家》1994 年第 4

期，第 93—96 页。

张国雄：《九十年代广东五邑侨乡涉外婚姻移民的人口构成》，《南方人口》1996 年第 4 期，第 37—40 页。

张华：《当代青年恋爱婚姻家庭发展的问题与对策》，《中国青年研究》2015 年第 1 期，第 65-70+96 页。

张敏杰：《中国当前的离婚态势》，《人口研究》1997 年第 6 期，第 26—31 页。

张朴、李豫浔：《从"民族内婚"到"族际通婚"的突破——关于凉山彝族族际通婚的探讨》，《贵州民族研究》2007 年第 6 期，第 94—98 页。

张淑梅、崔春英：《两次"婚姻革命"的正负效应——对离异女性再婚难问题的思考》，《妇女学苑》1991 年第 3 期，第 16—18 页。

张天路：《北京少数民族人口的特点》，《人口与经济》1985 年第 5 期，第 7—13 页。

张文宏、雷开春：《城市新移民社会融合的结构、现状与影响因素分析》，《社会学研究》2008 年第 5 期，第 117-141+244-245 页。

张翼：《中国当前的婚姻态势及变化趋势》，《河北学刊》2008 年第 5 期，第 6—12 页。

张翼：《中国阶层内婚制的延续》，《中国人口科学》2003 年第 4 期，第 39—47 页。

张玉林、刘保军：《中国的职业阶层与高等教育机会》，《北京师范大学学报》（社会科学版）2005 年第 3 期，第 25—31 页。

张智敏、陈贤寿：《再婚、再婚生育问题研究——对湖北省 1% 人口抽样调查的分析》，《中国人口科学》2000 年第 4 期，第 51—55 页。

赵丽丽：《城市女性婚姻移民的社会适应和社会支持研究——以上海市"外来媳妇"为例》，博士学位论文，上海大学，2008 年，第 62—63 页。

赵智伟：《影响我国女性初婚年龄变动的因素》，《人口与经济》2008 年第 4 期，第 32—34 页。

曾迪洋：《生命历程理论视角下劳动力迁移对初婚年龄的影响》，《社会》2014 年第 34 卷第 5 期，第 105—126 页。

曾毅、王德明：《上海、陕西、河北三省市女性再婚研究》，《中国人口科学》1995 年第 5 期，第 1—10 页。

曾毅、吴德清：《八十年代以来我国离婚水平与年龄分布的变动趋势》，《中国社会科学》1995 年第 6 期，第 71—82 页。

曾毅等：《中国 80 年代离婚研究》，北京大学出版社 1995 年版，第 56—59 页。

郑敏、高向东：《上海市民族关系现状分析》，《中南民族大学学报》（人文社会科学版）2006 年第 5 期，第 24—27 页。

郑真真：《中国高龄老人丧偶和再婚的性别分析》，《人口研究》2001 年第 5 期，第 70-75+80 页。

周海旺：《上海市外来媳妇及其子女的户口政策研究》，《中国人口科学》2001 年第 3 期，第 33—40 页。

周皓、李丁：《我国不同省份通婚圈概况及其历史变化——将人口学引入通婚圈的研究》，《开放时代》2009 年第 7 期，第 100—115 页。

周江、李骏：《从离婚到再婚：女性的视角》，《社会》2002 年第 11 期，第 38—39 页。

周良勇：《建立弹性法定婚龄制的思考——兼论〈婚姻法〉第 6 条的修改》，《湖北第二师范学院学报》2010 年第 10 期，第 81—83 页。

周清：《当代中国婚姻家庭与人口发展》，中国人口出版社 1992 年版，第 133—135 页。

周炜丹：《中国配偶年龄差初步研究》，《南方人口》2009 年第 1 期，第 12—21 页。

周文洋：《关于我国现行法定婚龄的法律思考》，《重庆邮电学院学报》（社会科学版）2005 年第 6 期，第 897—900 页。

Atkinson, M. P., and Glass, B. L. （1985）, Marital Age Heterogamy and Homogamy, 1900 to 1980. *Journal of Marriage and the Family*, 47（3）：685-691.

Becker, G. S. （1981）, A Treatise on the Family. Harvard University Press. 428-430.

Becker, G. S., Landes, E. M., and Michael, R. T. （1977）, An Economic

Analysis of Marital Instability. *Journal of Political Economy*, 85（6）: 1141-1187.

Becker, Gary. S. （1973）, A Theory of Marriage: Part 1, *Journal of Political Economy*, 81（4）: 813-846.

Bernard, J. （1982）, the Future of Marriage. New Haven: Yale University Press. 462-468.

Blau, P. M. （1964）, Exchange and Power in Social Life. New York: Wiley. 255-258.

Blau, P. M. and Duncan, O. D. （1967）, *American Occupational Structure*. New York: Wiley. 512-516.

Blau, P. M., T. C. Blum, and J. E. Schwartz （1982）, Heterogeneity and Intermarriage. *American Sociological Review*, 47（1）: 45-62.

Blumenthal, M., Christian, C., and Slemrod, J. （2001）, Do normative appeals affect tax compliance? Evidence from a controlled experiment in Minnesota. *National Tax Journal*, 54（1）: 125-138.

Bossard, J. H. S. （1932）, Residential Propinquity as a Factor in Marriage Selection, *American Journal of Sociology*, 38（2）: 219-224.

Bott, K. M., et al. （2014）, You've Got Mail: A Randomized Field Experiment on Tax Evasion. *Discussion Paper Series in Economics*. 1-22.

Bożyk P. （2006）, Newly Industrialized Countries, in Globalization and the Transformation of Foreign Economic Policy. Aldershot: Ashgate Publishing, Ltd. 425-436.

Burgess, Ernest W. and Paul Wallin （1943）, Homogamy in social characteristics, *American Journal of Sociology*: 109-124.

Buss, D. M. （1989）, Sex Differences in Human Mate Preferences: Evolutionary Hypothesis Tested in 37 Cultures. *Behavioral and Brain Sciences*, 12（1）: 1-49.

Casterline, J. B., Williams, L., and McDonald, P. （1986）, The Age Difference Between Spouses: Variations among Developing Countries. *Population Studies*, 40（3）: 353-374.

Coleman, S. （2007a）, Popular delusions: how social conformity molds society and politics. Cambridge: Cambria Press.

Coleman, S. (2007b), The Minnesota Income Tax Compliance Experiment: Replication of the Social Norms Experiment. SSRN Electronic Journal. https://papers.ssrn.com/sol3/papers.cfm? abstract_ id=1393292.

Das Gupta, M., and Shuzhuo, L. (1999), Gender Bias in China, South Korea and India 1920-1990: Effects of War, Famine and Fertility Decline. *Development and Change*, 30 (3): 619-652.

Davis, L. W. (2008), The Effect of Driving Restrictions on Air Quality in Mexico City. *Journal of Political Economy*, 116 (1): 38-81.

Drachsler J. (1921), Intermarriage in New York City. *Studies in History, Economics, and Public Law*, No. 213. 216-220.

Eshleman, J. R. (1994), The family: an Introduction. (7th ed.). Boston: Allyn and Bacon. 568-572.

Fan, C. (1999), Migration in a socialist transitional economy: Heterogeneity, socioeconomic and spatial characteristics of migrants in China and Guangdong province, *International Migration Review*, 33 (4): 950-983.

Glick, P. C. (1984), Marriage, Divorce and Living Arrangements. *Journal of Family Issues*, 5 (1): 7-26.

Goode, W. J. (1963), World Revolution and Family Patterns. Glencoe, IL: The Free Press. 571-576.

Goode, W. J. (1982), the Family (2nd ed.). New Jersey: Prentice-Hall. 399-405.

Gordon, M. (1964), Assimilation in American Life. New York: Oxford University Press. 98-101.

Homans, G. C. (1974), Social Behavior: Its Elementary Forms. New York: Harcourt Brace Jovanovich. 565-570.

Homans, G. C. (1974), Social Behavior: Its Elementary Forms. New York: Harcourt Brace Jovanovich. 688-693.

Humbeck, E. (1996), The politics of cultural identity: Thai women in Germany. In

Maria Dolors Garcia-Ramon and Janice Monk (eds.), *Women of the European Union: The Politics of Work and Daily Life*, London: Routledge, 186-201.

Hunt, Thomas C. (1940), Occupational status and marriage selection, *American Sociological Review*, 5 (4): 495-504.

Jampaklay A. (2006), How Does Leaving Home Affect Marital Timing? An Event-History Analysis of Migration and Marriage in Nang Rong, Thailand, *Demography*, 43 (4): 711-725.

Kahn, J. R. (1988), Immigrant Selectivity and Fertility Adaptation in the United States, *Social Forces*, 67 (1): 108-128.

Kalmijn, M. (1991), Status Homogamy in the United States, *American Journal of Sociology*, 97: 496-523.

Kalmijn, Matthijs (1994), Assortative mating by cultural and economic occupational status, *American journal of Sociology*: 422-452.

Kenrick, D. T., Keefe, R. C., Gabrielidis, C., and Cornelius, J. S. (1996), Adolescents' Age Preferences for Dating Partners: Support for an Evolutionary Model of Life-History Strategies. *Child Development*, 67 (4): 1499-1511.

Kobrin, F. E. and C. Goldscheider (1978), The Ethnic Factor in Family Structure and Mobility. Cambridge, MA: Ballinger. 78-79.

Lareau A. (2011), Unequal Childhoods: Class, Race, and Family Life. Oakland: University of California Press. 156-161.

Lavely, W. (1991), Marriage and mobility under rural collectivization. In Rubie S. Watson and Patrick Buckley Ebrey (eds), *Marriage and Inequality in Chinese Society*, *Berkeley*: University of California Press, 286-312.

Lieberson S. and M. C. Waters (1988), From Many Strands: Ethnic and Racial Groups in Contemporary America. New York: Russell Sage Foundation. 366-369.

Lutz W. and Skirberkk V. (2005), Policies Addressing the Tempo Effect in Low-Fertility Countries, *Population and Development Review*, 31: 699-720.

Mare, Robert D. (1991), Five decades of educational assortative mating, *American So-

ciological Review：15-32.

Marger, M. N. （2011）, Race and Ethnic Relations：American and Global Perspectives. Belmont, Calif. ：Wadsworth Publishing Company. 85-86.

Mulder, C. H. , and Wagner, M. （1993）, Migration and marriage in the life course：a method for studying synchronized events. *European Journal of Population*, 9 （1）：55-76.

Murguia, E. （1975）, Assimilation, Colonialism, and the Mexican American People. Lanham, Md. ：University Press of America. 253-256.

Oppenheimer, V. K. （1988）, A Theory of Marriage Timing. *American Journal of Sociology*, 94 （3）：563-591.

Parsons, T. （1943）, The Kinship System of the Contemporary United States. *American Anthropologist*, 45 （01）：22-38.

Piper, N. （1999）, Labor Migration, Trafficking and International Marriage：Female Cross-Border Movements into Japan. *Asian Journal of Women' s Studies*, 5 （2）, 69-99.

Richard, M. A. （1991）, Ethnic Groups and Marital Choices：Ethnic History and Marital Assimilation in Canada, 1871 and 1971. UBC Vancouver Press. 292-295.

Rosenzweig, M. R. , and Stark, O. （1989）, Consumption Smoothing, Migration, and Marriage：Evidence from Rural India. *Journal of Political Economy*, 97 （4）：905-926.

Simpson, G. E. and Yinger J. M. （1985）, Racial and Cultural Minoriries：An Analysis of Prejudice and Discrimination （fifth edition）. New York：Plenum Press. 233-234.

Smith, D. P. , Carrasco, E. and McDonald, P. , Marriage Dissolution and Remarriage：World Fertility Survey Comparative Studies 34. Voorburg：International Statistical Institute, 1984. 189-192.

Smits, Jeroen, Wout Ultee and Jan Lammers （1998）. Educational Homogamy in 65 Countries：An Explanation of Differences in Openness Using Country-Level Explanatory Variables, *American Sociological Review*, 63：264-285.

Watts, S. J. （1983）. Marriage Migration, A Neglected Form of Long-Term Mobility：A Case Study from Ilorin, Nigeria. *International Migration Review*, 17 （4）, 682-698.

Willekens, F. (1987), Migration and development: A micro-perspective, *Journal of Institute of Economic Research*, 22 (2): 51-68.

Winch, R. F., Thomas and Virginia Ktsanes (1954). The Theory of Complementary Needs in Mate-Selection: An Analytic and Descriptive Study. *American Sociological Review*, 19 (3): 241-249.

Wu, J., Deng, Y., and Liu, H. (2013), House Price Index Construction in the Nascent Housing Market: The Case of China. *The Journal of Real Estate Finance and Economics*, 48 (3): 522-545.

后　记

　　最终成果的呈现看似简单，读来也并不辛苦，但回首数据挖掘和分析的过程，确是甘苦自知。自 2008 年开始着手这项研究工作以来，数据存储方式之间的转换以及上百万条数据记录的清理，其中的艰难和辛苦自不必说；中间不论是婚姻登记数据库的结构变动还是字段的取值调整，以及新增数据的追加，都给研究的延续性和一致性带来很大挑战。好在一切困难终被克服，于是有了多年之后这部成果的面世。

　　在本书付梓之际，首先要衷心感谢本项研究的发起者——北京市民政局计算机信息中心的张伟主任和北京师范大学社会发展与公共政策学院的创始院长张秀兰教授，高质量的数据库和独到的开发思路两相结合，才使有价值的产出成为可能；如同烹饪，要做出味道上好的佳肴，优质的食材、配料与精细的制作方法缺一不可。张伟主任的胆识、远见和张秀兰教授的魄力、坚持，使得这一研究的开展和持续成为可能。

　　数据的导入导出、格式转换和筛查清理是整个研究的核心工作，在此过程中我们得到了数据库的开发和维护者——清华紫光股份有限公司的大力支持和配合，感谢副总经理徐剑军先生、技术总监张绚先生和总工程师罗新余先生在数据提取、表单链接以及数据字典的完善等方面所提供的帮助，同时也感谢北京师范大学社会发展与公共政策学院的硕士毕业生、现在中央财经大学研究生院工作的祝维龙在数据处理方面所付出的辛勤劳动。我的硕士研究生于晓康、博士研究生周静在文献的更新和整理方面做了大量工作；在针对"假离婚"的主题研究中，芝加哥大学的博士后王鑫做了大量的模型分析工作，在此一并致谢。

数据分析过程中也时常涉及政策、制度和管理层面的问题，多年的合作过程中，北京市民政局计算机信息中心的业务骨干蔡晋昌和龚戈萍两位同志做了大量的组织和协调工作，在此谨表谢意。

最后，感谢北京师范大学社会发展与公共政策学院一直以来对青年教师从事科研工作的大力扶持，感谢国家社科基金项目"人口流动背景下大城市的婚配特点及其影响研究"（项目号：14BRK029）对于本研究的资金和技术支持，感谢人民出版社的编辑们为本书的出版所付出的辛勤劳动。

高　颖

2019 年 11 月

责任编辑:陈寒节

封面设计:石笑梦

封面制作:姚 菲

版式设计:胡欣欣

图书在版编目(CIP)数据

人口流动背景下大城市婚配特征的变迁/高颖著.—北京:

人民出版社,2021.3

ISBN 978-7-01-022662-0

Ⅰ.①人… Ⅱ.①高… Ⅲ.①大城市-婚姻-特征-研究-北京-

2004-2013 Ⅳ.①D669.1

中国版本图书馆 CIP 数据核字(2020)第 227580 号

人口流动背景下大城市婚配特征的变迁

RENKOU LIUDONG BEIJINGXIA DACHENGSHI HUNPEI TEZHENG DE BIANQIAN

高 颖 著

人民出版社 出版发行

(100706 北京市东城区隆福寺街 99 号)

北京盛通印刷股份有限公司印刷 新华书店经销

2021 年 3 月第 1 版 2021 年 3 月北京第 1 次印刷

开本:710 毫米×1000 毫米 1/16 印张:18.25

字数:290 千字

ISBN 978-7-01-022662-0 定价:56.00 元

邮购地址:100706 北京市东城区隆福寺街 99 号

人民东方图书销售中心 电话:(010)65250042 65289539